ETHIOPIA ORIENTAL

ETHIOPIA ORIENTAL

FR. JOAO DOS SANTOS

DIVIDIDA EM DOIS VOLUMES

VOLUME-II

Published by

Facsimile Publisher
12 Pragati Market
Ashok Vihar, Ph-2
Delhi-110052
E-mail: facsimilepublisher.com

Distribution Network
gyanbooks.com
India, USA, Canada, UK, Australia, France

ISBN : 978-93-5324-461-3 (Set)
ISBN : 978-93-5324-463-7 Vol. 2 (HB)
First Published, Bibliotheca, 1891

2nd Impression 2020

Printed at: Gyan Press, Delhi.

Ethiopia Oriental
Author: FR. Joao Dos Santos

ADVERTENCIA PRELIMINAR

A *Ethiopia Oriental* não trata sómente da Ethiopia ou da Africa. Trata da Ethiopia e do Oriente, «ou das cousas do Oriente», e mais exacto do que aquelle titulo originario pelo qual a bella obra de Santos é universalmente conhecida, fôra certamente o de «Varia Historia» adoptado para a segunda parte, a que fórma o presente volume e constituiu egualmente um segundo volume na edição original, posto que os dois andem invariavelmente reunidos nos exemplares conhecidos.

Esse segundo volume ou essa segunda parte abre por um frontespicio differente dos primeiros, luxuosamente decorado por uma gravura central representando a Virgem com o Menino visitándo S. Domingos e por outras duas, latteraes, de vultos femininos.

Encima-o em quadro a seguinte legenda:

Eũtes in mundũ vniuersum, prædicate Euã gelium omni creaturæ
Marc. 16.

Seguindo-se esta:

Opus fac Euangelistæ, ministerium tuum imple. 2. Timoth. 4.

E ladeando a gravura lêem-se ainda estas duas:

Pugnat verbo, & miraculis, missis per orbem fratribus.

Ardebat, quasi facula, pro zelo pereuntium.

Vem depois o titulo:

VARIA HISTO
RIA DE COVSAS NO-
TAVEIS DO ORIENTE.
E DA CHRISTANDADE QUE OS RELIGIOSOS DA
ORDẼ DOS PRÈGADORES NELLE FIZERÃO.
SEGVNDA PARTE.
COMPOSTA POLLO P. FR. IOAM
DOS SANTOS DA MESMA ORDEM,
NATURAL DA CIDADE DE EUORA.
DIRIGIDA AO EXCELLENTISSIMO
SENHOR DOM DUARTE, MARQUES DE
FRECHILLA, & MALAGON, &C.
IMPRESSA NO CONUENTO DE S. DOMINGOS DE EUORA
COM LIÇENÇA DO S. OFFICIO, & ORDINARIO,
& PRIVILEGIO REAL.
POR MANOEL DE LYRA. ANNO DE 1609.

Uma nova citação fecha o trabalhado frontespicio.

Super montem exelsum, ascende tu, qui euangelizas Sion. Isa. 40.

Mais uma vez havemos de lamentar que não nos permittam ainda as circumstancias, dar a estas nossas edições o caracter e o desenvolvimento critico, tão necessario e util na reproducção de obras antigas e mais do que em todas nas do genero da *Ethiopia Oriental*. Em grande numero; certamente na maioria dos leitores, produzirão algumas passagens uma impressão exauthorativa do criterio, do saber, da sinceridade, até, do ingenuo missionario.

Muitas serão perfeitamente obscuras.

Além de que não podem todos, por circumstancias e condições diversas, dispôr dos necessarios recursos de comprehensão interpretativa d'estes textos em que se reflectem idéas, sentimentos e noções de um mundo que desappareceu, é facil e vulgar esquecer-se a enorme distancia que nos separa de todos os elementos de elaboração moral e social d'esse mundo.

Os textos hão de ler-se ou hão de *entender-se*, á luz a que foram escriptos ou sob que foram pensados, como os homens e os acontecimentos hão de julgar-se no meio ou pela rasão que os produziram e determinaram.

Esta é a lei.

Mas quantos poderão dispôr d'essa luz, quando tantos, e dos que maior obrigação tinham de respeital-a, esquecem e infringem todos os dias escandalosamente essa lei, na pintura dos tempos que foram, na critica dos homens e dos successos que passaram?

Sirva, pois de advertencia o lamento.

PROLOGO DA SEGUNDA PARTE

Havendo de tratar n'esta segunda parte de algumas cousas notaveis do Oriente, e particularmente da christandade da Ethiopia Oriental, que os religiosos da ordem dos pregadores n'ella tem feito, e vão fazendo, (pois já tenho tratado na primeira parte de suas terras e gentes) pareceu-me conveniente dar principio a esta segunda com uma breve relação dos primeiros religiosos d'esta sagrada ordem, que foram pregar o Santo Evangelho a muitas partes d'este Oriente, onde eu tambem fui para seguir suas pisadas, e os ajudar na obra da conversão das almas, inda que indigno de me contar no numero de tão zelosos e virtuosos varões.

E por quanto os ditos religiosos tem trabalhado tanto n'esta vinha do Senhor, que se não pode dignamente escrever o fructo que n'ella fizeram com sua doutrina, senão em muitos livros, e com outro estylo mais alto do que em mim ha; me contentarei sómente com dar a esta breve relação da christandade que fizeram em Armenia, India, Ethiopia, e terras do Abexim: e da morte gloriosa que alguns d'elles receberam das mãos dos infieis, pela fé de Jesu Christo, que pregavam com tanto zêlo e fervor, que bem se pode cuidar, que possuiam aquelle espirito, e palavras que Deus por Esaias prometteu aos pregadores evangelicos, e se cantam no officio do patriarcha S. Domingos, *Spiritus meus qui est in te, e verba mea, quae posui in ore tuo, non recedent de ore tuo, e de ore seminis tui, dicit Dominus, amodo, e usque in sempiternum.* (1)

D'estas cousas tratarei brevemente, como tenho dito, quanto baste para tecer e ordenar as da christandade da Ethiopia Oriental, em que residi onze annos, e do que n'ella nos succedeu: deixando a relação mais copiosa das obras d'estes religiosos, para a chronica dos santos, e varões illustres d'esta nossa provincia, que cada dia com o favor divino esperamos que sáia a luz; onde se pódem vêr mais largamente as maravilhas que Deus por elles obrou.

Tem esta segunda parte quatro livros. No primeiro tratarei dos religiosos eminentes em virtudes, e lettras, que passaram a prégar a fé n'estas partes do Oriente antes que fossem descobertas pelos portuguezes. No segundo, dos que foram a ellas depois de conquistadas por elles. No terceiro, da viagem que fizemos d'este reino, até entrar nas terras, e christandade da Ethiopia Oriental; e de passagem fallarei em algumas perdições de náos da

(1) Isai. 59.

India, que fizeram naufragio n'esta costa. No quarto, de algumas cousas notaveis, que ha nas terras de Gôa, Chaul e Cochim, por serem as principaes, que os portuguezes possuem na India. Dos costumes dos Bramenes e Jogues, que n'ellas habitam. Dos primeiros descobridores e conquistadores da India, e vice-reis que n'ella houve até o anno de seiscentos e oito. Dos capuchos e japões, que foram crucificados em Japão, por pregarem a fé de Christo. De duas victorias insignes, que os portuguezes alcançaram dos mouros em nossos tempos. Da christandade de S. Thomé. E finalmente das cousas notaveis que nos succederam na viagem da India até este reino.

LIVRO PRIMEIRO

DE VARIA HISTORIA, DA CHRISTANDADE ORIENTAL. NO QUAL SE DÁ UMA BREVE RELAÇÃO DE ALGUNS RELIGIOSOS INSIGNES EM VIRTUDE, E LETTRAS, DA ORDEM DOS PREGADORES, QUE PASSARAM ÁS PARTES ORIENTAES, ANTES QUE FOSSEM DESCOBERTAS PELOS PORTUGUEZES, E DAS MORTES GLORIOSAS, QUE ALGUNS TIVERAM, E MARTYRIO QUE OUTROS RECEBERAM DA MÃO DOS INFIEIS PELA FÉ DE JESU CHRISTO NOSSO SALVADOR, QUE PREGAVAM, ANDANDO OCCUPADOS NO MINISTERIO DA CHRISTANDADE.

CAPITULO I

Dos primeiros religiosos da ordem dos pregadores, que passaram ás partes do Oriente, e foram ao Cathayo por embaixadores do papa Innocencio quarto

ANTES que o Serenissimo Rei D. Manuel, de gloriosa memoria, mandasse descobrir as partes Orientaes, e se conquistassem n'ellas tantas provincias e reinos, como hoje estão conquistados, e senhoreados pelos portuguezes, com muita fama e gloria de seu nome, digna de immortal memoria, foram estas terras descobertas e pisadas pelos religiosos dos patriarchas S. Domingos e S. Francisco; os quaes movidos com o zêlo da conquista espiritual, passaram a estas partes a pregar a lei evangelica, como claramente nos consta do itinerario de Marco Paulo Veneto, no logar em que trata da provincia Tartarea, ou Mangalia, e da geração e principio dos mogores habitadores d'estas terras, como refere Diogo do Couto por estas palavras: *Da provincia Tartarea, ou Mangalia nos deram noticia confusamente o padre Fr. Anselmo da ordem de S. Domingos, e o padre Fr. Odorico de Friroli, da ordem dos menores, os quaes na era de 1247 o papa Innocencio IV mandou por embaixadores ao grão Cão senhor do Cathayo, que era christão.* [1] Até aqui Diogo do Couto. Este grão Cão dizem que inda hoje é christão. Foi esta embaixada duzentos e cincoenta e um annos antes que as Indias Orientaes fossem descobertas pelos portuguezes. De maneira que estes dois religiosos foram os primeiros que descobriram, e nos deram lume d'estas terras do Oriente, que depois d'elles haviam de ser possuidas, e povoadas de christãos, como outros dois fidelissimos filhos d'Israel, Caleb e Josué foram descobrir a terra de promissão, que o mais povo possuiu depois, e se logrou dos fructos do seu trabalho. [2]

No anno do Senhor de 1598 no mez de Julho, estando o padre Xavier da companhia de Jesus na côrte do grão Mogor, em Laór com o principe, chegou ali um mouro mercador natural de Comercão, de edade de sessenta annos, e disse ao principe que vinha do Cathayo, e que sabia as cousas d'aquelle reino, por residir n'elle treze annos. O principe lhe mandou que na verdade relatasse tudo o que sabia, e lhe fosse perguntado, cuja relação o padre Xavier escreveu e mandou á India, e o tresIado d'ella é o seguinte.

---

(1) Dec. 4 da India, liv. 7, c. 1.
(2) Numer. 13 e 14.

Primeiramente vae-se de Laór ao reino de Acano, e d'alli ao Tabete pequeno, que é um rei mouro amigo do Achao, e d'alli ao Tabete grande, onde dizem haver muitos christãos, e d'alli a Coscar, e d'alli ao Cathayo, com chapas d'estes reis, que são as provisões, ou cartas de seguro, que dão aos passageiros. Será caminho de cinco mezes de Laór até o Cathayo. Primeiro que entrem n'aquelle reino se leva recado pela posta ao rei, no qual se gasta um mez, e vindo licença sua, então entram seguramente, sem a qual ninguem entra.

O rei é christão e todo o seu reino, tirando alguns povos que tem de judeus e mouros. Vivem os cathayos em grande quietação e segurança, pela muita e boa justiça que tem, e se guarda egualmente a todos. O rei é poderoso, tem muita e boa gente de guerra, e quatrocentos elephantes, que tambem devem ser de guerra. Tem mil e quinhentas cidades, afóra villas e logares, nas quaes tem sempre presidio.

Tem egrejas muito formosas, e todas de tres naves mui compridas. Os clerigos vestem preto, e trazem barretes redondos, e grandes barbas. Cada egreja tem um padre maioral, a que todos obedecem.

Ninguem chega a fallar com o rei se não por petições, e um seu privado dá a resposta por mandado do rei. Algumas vezes viu este mouro a el-rei ir á egreja, e perguntando-lhe eu se se circumcidavam, disse que não, senão que depois de nascidos d'alli a poucos dias os levavam á egreja, e os lavavam com agua, que parece é o baptismo.

Tem nas egrejas imagens de vulto e pinturas, assim da Virgem Nossa Senhora, como de Christo e de santos: e perguntado como sabia elle, ou conhecia as taes imagens? respondeu que de Dio, e de Constantinopla, e de outras cidades de christãos tivera noticia d'aquellas imagens e as vira, que eram similhantes áquellas do Cathayo.

Os christãos quando se casam, fazem logo suas covas, e juntamente duas caixas em que hão de metter seus corpos, nas quaes se mettem cada tres dias, chorando qual d'elles ha de ser o primeiro que ha de povoar aquella casa, e por ventura que o façam por se lembrarem da morte.

Disse mais que havia muitas mulheres recolhidas, que nunca casavam, e assim mesmo muitos padres, e que todos estes se sustentavam com esmolas do rei; e o mesmo as egrejas. A terra é mui fertil de mantimentos, e de todo o genero de fructas, maçãs, peros, marmellos, romas e muita fructa de espinho.

Tem grandes minas de prata e com ella compram todas as cousas, por pezos que tem para isso. Tem muito almiscar. Até aqui são palavras da informação que mandou o padre Xavier á India, como fica dito.

D'algumas cousas d'esta informaçao se collige, que a christandade do Cathayo, se é antiga como dizem, ao menos que foi reformada por sacerdotes da Europa, e não pelos de S. Thomé da India: porque primeiramente os do Cathayo baptisam os meninos nascidos de poucos dias, como nós fazemos: os clerigos trazem barretes e barbas compridas, ao modo de Italia, as quaes cousas todas não faziam, nem traziam os christãos de S. Thomé: e finalmente por terem religiosas recolhidas que professam castidade, o que não havia entre os christãos da

India, pois todos eram casados. Collige-se logo que esta christandade foi reformada por sacerdotes de Europa, e que estes com muita probabilidade foram frades de S. Domingos, e de S. Francisco, pois lá foram enviados pelo papa Innocencio quarto, como fica dito. Porque até os religiosos de S. Domingos e de S. Francisco, que foram martyrisados em Taná, como adiante direi, tambem parece que sahiram de Italia para irem ao Cathayo, e deviam ter lá provincias para onde fossem enviados. E pois nos consta que inda hoje ha lá religiosos, é muito provavel que serão da ordem de S. Domingos e de S. Francisco, e não tratariam mais até agora, nem se communicariam com os de Europa, pelas grandes guerras, que de então para cá houve em Turquia e Persia, e outros muitos reinos de Asia.

CAPITULO II

Da christandade de Armenia, fundada pelo bispo D. Frei Bartholomeu de Parma Bolones, religioso da ordem dos pregadores

No tempo que os dois embaixadores do papa tornaram do Cathayo, florescia em virtudes, lettras e pulpito, o padre Fr. Bartholomeu de Parma da ordem dos pregadores, natural de Bolonha. Pelas quaes partes o papa Innocencio quarto lhe era mui affeiçoado, e desejando honral-o com as dignidades da egreja, o fez bispo titular da cidade e provincia Narsivan, situada em Armenia maior, tres jornadas da cidade Taures que então era cabeça do reino da Persia. A qual dignidade o padre não quiz logo acceitar, por sua muita humildade, mas vendo que o Summo Pontifice insistia n'isso por lhe fazer a vontade a acceitou, com tenção de se sacrificar a Deus em buscar as ovelhas infieis e barbaras, que lhe davam em terras tão remotas, onde tinha mais certa sua morte, que a obediencia que lhe era devida, como a pastor d'aquella provincia. Vendo-se pois com a dignidade de pastoral e sem ovelhas presentes, que podesse apascentar, pediu logo a benção ao Summo Pontifice, e partiu-se de Roma a esta empreza, levando por seu companheiro o padre Fr. Pedro de Aragão, da mesma ordem, varão perfeito em virtudes e lettras: e ambos commetteram esta viagem mui alvoraçados, e em particular o bispo, que ardia no desejo de buscar suas ovelhas desgarradas e perdidas, para vêr se achava algumas, que o reconhecessem por seu pastor, e fossem por elle apascentadas com a doutrina da egreja catholica. Embarcaram-se em Veneza para Candia, e d'ahi, passando por Chypre, foram tomar porto em Soria, d'onde se foram a Jerusalem visitar o santo sepulchro, e os mais logares sagrados d'aquellas partes. D'aqui se partiram por terra a pé, e finalmente depois de passarem muitos trabalhos e difficuldades n'este caminho, assim por terra, como por mar, entraram pelos reinos da Persia e chegaram á provincia de Narsivan, ultimo fim de sua jornada, no anno do Senhor de 1253, como consta dos livros que andam impressos em lingua italiana por mandado do papa Clemente VIII, os quaes foram trasladados de um transumpto authentico, que lhe veiu de Armenia, tirado do proprio original, que está no archivo d'aquelle arcebispado. E posto que João Botero (1) diga que o padre Fr. Bartholomeu foi eleito em bispo de Armenia no anno de 1337 pelo papa João XXII, com tudo Serafino Razzi conforma com o que tenho dito acima e isto é o que se deve ter.

---

(1) Botero, lib. 2, 3, p. f. 132.

Tanto que estes dois religiosos chegaram a estas terras, logo começaram a pregar a lei evangelica e catholica publicamente com grande constancia e fervor, que o Espirito Santo lhe ministrava. E perseverando n'este officio muitos dias, foi Deus servido, que se convertesse o patriarcha de Babylonia schismatico, que até então seguia os erros do falso Nestor, e depois de reduzido á doutrina da egreja romana, e á obediencia do Papa, tomou o habito da religião do padre S. Domingos, o qual lhe deitou o bispo D. Fr. Bartholomeu com muito gosto, e n'elle perseverou até á morte com grandes mostras de santo. Da mesma maneira se converteu o patriarcha, que os nestorianos em logar d'este elegeram, o qual tambem tomou o habito de S. Domingos, com cujo exemplo se converteram muitos nestorianos. Para consolação dos quaes o santo bispo traduziu muitos livros de latim na lingoa armenia, como foi o breviario, e missal da ordem de S. Domingos, e algumas obras de S. Thomaz, e outros livros devotos, e tocante á edificação e doutrina espiritual dos nossos fieis; cuja conversão foi em tanto crescimento, que uns persuadiam e encitavam aos outros a seguir a doutrina do santo bispo. E muitos d'estes receberam o habito de S. Domingos da mão do mesmo bispo, o qual elle lhe dava como provincial, que era d'esta provincia, e são ainda hoje todos os bispos que lhe succedem, que agora tem titulo de arcebispos de Narsivan. De modo, que n'este serviço de Deus, foram estes religiosos continuando e fazendo tanto fructo nas almas, e no acrescentamento da religião, que em poucos annos edificaram vinte e cinco conventos de religiosos da sua ordem, situados em diversos logares e povos de Armenia, onde os religiosos administravam os sacramentos aos mais christãos seculares, obedientes á egreja romana, como seus curas e pastores, que são n'estas partes, onde não ha outro arcebispo, nem ecclesiasticos, mais que religiosos de S. Domingos. Pelo que se deve notar, que toda a christandade que n'estas partes ha, sujeita e obediente á egreja romana, foi feita, governada e sustentada pelos religiosos da ordem dos pregadores d'esta provincia de Narsivan, os quaes se conservam tambem em umas sete aldeias, que estão além da cidade Julfar, porque todos os mais armenios que vivem n'estas partes foram até agora schismaticos herejes nestorianos, e inimigos da egreja romana, e obedientes ao patriarcha de Babylonia, como são os que moram dentro em Julfar, que estão trinta legoas de Taures; e muito mais os que agora trouxe o Xá para a Persia de dentro da terra dos turcos.

CAPITULO III

Das perseguições que os christãos de Armenia, padeceram por via dos turcos. E do martyrio do bispo D. Fr. Bartholomeu, e d'outros religiosos de S. Domingos

ESTANDO esta christandade, e nova vinha do do Senhor, tanto ávante, como tenho dito, em grande inveja dos nestorianos, induzidos pelo inimigo da salvação do mundo, succedeu uma grandissima perseguição, em que muitos christãos forão martyrisados pela fé catholica, com cujo sangue ficou esta egreja de Armenia tão bem fundada e fortalecida, que ainda hoje está em pé, firme e constante, entre barbaras nações de mouros e gentios. A causa d'estas mortes forão os turcos, os quaes vindo com grande poder contra o rei da Persia, entraram pela provincia de Narzivan conquistando muita parte d'ella, e fazendo grandes estragos, assim nas povoações, como nas pessoas dos christãos seus habitadores, martyrisando muitos que não quizeram ser mouros: entre os quaes martyrisaram o bispo D. Fr. Bartholomeu de Parma, que como capitão e bom pastor se poz diante de suas ovelhas para as defender e tirar da boca dos lobos carniceiros e dar o sangue e vida por ellas. E assim padeceu o martyrio com seu companheiro o padre Fr. Pedro d'Aragão, em dia de Nossa Senhora da Assumpção, e jaz sepultado em a cidade de Carna, uma jornada de Narzivan, no convento de Nossa Senhora da Assumpção da sua ordem, onde está mui venerado, e faz muitos milagres. Outros muitos religiosos foram martyrisados, que de boa vontade se offereceram ao martyrio pela fé de Jesu Christo, e terão alcançado o premio de seus trabalhos. Os que d'esta perseguição ficaram com vida não escaparam da sujeição em que viveram muitos annos, quasi como captivos dos turcos, a quem ficaram sujeitos com grandes tributos e oppressão até que o rei da Persia tornou a cobrar suas terras (e lançados os turcos d'ellas por força d'armas) ficaram os nossos christãos com a liberdade que d'antes tinham, sendo vassallos do Persa, e seus tributarios, sem oppressão alguma dos turcos.

D'esta quietação gozaram estes christãos alguns annos, até que segunda vez tornaram os turcos a entrar pelas terras de Persia, tornando a sujeitar e tyrannisar a provincia de Narzivan com muito maior estrago, e com maiores mortes que d'antes; no qual martyrisaram o arcebispo de Narzivan D. Fr. Nicolau Fridonix, e o prior do convento de S. João, chamado Fr. Raphael, e o padre Fr. Mathias e outros muitos religiosos, todos da ordem dos prégadores, e juntamente alguns christãos seculares d'este arcebispado. De maneira que por causa d'estas perseguições se foi desbaratando esta christandade e os conventos, que n'ella tinham os religiosos de S

Domingos, que não ha hoje tantos, e os religiosos que n'elles vivem, serão cento e cincoenta, pouco mais ou menos, e os mais christãos seculares d'esta christandade serão ao presente setenta mil entre homens, mulheres e meninos, posto que antigamente foram muitos mais, ajudando a esta destruição os nestorianos que como crueis inimigos nossos acompanhavam os turcos em todos estes maleficios. Mas hoje pela bondade de Deus está esta christandade fóra da oppressão dos turcos e sujeita do Persa, que lhe faz muitos favores, e quererá Deus por sua misericordia, que vá cada dia de bem em melhor para honra e gloria de seu santo nome. Todos estes religiosos (por lei do Sophi) são obrigados a trazer turbantes na cabeça para se conformarem com os mais naturaes da terra, e posto que tragam os capellos com o habito, não nos põem na cabeça por guardarem esta lei.

Toda esta informação alcancei do arcebispo de Armenia, que até agora foi d'esta egreja de Narzivan, chamado D. Fr. Azarias Fridonix da mesma ordem, mui grande religioso, mui austero e penitente, e observantissimo no rigor d'esta sagrada religião; o qual teve grande parte n'esta segunda perseguição por que sendo tomado pelos turcos, sabendo que era prior d'um convento e vigario, e parente do arcebispo D. Fr. Nicolau Fridonix, que já tinham martyrisado, o pozeram a tormento em uma cruz, onde esteve atado cinco horas, e em todo esse tempo lhe deram muitas pancadas e feridas, e finalmente o deixaram por morto, e d'aqui foi tirado pelos christãos e curado secretamente, até que sarou. Os signaes das feridas vi' eu, e muitos religiosos d'esta provincia de Portugal, onde elle esteve para se embarcar para a

India, pouzado no convento de S. Domingos de Lisboa, no anno do Senhor de mil e seiscentos e seis, determinando passar da India á Persia ao seu arcebispado, d'onde tinha sahido pela via de Turquia, a dar a obediencia ao papa, como tem de obrigação fazer cada trez annos estes nossos arcebispos de Armenia, ou por si ou por outrem. E a causa porque não tornou a voltar pela mesma via de Turquia, foi por estarem esses caminhos impedidos com as guerras que o Persa hoje traz com o Grão Turco, e temer que o matassem no caminho. Este arcebispo me contou a historia relatada, affirmando que assim a tinham em Armenia escripta e guardada no archivo do seu arcebispado. Não fez a viagem que determinava fazer aquelle anno para a India por não irem n'elle as náos, impedidas pelos hollandezes; e por esse respeito se tornou para Roma, onde falleceu no anno de 1607, acabando os trabalhos de sua peregrinação com muitas mostras de santo, digno de ser chamado martyr como outro Hero, philosopho alexandrino, a quem S. Gregorio Nazianzeno honra com este nome só por que foi desterrado pela fé de Christo, mostrando n'isto que todos os que são perseguidos e padecem por ella, posto que actualmente não morram nos tormentos, são dignos d'este glorioso nome.

CAPITULO IV

De uma relação que os padres de Santo Agostinho, que foram á Persia, mandaram ao arcebispo de Gôa D. Fr. Aleixo de Menezes

No anno do Senhor de 1604 foi por embaixador ao grão Sophi, rei da Persia, por mandado do papa Clemente VIII, o padre Francisco da Costa, em cuja companhia foram dois religiosos do glorioso padre Santo Agostinho, que lá ficaram, e são mui favorecidos do rei, e tem já casa fundada em Aspão cidade principal, e residencia da côrte, onde os religiosos dizem missa, e sem impedimento algum fazem christandade. Os quaes escrevendo sua jornada, e o successo das guerras do Sophi com o Turco do anno de 1603, até o de 604, escreveram juntamente o que viram da christandade de Armenia, e mandaram a relação de tudo ao arcebispo de Gôa, D. Fr. Aleixo de Menezes, cujo treslado é o seguinte, sómente do que toca á christandade dos religiosos de S. Domingos.

Estando nos em Julfar entraram pela porta do embaixador quatro homens com suas toucas e cabayas, e por cima das cabayas, uns escapularios brancos, e por capas um modo de gabões de mangas pardos, os quaes vinham de umas aldeias, que estavam d'alli a tres ou quatro legoas, pedir ao embaixador que fallasse por elles ao Xá, que lhes alliviasse o grande jugo com que o turco os tinha opprimido. Estes eram todos sacerdotes e frades da ordem de S. Domingos, e obedientes a egreja romana conforme a sua informacao, da qual ha perto de trezentos annos que lhe vem os prelados, e por esa razão se chamam francos, em differença dos outros Armenios, que obedecem ao patriarchados Armenios, e são schismaticos. Desejei eu de vêr as suas egrejas e christandade, e vendo que o embaixador não queria torcer duas legoas de caminho, me adiantei uma jornada com meu companheiro e tres soldados, e me fui com estes quatro padres, e chegamos o mesmo dia a tarde a uma aldeia grande, ou para melhor dizer villa, e pelas ruas sahiram os christaos a nos beijar a mão. Chegados a egreja, nos sahiram a receber todos os padres, que eram sete, com muito amor. Entrando n'ella, achei logo agua benta (de que os schismaticos Armenios não usam) e a egreja, e os altares ao nosso modo. Feita com alegria oração, por vêr a fé de Christo com perfeição no meio da Turquia, os padres nos levaram á sachristia, onde nos mostraram as mitras e ornamentos do seu bispo que havia dois annos era morto, alguns d'elles ricos, mas já gastados, e n'elles as armas dos papas que lh'os deram. Mostraram-nos uma cruz de prata grande, feita em Roma, com muitas reliquias, assim do santo lenho, como de outros santos, que todas vieram de Roma. Visto isto, nos levaram a dar uma pobre refeição. Eu lhes pedi que mandassem deitar um pregão na aldeia, que ao outro dia se ajuntassem todos na egreja, porque lhe queria dizer missa, e ouvir outra sua, e fallar com elles algumas cousas; e assim ao outro dia se encheu a egreja de gente d'aquelles pobres e perseguidos christãos, e com muita devoção ouviram a minha missa, e ella acabada, disse o prior missa cantada de tres; com todas as cerimonias romanas, sem differença alguma, salvo na lingua, que é armenia, e mostrar o sacerdote depois da epistola, a cruz ao povo, cantando um hymno, e adoral-a o povo com muita devoção. Acabada a missa, fiz eu uma breve pratica, consolando-os de seus trabalhos e animando-os a padecer por Christo e por sua santa fé. E acabada a pratica, todos os que alli vieram se chegaram a mim, uns beijando o habito, outros a mão, e outros os pés, com grande alvoroço, porque não tinham visto n'aquellas terras outros padres francos. Depois d'isto nos recolhemos, e eu perguntei aos padres o principio de sua christandade, e quantas aldeias haviam de francos e quaes eram os ministros d'ellas? Respondeu-me o prior, que havia muito perto de trezentos annos que viera alli ter um sacerdote chamado Bartholomeu, o qual pregava a fé de Jesu Christo, e convertendo algumas d'aquellas aldeias, se fôra a Roma, d'onde tornara feito bispo, e continuando com sua pregação, tendo já convertidas sete aldeias, em uma que ainda era a metade de infieis, lhe deram peçonha e o mataram, e que este bemaventurado padre os ensinara a ser obedientes á egreja romana, d'onde até então lhe vinham os bispos, os quaes sempre eram dos frades naturaes d'aquellas terras de Armenia, porque morto o bispo, dois frades iam a Roma, e um d'elles vinha consagrado em bispo, como havia dois annos que eram idos dois a Roma, e por causa das guerras com que estava o caminho impedido não vinham.

O seu modo de religião não é da perfeição da Europa. Os trez votos, segundo o que pude alcançar, cuido que os guardam no essencial: o provimento dos ministros para as aldeias, é dos mesmos padres, e em cada uma aldeia está um ou dois que as cura. O bispo é prior sempre d'elles, e em sua ausencia deixa sempre um por prelado, a que todos obedecem como a prior. Eu quiz vêr algumas de suas egrejas das que estavam mais perto, e chegando a uma, meia legoa nos veiu a receber um padre velho por nome Fr. Dominico, que parecia um santo, e creio que o será. Este depois de certa oração, nos mostrou um braço inteiro até ao cotovello com sua mão do glorioso apostolo S. Judas Thadeo, que n'esta Persia foi martyrisado. Estava a santa reliquia pobremente encastoada em páo, por se evitar ser roubada dos turcos; via-se em partes a canna do braço. Assim mais nos mostrou uma cruz de ferro larga e grossa, a qual o santo apostolo fez com suas mãos, estendendo o ferro como se fôra cera: Mirabilis Deus in sanctis suis. N'esta egreja estava sepultado o beato Bartholomeu, cuja sepultura nós vimos; tiram os christãos d'ella terra com que saram algumas enfermidades. Achei mais no altar um retabulo de S. João Baptista, feito em dois pedaços, e um da Virgem Nossa Senhora com seu bento Filho. Estava a taboa um pouco torta porque o quizeram tambem quebrar os turcos, e não podendo lhe deram muitas cutiladas, e com a ponta da espada tiraram os olhos á Mãe e ao Filho. Os padres lhe tinham grande devoção e reverencia, e diziam que fazia milagres. Estes padres são pobres e suas egrejas pobrissimas, mas simples e virtuosos.

D'ahi a uma legoa me disseram os padres que tinham o ferro da lança que passou o lado de Christo nosso Redemptor; não foi possivel por então ir vêl-o, por quanto o embaixador era passado uma jornada adiante, mas disse eu aos padres que da volta tornariamos por alli, como tornámos, e fomos a uma aldeia que estava ao pé de uma serra coberta de neve. Na egreja que era pequena, achamos um dos padres, virtuoso no que parecia, e acompanhava-nos toda a gente da aldeia. Feita nossa oração, pedimos ao padre que nos mostrasse a santa reliquia. O padre com muita devoção nos levou á sachristia, onde sobre um altar estava posto um caxilho de páo, com suas portas fechadas com um cadeado, em que estava o santo ferro. O padre em tocando com a chave no cadeado começou a derramar muitas lagrimas com soluços, e abrindo a porta do caxilho, se poz de joelhos sem querer tocar na reliquia, e como eramos muitos, não se podia vêr bem. Conhecendo-me eu tambem por indigno de tocar tão santa reliquia, considerando por outra parte como Christo Nosso Senhor me fizera mercê de deixar tocar seu sagrado corpo no sacrificio da missa com minhas indignas mãos, tomei o ferro sagrado n'ellas, e levantando-o, comecei a cantar *Te Deum laudamos* com meu companheiro com muitas lagrimas, e com o bater dos peitos qualquer duro coração se compungiria. Ali tomamos a medida do santo ferro com algumas folhas de papel, das quaes mandei uma a V. S. Agora direi a probabilidade que tenho d'este ser o ferro santo da lança. Primeiramente pelo testemunho dos padres, que por tradição de perto de 300 annos tem que foi furtado por um frade seu de uma igreja dos Armenios, onde estava. Mais affirmam os padres, que havendo peste algumas vezes, em o tirando em procissão, cessou logo, e tocando com elle em alguns enfermos, receberam saude. O que eu vi foi sahir do santo ferro um cheiro mui suave, è causar tanta compunção que não pode deixar de ser cousa santa. Eu lhe disse, que sabia que eram vexados dos mouros por dividas, pelo que nós lhe dariamos dinheiro com que as pagassem todas, e com que ficassem contentes, e que nos dessem aquelle santo ferro. O prior me respondeu, que ainda que lhe desse aquella serra d'ouro, e que primeiro cortariam as cabeças a elles todos que deixal-o levar a ninguem. Tambem disseram os padres que o Summo Pontifice o pedira a um bispo seu, e que elle lhe respondera, que aquelle santo ferro era occasião com seus milagres de muitos infieis se converterem, e os fieis se conservarem entre os turcos, e que se Sua Santidade queria que lh'o trouxesse, que o faria: mas que o Papa houve por bem ficasse alli. E assim conforme a estas circumstancias, tenho para mim que se o ferro da lança de Christo Nosso Senhor, não está em Roma, ou entre as reliquias que tem el-rei de França (onde dizem que elle está) que sem falta é este que vimos. Até aqui são palavras da relação que os padres de S. Agostinho mandaram da Persia. E quanto ao ferro da lança de que fallam, parece-me que senão é o que dizem, será o da lança com que mataram a S. Judas Thadeo, que foi martyrisado n'estas terras.

A relação acima é mui conforme em muitas couzas com a que me deu o arcebispo Azarias. E posto que differe no modo do martyrio do Bispo D. Fr. Bartholomeu, dizendo que foi morto pelos infieis com peçonha; comtudo não se enganaram os religiosos que deram a tal informação: porque o mesmo Azarias me contou que os schismaticos armenios por duas vezes deram peçonha ao dito bispo, e da ultima vez que lh'a deram estava elle por essa causa muito doente, e n'esse tempo entraram os turcos a primeira vez n'estas terras com mão armada, e então o mataram em odio da fé; sabendo que era o prelado, e cabeça d'esta christandade: com tudo tambem se pode dizer que foi ajudada sua morte pelos schismaticos com a peçonha que lhe deram, pois com ella o chegaram a termos de morte; mas a verdade é que foi morto pelos turcos, como fica dito.

Além d'estas perseguições que padeceram estes christãos por via dos turcos, apontarei aqui outra que n'este passo me lembra, me contou tambem o mesmo arcebispo Azarias, para que se entenda com quanto trabalho e perigo das vidas estes religiosos, e os mais christãos d'esta egreja sustentaram a fé, e o christianismo, e com quanta razão se devem louvar. O caso foi, que no tempo que os turcos entraram a segunda vez n'estas terras, entraram tambem no convento dos religiosos, em conjuncção que estava dizendo missa o padre Fr. Azarias (que n'esse tempo era prior d'esta casa) e foram-se ao altar, onde elle estava e lhe disseram que logo lhe fosse dar palha e cevada para os cavallos, e que lhes fosse fazer de comer á cozinha. E respondeu-lhe o padre, que lhe deixassem acabar a missa, e que logo iria, elles o arrastaram pela egreja, e lhe deram muitos couces, e um d'elles lhe tirou com um espeto, que já trazia da cozinha, e lh'o pregou em uma ilharga, de que o padre esteve á morte, e lhe ficou um grande signal da ferida, que nós lhe vimos estando elle n'este reino.

Podemos logo dar muitas graças a Nosso Senhor, que sustenta esta christandade até agora, que os religiosos de S. Domingos plantaram em Armenia, tendo tanta contradição e perseguições pela conservar entre turcos e mouros, e schismaticos armenios.

CAPITULO V

Da inquisicão de Armenia, Tartaria e Russia, commettida aos religiosos de S. Domingos: no qual por occasião se trata de como S. Domingos foi o primeiro Inquisidor geral que houve na christandade

CONTA o insigne Luiz de Paramo Boroxense inquisidor de Sicilia, que Alberto Castellano (1) entre outras bulas dos papas que imprimiu em Veneza no anno do Senhor de 1516 faz mencão de oito, ou nove bulas passadas por Gregorio umdecimo, do quarto anno de seu pontificado, ate o oitavo que foi do anno de 1379 e da confirmação da ordem do patriarcha S. Domingos, cento e sessenta e dois annos, nas quaes bulas entre outras couzas se contem como os religiosos de S. Domingos andavam pregando a palavra de Deus, offerecidos a muitos trabalhos, e perseguições entre os barbaros, e infieis, que vivem nas partes do Oriente, do Norte e de Sul, e que tem edifica-

(1) Lib. 2 de Origene officii inquisitionis. tit. 2, c. 19 in 6 etate mundi.

do conventos em Valachia, Tiro ou Trapizonda, e outras partes do mundo remotissimas. E assim mais que foram mandados pelo mesmo papa Gregorio, muitos religiosos da mesma ordem, a esta santa empreza, e por seu prelado, o veneravel padre Fr. Elias Petit Gallo, o qual além de ser mui douto nas divinas letras, era mui insigue e dotado de muitas virtudes.

Além d'estas bulas refere o mesmo auctor outra de Urbano VI da qual consta, que Gregorio umdecimo mandou ás partes do Oriente por inquisidor geral o padre Fr. João Gallo da mesma ordem: e o papa Urbano na mesma bula declara, que morrendo este Fr. João Gallo n'aquellas partes, o geral, da ordem dos pregadores possa nomear, e eleger em seu lugar trez inquisidores: um em Armenia e Georgiana, outro em Grecia, e Tartaria, o terceiro em Russia, e ambas as Valachias. Pelo que se mostra claramente, que a auctoridade do santo officio da inquisição se estende por todas as partes do mundo, e que os merecimentos dos religiosos da ordem dos pregadores são mui grandes, e dignos de louvor, pois a dilataram até as mais remotas partes do descoberto onde pugnaram pela fé, e a defenderam, como pregadores e inquisidores apostolicos que eram, arriscando por ella suas vidas e pessoas com grande constancia, e zêlo da fé, o qual herdaram do glorioso padre S. Domingos, primeiro inquisidor geral que houve na christandade, como se póde vêr largamente em Luiz de Paramo allegado, onde conta que o padre S. Domingos foi instituido inquisidor geral contra os herejes albigenses de Tolosa, pelo papa Innocencio III no anno de 1216, inda que o doutor Salzedo diga que foi instituido inquisidor geral no anno de 1200. (1) Alem d'estes auctores, todos os que escrevem d'esta materia concordam que o glorioso patriarcha S. Domingos foi o primeiro inquisidor geral que houve na christandade; entre os quaes se pódem vêr Camillo Campegio, e Francisco Pégna. (2) E ainda que não houvera outras razões efficacissimas, bastava para prova d'isto, vêr que antes do tempo do P. S. Domingos se não faz menção alguma de inquisidor apostolico no S. Officio, nem em decretos de Concilios, e Summos Pontifices, nem em egrejas cathedraes, e religiões mais antigas, nem nos tratados das penas com que se castigam os herejes, nem finalmente em quaesquer historias, assim ecclesiasticas, como profanas. E assim no Concilio geral Lateranense, celebrado por Innocencio III no anno de 1215 tratando-se do juiz da heregia, nenhuma menção se faz de inquisidores apostolicos, e sómente se commette esse officio aos bispos; d'onde se vê claramente, que antes que Innocencio III que fez inquisidor ao padre S. Domingos, não havia na egreja catholica inquisidores; o que se confirma tambem pela bula que o papa Xisto IV passou na canonisação do glorioso padre S. Pedro Martyr, onde diz, que por Innocencio III e por seu successor Honorio III foi commettido este officio de inquisidor dos hereges ao padre S. Domingos primeiro que a todos os que houve na egreja catholica, e por essa razão encommenda o papa na mesma bula, que depois do padre S. Domingos seja venerado pelos inquisidores S. Pedro Martyr, como seu padroeiro.

---

(1) In Pract. crim. canonica, cap. 114.
(2) 3 p. Direct. con. 32 vers-officium, ti. Quad. Inquisitores.

CAPITULO VI

De alguns religiosos da ordem dos pregadores, que succederam no officio de inquisidor ao glorioso padre S. Domingos

TANTO que o glorioso patriarcha S. Domingos cheio de milagres foi gosar da bemaventurança eterna, se commetteu o officio de inquisidor aos religiosos pregadores seus filhos, como por direita herança; e por muitos tempos o exercitaram com auctoridade dos Summos Pontifices, com tanta diligencia e fervor, quanta se esperava de filhos de tal pae, pelejando contra os herejes, até derramarem seu sangue, assim pela fé, como pela conservação do S. Officio. E ainda que meu intento seja tratar n'este livro sómente dos religiosos d'esta ordem, que habitavam as partes do Oriente: comtudo para devoção dos fieis, não deixarei de nomear aqui alguns inquisidores mais insignes, que succederam n'este officio ao glorioso padre S. Domingos, que são os seguintes.

O padre Fr. Conrado Constantinense prothomartyr d'esta ordem, provincial da provincia de Germania, do qual escreve Luiz de Paramo, que foi o primeiro inquisidor geral da Germania, instituido pelo papa Gregorio IX no anno de 1228. Este insigne varão estando pregando na mesma provincia em um grande auditorio, foi morto pelos herejes; de cujo martyrio diz muitas cousas Leandro [1] e Ruperto Lycio, bispo de Aquitania, no sermão de S. Domingos e Santo Antonino.

Acerca do anno do Senhor de 1233 o papa Gregorio IX fez inquisidor de Tolosa o P. Fr. Pedro Sillano da ordem dos pregadores, que acompanhou o glorioso padre S. Domingos quando foi ao concilio Lateranense, no qual officio trabalhou tanto, que alcançou nome de grande inquisidor. Edificou o mosteiro Lemonico, d'onde tornando-se para Tolosa, falleceu com maravilhosos signaes de santidade e inteireza de vida, aos vinte e dois de fevereiro do anno do Senhor de 1257.

Fr. Guillelmo Arnaldo natural de Montpillier, celebre em prudencia e santidade, excellente doutor em canones, inquisidor da provincia de Tolosa, foi morto pela fé catholica em Amoneto, em casa de Raymundo Conde hereje, aos vinte e oito de maio de 1242 annos.

Fr. Bernardo de Pegnaforte, e F. Garcia Aura, companheiros no officio do S. Inquisidor Arnaldo, foram martyrisados pelos herejes no mesmo tempo.

Fr. Robaldo de Milão foi inquisidor de Tolosa, do anno do Senhor de 1252 até o anno de 1258, no qual tempo converteu muitos herejes á fé catho-

---

[1] Leandro lib. 2, vir. illust. 3. p. hist. tit. 23.

lica, e resplandeceu com tantos milagres e signaes de santidade, que um hereje o foi tentar, cuidando que seus milagres eram falsos e lhe disse se queria sarar um enfermo que trazia comsigo; e o santo posto que visse sua pouca e fingida fé, se poz em oração, e sarou o enfermo. Com o qual milagre o hereje ficou confuso e se converteu á fé catholica.

S. Pedro Veronense exercitando mui deligentemente o santo officio de inquisidor, que o papa lhe tinha commettido, foi morto pelos herejes entre Como e Milão, no anno do Senhor de 1252, jaz sepultado em Milão em S. Eustorgio, o qual mais venceu os herejes sendo morto, com infinitos milagres que fazia, que sendo vivo. Foi canonisado em Perusio pelo papa Innocencio IV. Este santo martyr é venerado do tribunal da Santa Inquisição, como patrono seu que é. Sua festa se celebra aos 29 d'abril, e em Roma com muito mais solemnidade pelos reverendissimos cardeaes inquisidores geraes, que n'este dia se juntam em sua capella, que está no convento da Minerva, da ordem dos pregadores, onde assistem todos os mais officiaes da Santa Inquisição, como mandou o papa Pio V no anno do Senhor de 1569. A esta imitação se ajuntam os tribunaes de todas as inquisições nos conventos de S. Domingos, para celebrarem este dia, assistindo á sua missa e pregação. E como protector da Santa Inquisição se pinta este santo em suas insignias com uma cruz de seda vermelha, tecida com ouro, que e insignia de martyrio.

Fr. Rainero Sacono Placentino, foi inquisidor na provincia de Milão, acerca do anno do Senhor de 1258. Foi tão severo e aspero contra os herejes, que destruiu totalmente Gata, onde os herejes habitavam, o que aconteceu como tinha prophetisado o glorioso S. Pedro Martyr, sendo inquisidor d'esta mesma provincia.

Fr. Poncio inquisidor apostolico na provincia de Catalunha, foi morto pelos herejes, com peçonha, pela constancia e inteireza da fé, e sepultado pelos catholicos na Sé da cidade de Montpillier no anno do Senhor de 1262, onde está mui venerado pelos muitos milagres que faz.

Fr. Pagano, por outro nome Fr. Pedro Fiel, é contado entre os primeiros inquisidores apostolicos; foi morto pelos herejes em odio da fé catholica, dia de Santo Estevão primeiro martyr, no anno do Senhor de 1279.

Fr. Guillelmo Costa inquisidor no reino de Catalunha em tempo de Benedicto Papa XI pouco depois do anno do Senhor de 1304, entregou ao braço secular para serem queimados muitos herejes, convencidos n'este crime.

Fr. Nicolau Roselli, mestre em santa theologia, e provincial d'Aragão, varão mui santo e douto, foi instituido inquisidor geral em todo aquelle reino no tempo de Clemente VI. E depois no anno de 1356 foi cardeal do titulo de S. Xisto pelo Papa Innocencio VI.

CAPITULO VII

Em que se prosegue a materia do capitulo precedente dos inquisidores, successores do padre S. Domingos

FREI Nicolau Eymerico tarraconense mestre em santa theologia, e mui douto no direito canonico e civil, floresceu no tempo de Urbano V, e Gregorio XI e de Pedro IV, rei d'Aragão; foi instituido inquisidor geral acerca do anno do Senhor de 1358 como elle mesmo diz na segunda parte do Directorio. Escreveu muitos livros, assim sobre as sciencias physica e logica, como sobre os Evangelhos e outras muitas cousas, entre as quaes tem o primeiro logar o livro insigne chamado *Directorium inquisitorum*, mui proveitoso para os inquisidores conhecerem as heregias, e as extirparem e saberem as penas que se hão de dar aos herejes, sem haver excepção de pessoa.

Fr. Nicolau e Fr. João, ambos hungaros e ambos bispos e inquisidores: foram mortos pelos herejes. Fr. Nicolau foi esfolado e Fr. João apedrejado e trespassado com uma espada pela fé catholica.

Fr. Antonio Pavono e Fr. Bartholomeu Cerveiro, inquisidores em Saviliano, foram mortos pelos herejes, em odio da santa fé que defendiam.

Fr. Bartholomeu Podio foi inquisidor em Catalunha acerca do anno do Senhor de 1400, castigou muitos herejes, e destruiu muitas heregias, das quaes foi auctor Pedro Olerio.

Fr. Bartholomeu Lapaccio Florentino, foi instituido bispo coronense, e achou-se no concilio florentino, que celebrou o papa Eugenio IV no anno do Senhor de 1441, e depois foi mandado por inquisidor a Polonia, e ás duas Pannonias, contra os herejes d'aquellas partes. Floresceu no anno de 1430, e falleceu no convento de S. Domingos de Florença.

Fr. Conrado inquisidor da Catalunha, foi martyrisado pelos herejes em odio da fé catholica.

Fr. Pedro Cadereta inquisidor apostolico no principado de Catalunha, foi morto pelos herejes, havendo-se em seu officio com grande inteireza e louvor e foi enterrado pelos catholicos honradamente.

Fr. Pavono Siviliano, e Fr. Antonio, inquisidores apostolicos, foram mortos pelos perfidos herejes.

Fr. Paulo inquisidor de Dalmacia, foi queimado pelos herejes pela fé catholica como refere Francisco Diaceto no ultimo capitulo da vida de S. Domingos.

Fr. Poncio prior provincial de Tolosa, inquisidor apostolico, falleceu a 16 de julho de 1546, e resplandesce com muitos milagres.

Fr. João Eschenfeld inquisidor de Praga, estando para pregar no seu convento uma festa feita da paixão, foi-se um hereje a elle, e pediu-lhe que o confessasse, e o padre o levou a sua cella para isso, e quando depois o foram chamar para ir pregar, o acharam morto na cella com muitas punhaladas, que o hereje lhe deu e fugiu. E isto se referiu no capitulo geral da nossa ordem, celebrado em Roma no anno de 1580, como o escreve o padre geral da mesma ordem Fr. Vicente Justiniano.

Fr. Guidoto de Sexto, primeiro inquisidor de Lombardia, fez queimar n'aquella provincia quasi infinitos herejes, e confiscar-lhe suas fazendas, conforme aos sagrados canones, pelo que era mui temido dos herejes; e tão excellentemente exercitou este officio, que de então até agora por seu respeito sempre n'esta provincia lhe succederam no mesmo officio os religiosos dá ordem dos pregadores.

Fr. Miguel Ghislerio, inquisidor em Como, cidade da Lombardia, passou n'ella grandissimos trabalhos e persiguições, ordenadas pelos herejes, e depois foi bispo nepesino, feito por Paulo IV e cardeal chamado Alexandrino, no anno do Senhor de 1557. E finalmente foi papa chamado Pio V no anno de 1566 aos sete de janeiro; cuja vida maravilhosa e obras heroicas, escrevem muitos auctores. Falleceu no anno de 1572 aos quatro de maio.

Fr. Vicente de Lisboa, provincial de Hespanha, foi instituido inquisidor d'ella, e depois de Portugal pelo papa Bonifacio IX no anno do Senhor de 1408. A este e seus successores provinciaes da mesma provincia concedeu o mesmo papa Bonifacio podessem instituir inquisidores de Portugal como lhe parecesse; o que consta de sua bula, que está no archivo do nosso convento da Batalha.

Não fallo aqui dos inquisidores de Portugal, que houve mui insignes em lettras e virtudes, como foi o P. Fr. Jeronymo d'Azambuja, Fr. Jorge de Santiago, bispo d'Angra, Fr. Manuel da Veiga e outros, nem dos mais inquisidores d'esta ordem, que houve em diversas partes do mundo, e ainda hoje vivem, exercitando o mesmo officio; porque seria temeridade querer em vaso pequeno comprehender a grandeza do mar Oceano; mas sómente estes quiz aqui apontar para mostrar que os religiosos d'esta sagrada ordem são columnas, e fortissimos propugnaculos da egreja catholica, os quaes com seu proprio sangue quebrantam o furor dos herejes, e com sua doutrina reprimem seus attrevimentos. Estes (como diz o insigne Paramo) são os raios da milicia christã, mais excellentes que os dois Scipiões, maior e menor, dos quaes o poeta põe este nome, não com tanta razão, com quanto estes religiosos podem e devem ser chamados.

Resta agora fallar do martyrio do beato Fr. Philippe, da ordem de S. Domingos, inquisidor geral das terras do Abexim, o que farei nos capitulos abaixo.

CAPITULO VIII

De oito religiosos da ordem de S. Domingos, que de Roma passaram ao Preste João a pregar o S. Evangelho tirado da chronica da ordem, composta por Seraphim Razzi

Havendo de fallar n'este capitulo do martyr Philippe, inquisidor geral do Abexim, conforme a ordem que levo dos inquisidores, de que vim fallando: quero (para mais clareza d'esta historia) relatar primeiro como os religiosos do P. S. Domingos entraram n'aquellas terras e para que effeito.

Governando a Egreja de Deus o papa João XXII, se offereceram muitos religiosos d'esta sagrada religião, no anno do Senhor de 1316 para irem pregar o santo Evangelho a diversas partes do Oriente. Dos quaes o geral da mesma ordem (que então era o padre M. Fr. Berengario) escolheu oito de vida e sciencia approvada; e por elle apresentados ao papa, e recebida sua benção, partiram de Roma com bastantes poderes e privilegios do mesmo papa, e mestre da ordem para poderem fundar mosteiros, assim de frades como de freiras, e receber ao habito noviços; e para esse intento levaram em sua companhia uma freira do terceiro habito da mesma ordem, matrona veneravel e de grande respeito, assim por sua edade, como por sua muita virtude, a qual se chamava soror Clara, e na lingua dos abexins Imata. Dos frades não consta como se chamavam na nossa Europa, mas por escripturas antigas se sabe que na lingua dos abexins se chamavam Arghai, Grimahc, Luanos, Panthaleon, Samá, Aleph, Assé, Agûloa. Chegaram estes religiosos a Jerusalem, e depois que visitaram os logares santos, consultaram com os religiosos de S. Domingos, que então ali residiam, para que terras iriam, onde fizessem mais fructo na conversão das almas; e assentaram que fossem ás terras do Abexim, de que e senhor o Preste João; por haver n'ellas muitos erros e abusos no christianismo. Logo se partiram para aquelles reinos, caminhando por Egypto e terras de Ethiopia. E tendo alguma noticia da lingua chaldêa, aprenderam em breve tempo a dos abexins, sendo ella difficultosa de tomar. Chegando pois a esta terra por elles escolhida não sem particular instincto divino, começaram de pregar publicamente com grande fervor d'espirito, exhortando os ouvintes ao desprezo do mundo e de suas vaidades, e aguardar os preceitos divinos, em que elles tinham muitos erros e abusos, posto que fossem christãos. E tanta foi a graça e virtude que Deus poz em suas palavras, acompanhadas com grande exemplo de suas vidas, que provocaram muitas pessoas a deixar o mundo, e pedir o habito de S. Domingos; e ganharam tanto as vontades aos reis e senhores d'aquellas terras, que em breve tempo lhe edificaram conventos. O primeiro se fez na provincia Torate, e pozeram-lhe nome Alleluia (como tambem refere Luiz de Paramo) e Francisco Alvarez diz que lhe pozeram este nome porque um religioso santo ouviu cantar n'aquelle logar os anjos a alleluia, e n'estes conventos entraram tantos religiosos, que chegou o numero d'elles a muitos milhares, e não foram menos os das freiras, onde havia muitas e nobresndonzellas, mui observantes na religião, em que as tundou a madre soror Clara, por cujo respeito todos os mosteiros das freiras se chamavam de Santa Clara. E com todos estes mosteiros serem fundados em muita observancia regular, com tudo deputaram logo o principal d'elles, a que chamam Blurimanos (que quer dizer casa de santos) para ser recollecto, onde se guardasse a regra do padre S. Domingos, com todo o rigor e inteireza, e assim eram tidos os religiosos d'elle em grande reputação. Este cuido que é o mosteiro, a que o padre Francisco Alvarez chama Brilibanos, no seu livro que fez do Preste João, do qual diz mil maravilhas, e que o prelado d'este é o maior que ha n'estas partes, tirando o patriarcha.

Os religiosos d'este convento tem trez maneiras de vida religosa, s. activa, contemplativa e mixta, que participa de ambas. Dentro da cerca (que é mui grande) está um hospital, de que tem cuidado certos religiosos, agasalhando n'elle peregrinos e pobres com muita caridade; aqui residem os que a obediencia manda exercitar na vida activa. Em outra parte da mesma cerca estão umas cellas muito pequenas, distantes umas das outras, mettidas entre arvores silvestres, brenhas e furnas, onde residem outros religiosos em muita oração e contemplação, guardando continuo silencio. Alguns comem sómente hervas; outros trazem cingidas cintas de ferro sobre a carne nua; alguns jejuam muitos dias a pão e agua; e outros continuamente, fazendo vida solitaria, como antigamente faziam os monges do Egypto e Thebas. Os mais religiosos estão no convento occupados no côro, estudo, confissões, pregações e no mais, que a santa obediencia lhes manda. E n'este modo de proceder não escolhe cada um a vida que deseja, antes para que os exercicios sejam mais meritorios, são tomados pela obediencia, da maneira seguinte. Todos os annos fazem capitulo n'este mosteiro e n'elle elegem com muita egualdade os que hão de assistir aquelle anno no hospital, guardando a vida activa, como Martha, e os que hão de ir á contemplativa, ao ermo como Magdalena, para que todos se exercitem, e participem de uma e outra cousa, e os mais ficam no convento, seguindo as communidades, onde tambem fazem suas penitencias mui grandes. De modo que o nome do mosteiro, diz muito bem com o exercicio dos que n'elle vivem, chamando-se casa de santos. Francisco Alvarez fallando dos religiosos d'estas partes, diz que uns d'elles trazem capas como os de S. Domingos.

CAPITULO IX

Da vida do bemaventurado Fr. Thadeay Manoth, da ordem de S. Domingos, abexim de nação

Dos primeiros noviços que tomaram o habito no convento de Blurimanos das mãos de F. Arghay (que em lingua chaldêa quer dizer padre velho, porque este era o mais antigo e presidente dos que vieram de Roma) foi Fr. Thacleay Manoth, que quer dizer fructo apostolico, ou planta fructifera, o qual era de mui nobre geração. A sua mãe chamavam Sarra, e a seu pae Sacasab, que significa graça de Deus, naturaes da cidade de Scevah. Este religioso floresceu em vida santa e muitos milagres; resuscitou um morto, deu vista a um cego, pés a aleijados, ouvir a surdos e falla a mudos; deitou o demonio fóra de muitos corpos; mandou ao demonio que servisse sete annos aos frades, o que cumpriu inteiramente, acarretando agua, cortando a lenha e tangendo o sino. Foi aqui eleito prior e deitou habito a muitos moços fidalgos nobilissimos, e alguns d'elles filhos de reis. Teve tambem espirito de propheta. Sete vezes se desciplinava cada dia, conforme ao numero das sete horas canonicas. Nunca comeu carne nem estando doente. A mór parte da noite gastava em vigilia e oração, na qual muitas vezes se arrebatava, e ficava em extasi e o mesmo quando dizia missa e n'ella algumas vezes o viam levantado no ar. Converteu á fé todo um reino inteiro de mouros, chamado Dalmuth, e edificou n'elle conventos da ordem de S. Domingos, e foi grande parte para isso converter-se o mesmo rei o qual elle baptisou. Foi o senhor servido de o levar para si depois de governar este mosteiro muitos annos, havendo quarenta que recebera o habito. Na hora de sua morte estavam os religiosos ao redor de sua pobre cama, tristes e desconsolados, chorando seu desamparo, os quaes elle consolou com mui amorosas palavras, dizendo: mais razão tendes de vos alegrar, pois vedes o fim de meus trabalhos, porque confio na misericordia de Deus, que elles acabados se chegará o principio de meu descanço; e pois os anjos e santos me estão esperando no céu com alegria, não é razão que vós celebreis minha morte com lagrimas, porque já n'esta pobre cella vejo a Jesus Christo e a sua Sacratissima Mãe com muitos santos. Ditas estas palavras deu o espirito ao Senhor e no mesmo instante foi cheia a cella de maravilhoso cheiro, e ouviram-se cantos e musicas angelicas. Succedeu seu ditoso transito na mesma noite da ressurreição do Senhor do anno de 1366, posto que celebram sua festa n'aquellas partes a dezoito de agosto. Como foi divulgada sua morte concorreu logo ao convento muita gente, e cada um trabalhava por chegar primeiro a beijar-lhe o habito, do qual lhe romperam grande parte, e levaram por reliquias. Foi sepultado com muita pompa, e mettido em uma arca, da qual sepultura logo manou uma fonte perenne de agua clara, a qual dava saude a doentes de diversas enfermidades. Quarenta dias depois de sua morte appareceu a Fr. Philippe que lhe succedeu no priorado, e a Fr. Elsa, e lhes revelou a muita gloria de que estava gozando.

CAPITULO X

Da vida do bemaventurado Fr. Philippe, da ordem de S. Domingos, inquisidor geral, e martyr, abexim

FREI Philippe inquisidor geral das terras do Abexim, foi filho de Glareaças, rei de Scevah, um dos sessenta reis vassallos do Preste João. Sendo de um anno vestiram-lhe por devoção o habito de S. Domingos, e sendo já de edade para poder aprender e estudar, pediu el-rei ao prior de Blurimanos Fr. Tecleay Manoth o mandasse ensinar no seu mosteiro, onde residiu até edade de vinte e um annos, e tanto se affeiçoou ao habito, que com instancia o pediu e recebeu. Foi mui douto na lição da sagrada escriptura, e com ser de sangue real, e grande lettrado era mui humilde. Quando tomou ordens de missa era já tão exercitado na oração e contemplação, que quando cantou missa nova se enlevou n'ella de maneira que se arrebatou e levantou no ar. Todo o tempo que lhe restava do seguimento da communidade gastava no estudo, ou na oração e contemplação. Dormia mui pouco, comia uma só vez no dia, era mui amigo de estar só, e de guardar silencio, nunca depois de ser frade comeu carne, tomava disciplina todos os dias, trazia cinta de ferro, e sendo tão rigoroso para comsigo, era mui mavioso para os seus frades procurando sempre sua consolação; era mui caritativo para os pobres.

Sendo prior apegou-se o fogo na chaminé da cosinha do convento, e por algumas partes começava já de arder, mas acudindo-lhe o apagou sómente com lhe fazer o signal da cruz, e andando a labareda mui acesa pelo dormitorio, onde elle tambem tinha sua cella, em todas pegou, e queimou alguma cousa, e sómente na sua não tocou. Caminhando um dia por um logar deserto, e levando em sua companhia quasi trinta pessoas, não havia entre todas ellas quem levasse alforge, e apertados da fome, começaram de murmurar do padre, dizendo que os levava a morrer por tal charneca, sem mandar levar de comer. O santo prior, que ia diante de todos enlevado em suas contemplacões, soube por espirito do Senhor, que murmuravam d'elle sobre comer, e logo se recorreu á sua costumada oração, e subitamente appareceu um anjo do Senhor, que trouxe muito manná de que comeram todos.

Um rei vassallo do Preste João, sendo casado e tendo a mulher viva, esquecido da sua salvação, e escandalo que dava a seus vassallos, casou-se com outra. Vindo isto á noticia do patriarcha, communicou este negocio com o P. Fr. Philippe, que era inquisidor geral d'aquellas partes, e com outros priores da mesma ordem, inquisidores d'aquellas provincias; e assentaram que secretamente admoestassem ao adultero rei, que se emendasse e pois era christão não commettesse publicamente tão grande peccado. A qual admoestação se lhe fez; mas elle a tomou tão mal, que em logar de se emendar, ficou peior e perseverou no mesmo máo estado em que estava. Vendo o conselho da santa inquisição que não aproveitaram suas branduras, e bom commedimento que com elle tiveram, pondo os olhos em Deus, e lançando o temor fóra, procederam contra elle juridicamente e foi declarado por excommungado. Tanto que o disseram a el-rei, bramiu como leão, e cheio de furor diabolico, se foi aonde estavam os inquisidores fazendo meza, e os mandou espancar, e lançar fóra da casa do santo officio; pela qual razão mandaram os inquisidores fixar excommunhão maior contra elle, nas portas das egrejas e da cidade, e juntamente pozeram interdicto em todo o reino, e sahiram se d'elle, e foramse para outro. Durou o interdicto tres annos, sem o rei nunca se querer emendar, e em todos elles nunca choveu, nem se colheu fructo em todo aquelle reino, e pereceu muita gente á fome, e nem com tudo isso se quiz o rei emendar. Pela qual razão o patriarcha, e inquisidor Fr. Philippe ajuntaram um exercito e apregoaram guerra contra o obstinado rei como quem sentia mal da fé. Vendo-se elle excommungado e tão perseguido, appellou para o imperador Preste João allegando que o seu caso era civil, e por isso lhe pertencia conhecer d'elle. O Preste lhe recebeu a appellação, e mandou citar as partes que apparecessem diante d'elle em certo tempo. O patriarcha e os inquisidores appareceram pessoalmente, e por parte do excommungado appareceu um sacerdote chamado Samuel, a quem elle fez seu procurador, homem altivo e inquieto, e procedendo-se juridicamente no caso, pronunciou el-rei sentença em favor dos inquisidores, mas nem com isso desistiu Samuel da causa, queixando-se que se usara de muito rigor com um rei, e que os inquisidores eram inquietadores da paz d'aquelle reino. Vendo os inquisidores seu attrevimento, pronunciaram uma temerosa sentença contra elle n'esta fórma: A lingua de Jesus Christo e dos seus apostolos S. Pedro e S. Paulo e toda a côrte do paraizo te amaldiçoe a ti e a teu rei adultero. Com esta triste nova se foi logo Samuel, e contou ao rei tudo o que passava, e accrescentando peccado a peccado, administrou-lhe os sacramentos, e disse-lhe missa, não obstante as censuras, com que um e outro andavam ligados, e o interdicto que estava posto. Mas não lhe tardou muitos dias o castigo de Deus, porque além de se encher de lepra, lhe inchou o ventre em tanta maneira, que arrebentou, como outro Judas.

Com a morte d'este maldito Samuel ficou o povo mui espantado, e vendo tão admiravel e justo castigo de Deus e as necessidades que padecia o reino pelas culpas do rei, começaram inquietarse, e querer-se levantar contra elle; o qual sabendo isto e receiando que se lhe levantasse o rei no todo, fingiu ter arrependimento de sua culpa, e mandou logo embaixadores ao patriarcha e aos inquisidores, pedindo-lhe com muita humildade, que se contentassem com os rigores que contra elle tinham usado, e pois já confessava sua culpa, lhe levantassem o interdicto, e os religiosos se tornassem seguramente para seus mosteiros, assim para o absolverem das censuras, como para se quietar o reino. Cuidando o patriarcha e inquisidores que isto era pedido de coração contricto, e não fingido, usaram com elle da misericordia que pedia, e tornando-se os religiosos para seus conventos, entraram na cidade, onde foram recebidos de todo o povo com muita alegria, e principalmente o padre Fr. Philippe, que em lettras, zêlo da fe e santidade, era o principal de todos; ao qual recebeu el-rei com palavras asperas, e não podendo encobrir mais tempo o odio que lhe tinha, nem seu fingido arrependimento, levado de uma furia infernal, mandou aos soldados de sua guarda que o despissem e o açoutassem cruelmente, o que logo fizeram, deixando-o quasi morto, e assim foi levado pelos seus frades ao convento e com muitos remedios que lhe fizeram convalesceu e sarou.

Sabendo este malvado rei que o P. F. Philippe estava são, cheio de sobeja ira se foi ao convento de Blurimanos, acompanhado de sua guarda, e o mandou amarrar, e açoutar tanto ate que o matou. No mesmo instante que deu a alma a Deus (que foi a quatro de novembro) se ouviram musicas e cantares angelicos, e sahiu logo do seu corpo suavissimo cheiro. Não ficou o sacrilego e homicida rei sem particular castigo de Deus, nem seus ministros, por que no mesmo dia, sahindo-se ao campo para se recrear, estando o ceo mui sereno e claro, subitamente se toldou o tempo afuzilando com temerosos trovões, e d'elles sahiu um espantoso raio, que o abrazou e a quantos com elle estavam. Por interseção do seu servo e martyr Fr. Philippe fez Nosso Senhor muitos milagres depois de sua morte, dando saude a muitos doentes, e livrando muitos endemoninhados e resgatando captivos.

CAPITULO XI

Da vida do bemaventurado Frei Elsa, da ordem de S. Domingos, abexim de nação

NASCEU o bemaventurado Fr. Elsa na famosa cidade Sabba; seus paes eram nobilissimos, e mui devotos christãos. Pozeram-lhe nome Elsa, que em sua lingua quer dizer Eliseu; e sendo de edade de seis annos o metteram no convento de Blurimanos, para que aprendendo as lettras, aprendesse tambem os bons costumes; o qual satisfazendo-se da vida santa dos religiosos que n'elle havia tomou o habito no mesmo convento, sendo ainda de pouca edade, e n'ella jejuava muitas vezes sem comer mais que uma vez ao dia, e alguns passava sem cousa alguma. E por sua pureza de vida e mui profunda humildade, houveram os frades dispensação para elle tomar ordens de missa, não tendo mais que vinte annos de edade. Como foi sacerdote o mandaram para a companhia dos que se exercitavam na vida comtemplativa, onde teve grandes raptos, e recebeu mui particulares favores de Deus, e muitas vezes quando celebrava o viam levantado da terra todo enlevado no ceu. Por morte do inquisidor Frei Philippe lhe succedeu nos officios de prior e inquisidor, os quaes administrou com muita prudencia e virtude. Costumava muitas vezes depois de matinas (que dizia com seus frades á meia noite) metter-se na agua fria de uma ribeira que corria por dentro da sua cerca e alli estava em penitencia até que tangiam á prima. Tomava cada dia sete disciplinas. Depois que foi prior, o Preste João o tomou para seu confessor; e um dia foi chamado por elle para disputar com um hereje que tinha preso; e antes que fosse, se poz em oração, encommendando-se muito a Deus, pedindo-lhe que o ajudasse a convencer aquelle inimigo de sua santa fé, e da Virgem Nossa Senhora, pois não cria ser Ella Mãe de Deus; e tanto se enlevou na oração e contemplação, que se levantou no ar em rapto mais de uma vara de medir.

Tanto que chegou diante do Preste, trouxeram alli o blasphemo hereje, mui confiado em suas lettras sophisticas; e o santo inquisidor disputou com elle, e o confundiu, e venceu diante do Preste, e de toda sua côrte; mas nem com tudo isso se quiz dar por vencido, nem abjurar sua heresia, ficando n'ella pertinaz, pela qual razão o Preste João o mandou logo lançar aos leões famintos, os quaes o despedaçaram e comeram. E porque aos máos nunca faltam defensores, murmurou-se muito na côrte de tão cruel sentença, e de praça diziam alguns máos homens, que se lançassem Frei Elsa aos leões, por mais santo que fosse, tambem seria despedaçado e comido, e que se o não matassem, então veriam claramente ser verdadeira sua doutrina, e falsa a do que chamavam hereje. Soube o Preste d'esta murmuração, e pediu a seu confessor (de cuja virtude e santidade não duvidava) que por honra de Deus, e de sua Sacratissima Mãe, entrasse na cêrca dos leões, para que todos os murmuradores ficassem confundidos. Fez elle o que el-rei lhe pedia, por particular movimento que para isso teve do Espirito Santo, e encommendando-se a Deus, e fazendo o signal da cruz, chamando pelo nome de Jesu e da Virgem Maria Nossa Senhora, entrou na casa dos leões, os quaes em o vendo se chegaram a elle, e o receberam com muita festa e reverencia, e se deitaram a seus pés como se foram mansos cordeiros. Todos os que viram este admiravel espectaculo deram muitas graças a Deus, e a sua Santissima Mãe, e tiveram d'ali em diante mui grande opinião da virtude e santidade de seu servo Fr. Elsa. Foi Nosso Senhor servido leval-o para si em edade de setenta e quatro annos, havendo quarenta que era prior e inquisidor, a qual morte elle conheceu um anno antes por divina revelação, e a disse, que foi em dia da Assumpção de Nossa Senhora, em cujo transito não faltaram muitos milagres para confirmação de sua santidade, e tambem em sua vida fez alguns. Resuscitou dois mortos em honra e gloria de Deus.

CAPITULO XII

Da vida do beato Frei Samuel, da ordem de S. Domingos, abexim da nação

NASCEU o beato Frei Samuel na cidade Essumin, sujeita ao imperio do Preste João, seu pae se chamou Estevão, e sua mãe Isabel, gente mui nobre e devota. Sendo Samuel de dezoito annos, recebeu o habito de S. Domingos da mão de Fr. Thaclay Manoth prior de Blurimanos. Tanto que entrou na religião, logo se exercitou por sua humildade nos officios mais baixos da casa. Servia na cozinha, acarretava agua, e varria o convento, comia uma so vez no dia, e de uma só cousa. E muitos annos continuou esta vida no mosteiro, mas depois desejando mais quietação, alcançou licença de seus prelados (não mudando o habito) para se ir recolher em um grande deserto com um companheiro, onde perseverou em vida solitaria, fazendo muita penitencia, comendo hervas cruas perpetuamente. Dormia tão pouco, que algumas vezes ajuntava as noites com os dias, orando em contemplação. No tempo dos frios se mettia muitas vezes em um rio até a cinta, onde estava em penitencia desde matinas, até hora de terço, cantando psalmos e hymnos ao Senhor. A cada hora canonica tomava uma aspera disciplina. Ministrando uma vez o Santissimo Sacramento da Eucharistia a um doente, (estando ainda no mosteiro) succedeu não o podendo o doente reter no estomago, vomitar as especies sacramentaes no mesmo calix, que o B. Samuel tinha na mão, e porque elle estava ainda em jejum com proposito de dizer missa, consumiu as mesmas especies com muita quietação e devoção. Contentou a Deus tanto este acto de virtude, que lh'o mandou agradecer por um anjo.

Estando no ermo algumas vezes lhe trazia um anjo a sagrada communhão, de cuja mão a recebia. Todas as feras d'aquelle ermo lhe obedeciam, reconhecendo sua santidade; e particularmente um leão que o visitava muitas vezes, e acompanhava. E sendo-lhe necessario algumas vezes passar o rio Nilo, que estava perto d'ali, assentado no leão passava da outra banda sem perigo algum. Outra vez sendo-lhe necessario passar o mesmo rio, e não tendo em que o passar, fez o signal da cruz sobre as aguas, e passou por ellas á outra banda, passeando como sobre terra firme. Tendo vivido n'este ermo quarenta annos, e determinando acabar n'elle a vida, appareceu-lhe um anjo, e disse-lhe da parte de Deus, que se tornasse para a sua patria, na qual edificaria um mosteiro, em que receberia muitos filhos espirituaes, e logo se poz ao caminho, e fez um grande mosteiro na sua terra Essumin, onde pelo decurso do tempo deitou o habito a quatrocentos noviços. D'aqui foi tirado e feito prior no mosteiro de Blurimanos, deixando n'este por prior o companheiro que tivera no ermo.

Em uma terra d'esta Ethiopia havia uma moça a quem sua ama chamava muitas vezes cadella, e vendo-se ella mui affrontada com este nome, e ouvindo fallar dos milagres de Frei Samuel, com muita devoção se encommendou a elle, posto que era gentia, pedindo-lhe muito que a livrasse d'esta affronta; e perseverando muitos dias n'esta oração foi levada por um anjo ao mosteiro do padre Frei Samuel, e deixou-a dentro na egreja. Sabendo o padre a causa de sua vinda, e quem a trouxera de tão longe, logo a baptisou, e a fez receber em um mosteiro de freiras da mesma ordem, e lhe deitou o hahito por suas mãos. Perserverou ella n'esta ordem até a morte, em grande pureza de vida e santidade, e chamou-se soror Arsenia. Um mouro do estreito de Meca, navegando pelo mar de Arabia, vendo-se em uma grande tormenta, bradou por Mafamede, e vendo que lhe não soccorria, chamou grandemente por Fr. Samuel, de quem ouvia contar muitas maravilhas e milagres. Subitamente lhe ventou prospero vento, com que fez sua viagem; e lembrando-se do beneficio que tinha recebido do santo, foi visitar o seu sepulchro (porque já n'este tempo era fallecido) e foi Nosso Senhor servido de o acabar de converter n'esta romaria, e baptisando-se, perseverou na fé até a morte. Finalmente falleceu este beato Fr. Samuel cheio de muitos annos de edade, e de muitos merecimentos, aos doze de dezembro, no qual dia viram muitos christãos os céos abertos, e a Jesu Christo com seus santos levar sua alma para a gloria, da qual Nosso Senhor por sua infinita bondade e misericordia nos faça participantes. Amen.

CAPITULO XIII

Da vida e martyrio do beato Fr. Thaclavareth da ordem de S. Domingos, abexim de nação

Nasceu o devoto padre frei Thaclavareth na provincia Sabbaim. Foi filho de um principal senhor abexim, e de uma irmã do Preste João, chamada Lena. Sendo de edade de oito annos, foi entregue aos religiosos de S. Domingos d'aquella provincia, para que lhe lançassem o habito e o creassem n'elle, para ser frade. Desde que recebeu o habito, sendo d'esta edade, logo começou de se exercitar nos jejuns, orações e abstinencias da ordem, tanto que depois veiu a jejuar vinte annos continuos a pão e agua. Aprendeu com muita diligencia as lettras, e n'ellas sahiu mui douto. Era tambem mui prompto na obediencia, e tão humilde, que por força lhe fizeram tomar ordens de missa, achando-se indigno de tão grande dignidade. E dizendo missa, algumas vezes viram os religiosos na hostia que levantava, a Christo

Nosso Senhor em figura de menino estando no presepio, não tendo a hostia d'antes a tal figura. Alcançou licença para se ir ao ermo, onde morou alguns annos, e n'elle lhe aconteceu o caso seguinte: Um homem encontrou com outro seu inimigo em um caminho que ia para o deserto, e saltando com elle, o matou, e lhe comeu o coração, por satisfazer ao odio que lhe tinha. Isto feito, foi seu caminho, e chegou á ermida onde residia o padre Frei Thaclavareth, e depois de fazer oração, o padre se veiu a elle e o saudou, e juntamente o reprehendeu do maleficio que commettera no caminho, afeando-lhe muito o peccado que n'isso fizera contra Deus e seu proximo. Ficou o homicida tão contricto com esta reprehensão, que logo se lançou a seus pés, chorando muitas lagrimas, e pedindo-lhe que pois Nosso Senhor lhe revelara seu peccado, que elle cuidava ser occulto, lhe alcançasse do mesmo Senhor perdão d'elle, porque lhe pesava muito de o ter offendido. Fez o santo oração por elle por espaço de quarenta dias, e foi-lhe revelado, que a divina justiça não permittia ficasse sem castigo tal peccado. Tornou o religioso a continuar sua oração outros quarenta dias, e no fim d'elles lhe appareceu Christo Nosso Senhor e lhe disse que não rogasse por tal homem. Respondeu-lhe o religioso: Ah! Senhor, lembro vos que fostes crucificado e morto pelos peccadores, não desprezeis a oração d'este humilde penitente e contricto, nem eu cessarei, nem me apartarei d'aqui até que lhe perdoeis, e tornou a insistir na mesma oração outros quarenta dias; no fim dos quaes lhe foi revelado, que o Senhor lhe perdoava sua culpa. Em todos estes cento e vinte dias perseverou este homicida n'este ermo chorando e orando, e comendo sómente hervas cruas; e como teve alcançado perdão de seu peccado, pediu ao padre que lhe lançasse o habito, em o qual fez profissão, e n'elle perseverou até á morte com muita aspereza e mostras de santidade.

Indo um dia este padre por um caminho d'este deserto, appareceu-lhe Christo Nosso Senhor em figura de pobre, e pediu-lhe esmola. Respondeu o padre, que não tinha ao presente que lhe dar, mas se quizesse ir até sua ermida, partiria com elle da pobre refeição que tinha. Christo Nosso Senhor lhe respondeu: Como poderei ir comtigo, se vês que estou fraco e doente? Tornou-lhe o padre a dizer: Não te cances que eu te levarei. E chegando-se a elle, o tomou ás costas e começou a caminhar para a sua ermida, e tendo já caminhado um pedaço, pediu-lhe o pobre que o pozesse no chão; o padre o fez logo, e n'isto desappareceu o pobre, ficando elle muito consolado por uma parte, e pela outra maguado de não conhecer a Christo quando o tinha em seus braços.

Estando ainda no convento, faltou o pão em um dia de Pasqua para comerem os religiosos, e sabendo-o elle se poz em oração, na qual lhe appareceu um anjo e lhe apresentou uma vazilha cheia de manná, do qual comeram todos e celebraram a festa da Pasqua com muita alegria, dando muitas graças a Deus, por lhe dar manjar do céo.

Pouco tempo antes de sua morte, lhe appareceu Christo Nosso Senhor, e lhe disse, que fosse pregar o evangelho a um reino vizinho da sua ermida, e revelando-lhe que n'elle havia de ser martyrisado. O bemaventurado padre fez logo o que o Senhor lhe mandou. E pregando n'este reino fez grande fructo nas almas com sua doutrina e exemplo. Succedeu pelo tempo em diante, que dando a communhão um dia á rainha d'aquella terra debaixo d'ambas as especies de pão e vinho, como é costume n'aquellas partes, depois de lhe dar o corpo do Senhor, querendo-lhe dar o sangue com calix, a rainha deixou cahir os cabellos dentro de proposito, de modo que se lhe molharam no sangue, molhando junctamente o rosto com elles. Vendo o religioso sua desenvoltura, movido de zêlo e honra de Deus, cortou-lhe com uma thesoura todos os cabellos que tocaram no sangue, e rapou-lhe a testa, que tinha molhada, com um canivete, e metteu tudo dentro no sacrario. Tornando a rainha para sua casa queixou-se a el-rei com muitas lagrimas da afronta que lhe o padre fizera, de que elle ficou mui indignado; e cheio de furia infernal se foi ao mosteiro e depois de tratar o padre muito mal de palavras afrontosas lhe mandou dar tanta pancada até que o matou; e d'esta maneira deu o espirito a Deus, e o malaventurado e homicida rei foi morto com um raio do céo, que o abrasou d'ahi a poucos dias.

CAPITULO XIV

Do beato Fr. André da ordem de S. Domingos, martyr, e abexim de nação

NASCEU o bemaventurado Fr. André na cidade Scevah, foi sobrinho de um Preste João. Logo de pequeno deu claros signaes do muito que o Senhor havia de obrar n'elle pelo discurso de sua vida e ditosa morte. Folgàva muito de ouvir fallar de Deus, era inclinado a fazer obras de misericordia. Sendo de vinte annos tomou o habito da ordem de S. Domingos da mão do bemaventurado martyr Fr. Philippe, sendo prior de Blurimanos; foi mui observante e pontual na guarda de todas as cerimonias da ordem, mui abstinente no comer e no beber. Em algumas quaresmas jejuou, sem comer toda a semana, mais que ao domingo. Celebrava com muita devoção de espirito. Pregava com muita graça, porque era grande rhetorico, e mui douto. Foi eleito em prior de Blurimanos e succedeu á Fr. Elsa, assim no priorado, como no officio de inquisidor, e ambos administrou com grande inteireza e exemplo de sua vida. Sendo prior e faltando-lhe um dia o pão para jantarem os religiosos (que eram muitos) elle cheio de fé e confiança, mandou que se assentassem todos á meza, e do pão que havia fez para cada um sua fatia muito delgada, de modo que abrangesse a todos, e postas na meza, levantou os olhos ao céo, e benzeu o pão, e comendo todos d'elle ficaram mui satisfeitos, e sobejou muito pão que deram aos pobres. Outra vez converteu a agua em muito bom vinho. Veiu á sua noticia que um rei christão, mais de nome que de obras, com grande prejuizo de sua consciencia, e escandalo do povo, tinha duas mulheres, e porque este era do districto de sua jurisdição, foi ao seu paço, e com muita mansidão e commedimento, lhe estranhou em segredo aquelle peccado tão feio e tão publico, e não se emendando com esta admoestação tornou outra e muitas vezes a admoestal-o, e quando viu que nada aproveitava com sua brandura e secretos avisos, então o reprehendeu com muita severidade publicamente. Sentiu el-rei muito esta reprehensão, e mandou a um dos que presentes estavam que o matasse, e querendo o sacrilego ministro obedecer a tão perverso mandado, levantou o braço com a espada nua para o matar, mas por juizo de Deus o braço lhe cahiu com a espada no chão, como se alguem lh'o decepara. Vendo-se o miseravel sem braço, deitou-se aos pés do santo pedindo lhe perdão do seu atrevimento. O santo lhe ajuntou o braço ao hombro com suas mãos, e fazendo oração por elle, sarou milagrosamente, e ficou são como d'antes; mas não faltou outro ministro de Satanaz, que (por fazer a vontade ao rei) levou de uma espada, e fendeu a cabeça ao bem-aventurado Frei André, da qual ferida logo cahiu morto, e na terra em que sua cabeça tocou em cahindo, se abriu uma fonte de mui clara e gostosa agua, na qual lavando-se muitos doentes, sararam de suas enfermidades, e fez Nosso Senhor, por elle outros muitos milagres.

CAPITULO XV

Da vida da gloriosa santa Clara, freira da ordem de S. Domingos, abexim de nação

Das terras do Abexim houve um rei sujeito ao Preste João, mui catholico e bom christão, chamado Scioasaflam, ao qual nasceu uma filha na cidade Scevah, muito formosa; a qual foi chamada Zemedemarea, que em nossa linguagem quer dizer Clara, e bem disse sua santa vida com seu nome e formosura, porque foi mui clara e formosa em sua alma. Logo de pequena se affeicoou aos santos que guardaram limpeza virginal, e movida com seu exemplo, determinou conservar sua pureza, pois tanto agradava a Deus. Este proposito teve muito tempo encoberto, por seu pae e mãe o não saberem; porque (como elles não tinham outro filho nem herdeiro do reino) temia que a obrigassem a casar por força, e por este respeito pedia muito a Deus que a ajudasse. Sendo já de edade que se começava de publicar sua extremada formosura e virtude, mandou um rei pedil-a por mulher a seu pae para um filho que tinha unico herdeiro de seu estado. Acceitou o pae a embaixada com muito contentamento, e para lhe dar resposta perguntou á filha se estava alegre de tal casamento? A qual cheia de divino espirito, respondeu que ella tinha offerecido sua virgindade a Deus rei dos reis, e esposo das santas virgens, e não havia de receber outro. Ficou o pae mui turbado com tal resposta, e determinou tiral-a d'este proposito, louvando-lhe o estado do matrimonio, que fôra instituido por Deus no paraizo terreal, e que era um dos sete sacramentos da egreja. A estas razões esteve a princeza mui attenta, e com humildade respondeu: bem sei que o estado dos casados é santo e bom, com tudo a pureza virginal, amada e louvada pelo mesmo Deus é muito melhor; portanto rogo a vossa alteza me não queira apartar d'este santo proposito que tenho. Por então não quiz o pae apertar mais com ella, determinando fazel-o outro dia. Considerando a discreta virgem, que seu pae não havia de cessar de a importunar cada dia com o casamento, e que não estava segura no seu paço, determinou fugir. E encommendando-se a Deus com muita devoção, e fazendo o signal da cruz, se sahiu do paço, e cidade uma noute, e caminhou por onde o espirito a guiava, até chegar a um rio mui caudaloso, chamado Gummarra, onde parou pelo não poder passar; e estando aqui o dia seguinte, sem saber o que fizesse, virou os olhos para o caminho por onde viera, porque sentiu tropel de gente de cavallo, e viu vir alguns criados de seu pae, que lhe vinham no alcance, porque tanto que se ella achou menos no paço, logo seu pae mandou por diversas estradas gente de cavallo pela posta, que a fossem buscar e a trouxessem. Vendo-se a virgem n'este aperto, tendo por diante o rio, que não podia passar, e por detraz os cavalleiros para a prenderem levantou os olhos ao ceu, e com lagrimas pediu a seu esposo que a favorecesse n'esta necessidade. Não tardou Elle com sua ajuda, porque subitamente se apartaram as aguas (como antigamente fizeram as do mar Roxo, para passarem os filhos de Israel) e deram caminho á menina afflicta; a qual fazendo o signal da cruz, passou o rio a pé enxuto á outra banda, e elle se tornou logo a seu costumado curso. Vendo os cavalleiros (que já estavam perto) tão grande milagre, e não se atrevendo a passar o rio, tornaram-se para o paço, e contaram a el-rei o que passava; o qual entendendo que era vontade de Deus o que sua filha fazia, quietou, particularmente quando lhe disseram que ia ao mosteiro de Blurimanos, buscar o grande servo de Deus Fr. Thacleay Manoth.

Depois que a menina se viu fóra d'este perigo, deu muitas graças a Deus, e foi continuando seu caminho para o convento de Blurimanos, aonde o Espirito Santo a guiava, e antes que lá chegasse, appareceu o anjo do Senhor ao prior, e disse-lhe como aquella princeza fugira de casa de seu pae, e o ia buscar, para lhe pedir o habito do mosteiro das freiras de Bedenagli, e que elle lh'o désse, porque esta era a vontade de Deus. Não tardou muito em chegar a devota donzella, e entrando na egreja mandou chamar o prior, e descobriu-lhe sua tenção, e cuja filha era. Louvou-lhe o prior seu santo proposito, animando-a e consolando-a; e comtudo poz-lhe diante os rigores da ordem e as obrigações que sobre si queria tomar, e achando-a mui determinada em levar ao fim seu intento, a mandou levar ao convento das freiras de Bedenagli, que era d'ali meia legua, e foi o primeiro que se edificou n'aquellas partes por industria de soror Imata, de quem atraz fiz menção, ao qual vão todos os dias certos frades de Blurimanos para dizerem missa, e tornam-se a jantar ao mesmo mosteiro. São estas religiosas mui observantes e recolhidas, e mui veneradas de todos.

N'este convento lançaram o habito á princeza Clara, e logo começou de servir a Deus, não como menina de pouca edade, senão como um antigo padre do ermo. Foi-se continuando a jejuar, tanto que veiu a não comer mais que ao domingo hervas cosidas, e isto continuou por espaço de cincoenta annos, que viveu na ordem. Dormia muito pouco, porque o mais do tempo gastava em oração. Fez-lhe o demonio muitas perrarias e apparecia-lhe em diversas figuras, mas fazendo-lhe o signal da cruz logo desapparecia. Por outra parte recebia muitos favores e consolações do céo. Estando um dia contemplando na paixão de Christo, teve grandissimo desejo de vêr os logares sagrados de Jerusalem. Fez-lhe seu divino esposo a vontade, e foi arrebatada em espirito, e visitou muitos logares santos com muita consolação de sua alma. Isto mesmo lhe aconteceu outras vezes, porque de ordinario se enlevava na oracão. Algumas vezes lhe traziam os anjos pão e manná que comia, e de suas mãos recebia muitas vezes o Santissimo Sacramento. Teve dom de prophecia, e graca de conhecer os pensamentos. Querendo seu pae fazer uma guerra aos mouros, escreveu-lhe ella, que désse batalha, porque sem duvida alcançaria uma grande victoria, como alcançou, o que tudo soube por um anjo que lh'o revelou. D'ahi a tempos tornou seu pae a dar outra batalha, e ficou captivo em poder dos mouros, e foi commettido que deixasse a fé, mas elle o não quiz fazer, pela qual razão foi morto. E tudo isto viu sua filha em espirito, e que os anjos levavam sua alma ao ceo com grande alegria; e tornando em si d'esta revelação, em que estava enlevada, deu conta de tudo o que vira a seu confessor com grande alegria de seu coração.

Chegando-se já o fim de sua penitente e innocente vida, adoeceu gravemente, e pediu com muita instancia os Sacramentos, e depois de os receber mui devotamente, acompanhada de anjos, se foi ao céo, aos treze dias de Julho, havendo cincoenta annos que recebera o habito. Foi muitos annos prioreza do seu mosteiro. Na hora do seu fallecimento ouviram as freiras uma voz que dizia: vem esposa minha, entra no thalamo de teu celeste esposo. E algumas d'ellas viram sua alma ser levada ao céo em companhia de muitos anjos.

Temos visto quantas maravilhas Deus obrou pelos religiosos do Padre S. Domingos, na christandade que fizeram nas terras do Abexim; dos quaes trata Serafino Razzi e Luiz de Paramo, como tenho dito. E não duvido que haja ainda nas mesmas terras religiosos d'esta sagrada ordem, tão penitentes e servos de Deus, como estes foram; pois ha muita probabilidade que vivem e residem n'ellas, não sómente nos conventos de Blurimanos e de Alleluia, que elles fundaram, como fica dito, pois temos noticia de estarem ainda em pé, e povoados de religiosos, mas tambem em outras provincias d'este Abexim, conforme á informacão que me deu d'estas terras

Jeronymo Cherubim, de quem já fallei; o qual me affirmou, que na ilha Siene, situada no rio Nilo, onde elle esteve, havia conventos e religiosos de S. Domingos, o que sabia, por lhe vêr trazer o seu habito. Isto confirma e verifica o padre Francisco Alvares no livro que fez do Preste João, dizendo que n'aquellas terras havia muitos frades, e que uns d'elles traziam capas como as que trazem os religiosos de S Domingos. E não diz mais d'elles. E por aqui concluamos com os religiosos do Abexim, e fallemos d'aqui por deante dos que passaram á India antes que fosse descoberta pelos portuguezes.

CAPITULO XVI

Dos primeiros religiosos que passaram á India Oriental, antes que fosse descoberta pelos portuguezes, e do martyrio que n'ella receberam

O primeiro religioso da ordem dos pregadores, que passou á India Oriental, antes que fosse descoberta pelos portuguezes, foi o padre Frei Jordão, pregador mui douto, em cuja companhia foram juntamente quatro religiosos da ordem dos menores, como largamente conta o padre Frei Marcos na chronica de S. Francisco; cujos nomes são Frei Thomaz de Tolentino, Frei Jacome de Padua, sacerdotes; Frei Demetrio e Frei Pedro, irmãos leigos. Os quaes no anno do Senhor de 1320 passaram ao reino da Persia, a uma cidade principal chamada Tauris, com desejo de pregar a fé de Christo Nosso Senhor aos mouros e gentios d'aquellas partes, e receber martyrio por ella. E não lhe succedendo alli como elles desejavam, foram demandar a ilha de Ormuz, com determinação de passar á egreja de S. Thomé apostolo, situada na costa de Charamandel, em a cidade Moleapor, que por outro nome se chama Salamina, para o que se embarcaram em uma náo de mouros, que fazia sua viagem para a dita costa. Mas succedendo-lhe os ventos contrarios, foram tomar o porto da ilha de Tanâ, que está junto da terra firme da India, entre as cidades de Bacaim e de Chaul: na qual ilha estava uma cidade povoada de mouros e gentios vassallos do Soldão da Persia, cujo governador então era um mouro chamado Melique, e Cassis maior outro chamado Cadi, o qual era como bispo dos mouros.

Tanto que a náo lançou ancora no porto da ilha, desembarcaram-se os religiosos, e foram pouzar em casa de um nestoriano, que vivia na mesma ilha casado, e fôra alli ter da Persia, com outros mercadores nestorianos, os quaes ainda que professam a lei de Christo, tem muitos erros n'ella. N'esta casa estiveram oito dias, nos quaes os nestorianos lhe pediram muito, que algum d'elles quizesse passar á terra firme, a uma cidade que n'ella estava, chamada Parroch, onde havia muitos nestorianos, que não tinham da lei de Christo mais que o nome, porque nem se baptisavam, nem faziam obras de christãos, para que lhe pregasse e os instruisse na fé, e baptisasse. E por conselho de todos foi o P. Fr. Jordão a esta empreza, porque sabia muito bem a lingua da Persia, e levou comsigo dois d'aquelles nestorianos, que sabiam muito bem a lingua da India, tomando occasião do que estes lhe offereciam, para ir pregar a verdadeira lei de Christo Nosso Senhor, e apartal-os da falsa seita do Nestorio, em que foram creados. Entrando pois em uma barca, chegaram á cidade Parroch, onde o padre pregou e baptisou muitos. Mas depois de estar alli dezeseis dias foi avisado pelos mesmos christãos, que se escondesse e fugisse, porque os quatro religiosos seus companheiros eram presos na ilha de Tanâ, onde ficaram. Ao que o padre Fr. Jordão respondeu: nunca Deus queira que eu fuja, e deixe meus companheiros presos. E logo no dia seguinte se tornou para a ilha de Tanâ, onde achou que os religiosos seus companheiros eram martyrisados pela fé de Christo dois dias depois que d'elles se apartou, e que foram mortos por mandado de Melique governador da cidade, mais a requerimento do Cassis Cadi, que por sua vontade, por lhe parecerem os ditos religiosos innocentes e santos. Cujos corpos foram lançados em um campo, sem haver quem ousasse enterral-os com medo dos mouros. No qual estiveram quatorze dias, e no fim d'elles chegou o padre Fr. Jordão, e os enterrou no mesmo logar com muito sentimento de perder seus companheiros, e com veneração d'aquellas reliquias, pois não duvidava que as almas que n'aquelles corpos moravam, estariam no céo gosando da vista de Deus, premio de seus trabalhos e martyrio.

Todo o successo do martyrio d'estes religiosos escreveu o padre Frei Jordão, e divulgou estas novas por todas as partes que poude, para que se soubesse da bemaventurada morte d'estes seus companheiros, e os christãos louvassem a Deus em seus santos.

Depois que o padre Frei Jordão enterrou os corpos d'estes martyres, deixou-se ficar na ilha de Tanâ, onde esteve muito tempo sem o Melique lhe fazer mal algum, nem consentir que lh'o fizessem, porque via n'elle maravilhosos signaes de santidade, e sabia que tinha rendido os coracões dos moradores da ilha gentios, pelas excellentes obras que entre elles fazia, dando vista a cegos, pés a coxos, e saude a enfermos, por onde era de todos mui estimado e venerado, e o mesmo Melique lhe tinha muito respeito. As quaes cousas não podiam soffrer os mouros da ilha, particularmente o Cassis Cadi, e outro mouro nobre grande inimigo dos christãos chamado Oseph, antes muitas vezes persuadiam o governador que mandasse matar aquelle Cassis christão por honra de Mafamède, porque se o não matava muitos mouros e gentios se haviam de fazer christãos, pela pregação e milagres que obrava. Pela mesma razão lhe respondeu o Melique que o não havia de matar, pois elles confessavam que o padre fazia boas obras, e que tal homem não merecia morte, senão ser muito estimado e venerado, e d'esta maneira se livrava dos queixumes, que cada dia os mouros lhe faziam.

CAPITULO XVII

Do martyrio do padre Fr. Jordão, da ordem dos pregadores, e da imagem que os gentios lhe fizeram na ilha de Taná, e como foi achada

VENDO o Cassis Cadi e os mais Cassizes, que o padre Fr. Jordão continuava com sua pregacão, e convertia muitos gentios á fé de Christo, foram-se a casa do governador, como cães raivosos clamando com grandes queixas, entre as quaes a principal que faziam do padre, era que blasfemava de Mafamede, abominando sua seita, e que os affrontava a todos, e que tudo isto fazia com favor de Melique, pois o consentia, e não permittia que o castigassem pela soltura de suas palavras, e que por causa d'elle governador ficava a lei de Mafamede mui abatida n'aquella ilha. E tantas cousas d'estas lhe disseram, que o dobraram, e de importunado deu licença a Cadi que o castigasse e fartasse já sua vontade; o que fez mais constrangido de medo de o accusarem a el-rei, que por sua vontade, porque era bem inclinado, e amigo do padre. O Cadi que outra cousa não desejava, tanto que teve licença do governador, ajuntou grande numero de mouros, e deu em casa do padre Fr. Jordão, e alli lhe deram muitos couces e bofetadas, e lhe ataram uma corda ao pescoço, e o levaram arrasto até o campo, onde o acabaram de matar com pedradas. A qual morte o glorioso martyr desejava muito padecer por Jesu Christo nosso salvador, a quem tanto amava e servia. E quando viu sua hora chegada, a recebeu com maior gosto, que o que tinham os carniceiros lobos, que lh'a davam, porque com ella esperava alcançar a vida eterna, e a vista d'aquelle Senhor, por quem morria.

A gente popular da ilha, particularmente os gentios, sentiram muito a morte do seu sante padre, de quem tinham recebido tão boas obras. Pelo qual respeito lhe fizeram uma imagem de páo, de comprimento de um palmo, tirado pelo natural do mesmo padre, vestida com seu habito, com as mãos debaixo do escapulario, e o capello posto ate o meio da cabeça, como ordinariamente andava sendo vivo, e pozeram esta imagem entre os seus santos no seu Pagode, que é a sua egreja, onde o tinham e veneravam por santo. Este pagode pelo tempo adeante arruinou e cahiu, como outros muitos fizeram depois da entrada dos portuguezes na India, sem haver quem mais os levantasse. Pelo que ficou esta imagem enterrada debaixo das pedras e caliça muitos annos. Succedeu depois correndo os tempos, que um Antonio de Sousa e sua mulher D. Maria Pereira, fidalgos nobres e honrados, moradores na ilha Tana, vieram a possuir esta aldeia, onde estava o pagode, que dissemos, do qual estavam ainda levantados uns pedaços de paredes velhas; onde querendo elles fazer umas casas para recolhimento da sua gente, e da fabrica d'aquella aldeia, mandaram tirar de dentro toda a pedra e caliça e alimpar o vão da casa, e indo cavando, foram dar com a imagem de um frade S. Domingos, que alli estava enterrada, o qual era de páo mui alvo, a que os naturaes da terra chamam páo evo. Esta imagem era de feitio muito primo, e tinha o rosto muito formoso, liso e limpo, como se áquella hora fôra enterrada, havendo muitos annos que alli estava. O que não carece de grande misterio.

O caso poz em grande admiração os senhores da terra, e os mais que presentes se acharam vendo uma imagem de religioso de S. Domingos enterrada em uns pardieiros tão antigos em terra de gentios, tão distante de christãos e religiosos. Pelo que mandaram logo chamar os gentios antigos d'aquella ilha, e perguntaram-lhe que memoria tinham d'aquellas ruinas, e que imagem era aquella que alli acharam enterrada; os quaes responderam que n'aquelle logar houve antigamente um pagode de seus antepassados, e aquella imagem era de um homem santo, que fôra antigamente ter áquella ilha, e andava vestido com habito branco e capa preta, e que fizera n'aquella terra muitos milagres, fôra morto pelo Cassis d'ella, que era mouro, contra vontade de todo o povo, que o venerava e tinha por santo; e contaram toda a mesma historia acima referida, que diziam ter ouvido a seus antepassados.

Esta imagem guardou aquella nobre fidalga, D. Maria Pereira, e a tinha muito venerada. Succedeu que d'ahi a alguns annos foi ter á ilha de Taná o padre Fr. Aleixo de Setubal, prior que então era de S. Domingos de Chaul, padre velho de muita auctoridade e verdade, e pousando em casa do dito Antonio de Sousa, de quem era muito amigo, vieram-lhe a contar a historia da imagem que tinham achado no pagode dos gentios, relatando-lhe tudo como fica dito. E o padre lhe pediu muito, que lhe mostrassem a imagem; e D. Maria Pereira a foi tirar de um caixão, onde a tinha guardada e mui estimada, e a deu ao padre. O qual depois de a ter em seu poder, lhe pediu muito que lh'a dessem, para a levar ao convento de Chaul. E os ditos senhores o houveram por bem, posto que mostravam muito sentimento de a tirarem de si, e ficarem sem ella. O padre a levou comsigo a Chaul, onde a teve sempre muí estimada e venerada.

De maneira que os religiosos d'estas duas ordens foram os primeiros que passaram á India Oriental, e a regaram com seu sangue derramado pela fé de Jesu Christo, que confessavam e pregavam, o qual da terra estava dando brados ao ceu, não como o sangue de Abel pela vinganca de Cain, nem como o sangue do sacerdote Zacharias pelo castigo e destruição de Jerusalem, senão á imitação do precioso sangue d'aquelle innocentissimo cordeiro, que da cruz estava bradando ao padre Eterno perdoasse áquelles que tão cruelmente lhe tiravam a vida; assim o sangue d'estes santos martyres semeado por esta terra da India, bradava e pedia que viesse a lume o fructo de sua sementeira, que era ficar o conhecimento da fé, porque fôra derramado, impresso nos coracões d'aquella gentilidade, que de tão longe foram buscar, para lhe ensinar o caminho da verdade. Cujos brados não foram frustados, antes ouvidos do piedoso Deus, que foi servido, e quiz que nascesse, e se criasse n'estas mesmas terras uma grandissima christandade como agora está, porque sendo Taná uma povoação pequena, tem religiosos de S. Francisco, de Santo Agostinho, da Companhia, e S. Domingos, aos quaes a camara deu chão e o povo esmolas com que tem feito uma egreja da invocação de Nossa Senhora do Rosario, e um convento competente onde vivem os nossos religiosos. O que tudo se pode attribuir aos merecimentos d'estes santos martyres, primeiros fundadores d'aquella christandade, pois vemos que os mais religiosos e christãos, que depois d'elles foram a estas partes, hoje as vão possuindo, e logrando-se do fructo de seu martyrio. De maneira que temos visto como os religiosos de S. Domingos foram pregar o Santo Evangelho ás partes orientaes, muito tempo antes que a viagem da India fosse descoberta pelos portuguezes, indo uns a Tartaria, outros para Amenia, outros para o Abexim, e estes ultimos para a India, como tenho dito. Resta agora fallar dos religiosos que foram a este Oriente depois que foi descoberto pelos portuguezes; o que farei brevemente no livro que se segue.

FIM DO PRIMEIRO LIVRO

LIVRO SEGUNDO

De varia historia, da christandade oriental. No qual se da uma breve relação de alguns religiosos insignes em virtude e lettras, da ordem dos pregadores, que passaram ás partes orientaes, depois que foram descobertas pelos portuguezes, e das mortes gloriosas que alguns d'elles receberam das mãos dos infieis pela fé de Jesu Christo Nosso Salvador, que pregavam, andando occupados no ministerio da christandade

CAPITULO I

Dos primeiros religiosos da ordem dos pregadores que passaram á India Oriental, depois de descoberta pelos portuguezes

Tanto que El-Rei D. Manuel descobriu as Indias Orientaes, logo se começou a accender nos coracões dos religiosos d'este reino de Portugal, e particularmente nos da ordem do glorioso patriarcha S. Domingos, uma fervente caridade, e zêlo de salvar as almas d'aquelles que novamente estavam conquistados nos corpos e nas terras, imitando n'isto, como verdadeiros filhos, a seu padre S. Domingos, que continuamente andava ardendo em zêlo da salvação das almas. Pelo que se offereceram logo a esta nova empreza muitos religiosos da mesma ordem, deixando a quietação de suas cellas, desnaturando-se de suas patrias, parentes e amigos, tendo em pouco os trabalhos do mar e perigos que em tão comprida viagem e terras tão estranhas, e distantes lhe podiam succeder. E assim era razão que fossem elles dos primeiros, pois de direito lhe estava devida esta conquista espiritual, da qual seus antepassados religiosos da mesma ordem tinham tomado posse muito tempo antes que fossem descobertas pelos portuguezes, e demarcado suas terras com seu martyrio e sangue, como fica dito.

O primeiro religioso portuguez da ordem dos pregadores, que acho ter passado a pregar a esta nova conquista, foi o P. Fr. Rodrigo Homem, religioso de muita authoridade e reputacão; o qual estava já na India no anno de 1503 quando Affonso de Albuquerque foi a primeira vez a essas partes, como se póde vêr em seus commentarios, (¹) onde se refere o seguinte:

Vendo Affonso de Albuquerque as muitas differenças que tinha com Francisco de Albuquerque seu primo, acerca da primeira fortaleza que El-Rei D. Manuel mandou fazer a ambos em a cidade de Cochim, e vendo que se não podia conformar com elle, mandou chamar o padre Fr. Rodrigo da ordem de S. Domingos, e deu-lhe conta do que passava, e pediu-lhe muito que quizesse dizer missa na egreja nova, que tinha feito na fortaleza, porque se queria ir a Coulão carregar suas náos, para se tornar a Portugal, e seu primo Francisco d'Albuquerque ficasse embora, e fizesse o que quizesse. O padre Fr. Rodrigo lhe disse, que se espantava muito entre uns homens tão honrados e tão parentes, haver tantas differenças. E com tudo foi se com elle á fortaleza, e disse a primeira missa na sua egreja nova, e acabada a missa andaram em procissão por dentro d ella, e pozeram-lhe nome o convento de Christo. E

(¹) 2 p. cap. 2.

depois d'isso, vendo o padre que não podia concertar as differenças, que havia entre os dois primos, embarcou-se com Affonso d'Albuquerque, e foi-se com elle para Coulão. D'onde partindo-se Affonso d'Albuquerque para Portugal com suas náos carregadas, encommendou muito ao padre Fr. Rodrigo o governo e administração de uma egreja de christãos de S. Thome, que na dita cidade achou de invocacão de Nossa Senhora da Misericordia, onde o P. ficou. E o que n'ella fez se pode colligir dos mesmos commentarios, [1] onde se refere o seguinte:

N'esta egreja deixou Affonso d'Albuquerque o P. Fr. Rodrigo, da ordem de S. Domingos, por principal d'ella, e elle teve tão bom cuidado de sua administração o tempo que n'ella esteve, que com sua doutrina, e bom exemplo tornou muitos gentios á fe de Christo, baptisou e fez muitos christãos de edade de trinta, e quarenta annos. Até aqui é dos commentarios.

O segundo religioso da ordem dos pregadores, que andava na India, em companhia dos primeiros conquistadores, se collige claramente dos commentarios de Affonso d'Albuquerque, onde se refere o seguinte:

Quando Affonso d'Albuquerque tomou a cidade de Gôa a primeira vez, que foi aos 16 de Fevereiro do anno do Senhor de mil quinhentos e dez, levava em sua companhia um padre de S. Domingos, o qual ia na dianteira de todo o arraial, com uma cruz levantada nas mãos, e logo detraz da cruz se seguia a bandeira real que era de setim branco, com as armas de Portugal, e toda a mais gente seguia estes dois estandartes; o numero da qual era mil por-

---

[1] 1 p. cap. 4.

tuguezes e duzentos malabares, que Affonso d'Albuquerque levou comsigo de Cochim, para se ajudar d'elles. Até aqui são palavras dos commentarios. De modo que n'este tempo andava este religioso na India em companhia de Affonso d'Albuquerque, cujo nome não declara aqui o chronista. Mas Damião de Goes na chronica d'El-Rei D. Manuel [1] conta, que quando Affonso d'Albuquerque tomou Gôa da primeira vez, mandou por embaixadores ao Xeque Ismael, Ruy Gomes de Carvalhosa e o Padre Fr. João da ordem de S. Domingos, na qual jornada o Carvalhosa foi morto em Ormuz pelos mouros com peçonha secretamente, e o padre Fr. Joao se tornou para Gôa. D'onde parece que este é o mesmo religioso de que se faz menção nos commentarios, pois esta embaixada se fez logo depois da tomada de Gôa. E tambem é de crêr, que em companhia d'este religioso andariam outros da mesma ordem.

O terceiro e quarto religiosos d'esta ordem, que passaram de Portugal a estas partes da India, a pregar o Evangelho, foram o P. Fr. Joao de Haro e o P. Fr. Luiz da Victoria, ambos lettrados e bons pregadores, os quaes mandou El-Rei D. João III a pregar á India no anno de 1522. De Fr. João de Haro faz menção Castanheda [2] e Diogo do Couto na quarta Decada [3] onde diz, que Lopo Vaz de S. Payo pediu ao Padre Fr. João lhe declarasse, se estava elle dito governador legitimamente na governança da India, e com o parecer que lhe deu que se

---

(1) 3 p. cap. 4.
(2) Liv. 7 da India, c. 14.
(3) Dec. 4 liv. 1 cap. 10.

estava, quietou a consciencia e não desistiu do cargo e governo do dito estado. E em outro logar da mesma Decada diz, ([1]) que no mesmo tempo foi eleito o P. Fr. Luiz da Victoria por juiz d'esta causa com cinco fidalgos mais, o qual padre era da ordem de S. Domingos, e outro de S. Francisco, chamado Fr. João de Alvi, para que todos sete juntamente julgassem e dessem sentença sobre as differencas que havia entre Lopo Vaz de S. Payo e Pero Mascarenhas acerca da governança do estado da India, como de feito deram e julgaram que Lopo Vaz de S. Payo era o verdadeiro e legitimo governador. De maneira que n'este tempo andavam na India pregando o P. Fr. João de Haro (a quem Diogo do Couto chama Fr. João de Hayo) e o padre Fr. Luiz da Victoria da ordem de S. Domingos, ambos doutos e bons pregadores.

O quinto religioso da ordem dos pregadores, que passou a esta nova conquista, foi o padre Fr. Pedro Coelho, natural de Santarem, mui bom lettrado e grande pregador. O qual no anno do Senhor de 1539 foi enviado por El-Rei D. João III com trez religiosos mais da mesma ordem seus companheiros, para que da India fossem ao Preste João, em companhia do patriarcha de Alexandria D. João Bermudez, o qual no mesmo anno partiu d'este reino para aquellas partes por ordem do papa Paulo III, mas não veiu a effeito sua ida com o patriarcha por justas causas, que para isso houve; pelo que ficou o padre Fr. Pedro Coelho na India com seus companheiros pregando e fazendo officio de varões apostolicos.

([1]) Liv. 3, c. 7.

CAPITULO II

Dos primeiros religiosos da ordem dos pregadores, que foram á India em communidade a fundar convento

Os primeiros religiosos de S. Domingos, que foram de Portugal a India Oriental, em communidade a fundar casas de sua ordem, foram o P. Fr. Diogo Bermudez Vigario geral, e doze religiosos que levou comsigo, no anno do Senhor de 1548 (governando a India Garcia de Sá) a imitação do sagrado collegio de Jesu Christo Nosso Senhor, a quem pretendiam imitar em todas suas obras. Entre estes doze foi o padre Fr. Francisco de Macedo, varão mui virtuoso e douto. Este foi o primeiro, que na India ensinou artes e theologia, a qual se leu em S. Domingos de Goa, muitos annos antes que se lesse em outra parte, ou collegio algum da India. Na mesma companhia foi tambem o padre Fr. Gaspar da Cruz, natural da cidade d'Evora, religioso de muita virtude e bom pregador. O qual foi o primeiro religioso que passou aos reinos de Camboja com tenção de fundar n'elles casa, e pregar o evangelho aos gentios d'aquellas terras. O que por então não veiu a effeito por alguns impedimentos e grandes impossibillidades. que achou no rei da terra, e nos bramanes que são os seus religiosos, como o dito padre aponta no seu livro que fez da China. Pela qual causa passou logo d'alli aos reinos da China com o mesmo intento; e elle foi o primeiro religioso que entrou e pregou n'aquelle grande reino, posto que o padre Francisco Xavier da companhia de Jesus foi para entrar n'estes ditos reinos no anno do Senhor de 1552, mas antes que lá chegasse falleceu na ilha de S. Gião, que esta perto da China, e assim não entrou n'ella. Mas o padre Fr. Gaspar da Cruz entrou por muitas partes d'aquelles opulentos reinos, e pregou n'elles no anno do Senhor de 1556, do que tudo fez um livro, em que conta miudamente todas ascousas da China e as do rei de Ormuz, aonde tambem foi a pregar o evangelho, depois de tornar da China. O padre Mendoça no livro que fez da China diz que o padre Fr. Gaspar da Cruz da ordem de S. Domingos andando na China pregando, entrou um dia no templo dos chinas, e lhe derrubou os idolos, estando presentes muitos d'elles, pondo-se a risco de o matarem. O que vendo todos os circumstantes, remetteram ao padre para o matar; mas elle lhe deu taes razoes contra o erro em que estavam. adorando páos e pedras, que ficaram convencidos de modo, que nenhum mal lhe fizeram. Isto mesmo conta o padre Fr. Gaspar de si, no seu livro da China.

Este padre tornando da India para Portugal, se offereceu no tempo da peste grande de Lisboa, que foi no anno de 1569, para confessar e curar os enfermos que havia na dita cidade, juntamente com o padre Fr. Isidoro Altamirano, e o padre Fr. Belchior de Monsanto da mesma ordem, e cada um d'elles trazia por seu companheiro um irmão leigo, que os ajudava a visitar os enfermos, com doces, consolações, e remedios assim espirituaes, como corporaes, divididos pelos bairros de Lisboa, que cada um tinha á sua conta, e n'este ministerio andaram emquanto a peste durou, exercitando esta obra de caridade; e acabada a peste de Lisboa, se foi o padre Fr. Gaspar a Setubal para o mesmo effeito, onde esteve até se acabar a peste, e no fim d'ella adoeceu do mesmo mal, e morreu, como elle mesmo tinha certificado em sua vida, dizendo que tambem elle se feriria e morreria da mesma peste, e que depois de sua morte nenhuma pessoa mais adoeceria d'este mal, como aconteceu; de modo que elle foi o derradeiro que adoeceu e morreu do mal da peste em Setubal, e d'alli o levaram a enterrar ao convento de S. Domingos de Azeitão, d'onde era filho. E n'esta obra e serviço de Deus tão heroico acabou seus dias e trabalhos. N'este tempo que falleceu me affirmou uma pessoa de credito, que estava já eleito por El-rei D. Sebastião por bispo de Malaca, mas a morte lhe atalhou esta dignidade n'esta vida miseravel, para Deus lhe dar outras maiores na vida eterna.

Estes doze religiosos fizeram o nobre convento de S. Domingos de Gôa, em que agora residem ordinariamente cincoenta religiosos, e já chegaram a morar n'elle setenta. D'aqui foram fundar outros dois conventos um na cidade de Chaul, outro em a de Cochim; em cada um dos quaes residem commummente trinta religiosos, pouco mais ou menos.

Depois que estes padres tiveram assento nas trez principaes cidades da India, os mais religiosos da mesma ordem, que foram de Portugal, d'ahi por diante não descansaram, nem se descuidaram da empreza, que tinham tomado a sua conta, antes cada um por sua parte fazia muito por augmentar, pregar e dilatar a fé por todas as mais partes da India, com zelo de salvar e ganhar almas para Chris to Nosso Senhor, que as tinha redimido. Pela qual causa se foram espalhando por todas as partes e logares da India, e pela ilha de Góa, que toda estava povoada de gentios idolatras, onde fizeram a christandade, que se póde vêr no capitulo seguinte.

CAPITULO III

Da christandade, que os padres de S. Domingos tem feito na ilha de Goa

TENDO os padres de S. Domingos, que residiam na cidade de Gôa a muita gentilidade que havia em toda a ilha, fizeram com o governador D. Pedro Mascarenhas (que n'aquelle anno, que foi o de 1553, tinha ido de Portugal para governar a India) que repartisse as aldeias de Gôa, em que viviam estes gentios, e commettesse a conversão d'ellas aos religiosos, que já estavam na India, para que uns e outros tomassem as que lhe coubessem á sua conta, e fossem entrando por ellas, pregando, convertendo, e baptizando a todos os que pudessem; o que logo fez o dito governador D. Pedro, repartindo a christandade da ilha pelos padres de S. Domingos e da companhia, que já n'este tempo lá estavam; e de trinta aldeias de gentios, que na ilha havia, ficaram quinze á conta dos padres de S. Domingos, todas quasi em um direito da aldeia de Morumbim o grande, até a aldeia de Taleygão, entre as quaes logo os nossos padres fizeram quatro egrejas, para que residindo n'ellas de mais perto, e com melhor cuidado fossem pregando, convertendo, e trazendo ao rebanho da egreja catholica aquellas bravas e silvestres ovelhas, que d'ella andavam apartadas.

A primeira e mais nobre egreja (que é da invocação de Santa Barbara) fundou o Padre Fr. Aleyxo de Setubal na primeira aldeia, chamada Morumbim o grande, na qual o mesmo padre residiu tres annos, e n'elles baptisou passante de sete mil almas. Outra egreja foi fundada na aldeia de Carapor, da invocação de S. Cruz. Outra egreja fizeram na aldeia de Taleygão, da invocação de S. Miguel. E a quarta egreja finalmente fizeram na aldeia de Sirdão, do orago de Santa Maria Magdalena. Nas quaes egrejas os padres de S. Domingos fizeram muitos milhares de christãos, e inda hoje vão fazendo, e continuando no ministerio d'esta christandade de tal maneira, que já n'estas aldeias não ha gentios, senão muito poucos, e esses ainda vem da terra firme de novo a viver na ilha, os quaes tambem se vão fazendo christãos. Os padres que residem n'estas egrejas ensinam a lêr e escrever, e a doutrina christã a todos os meninos d'aquellas aldeias; e todos elles, assim machos como femeas até edade de dez annos são obrigados a vir cada dia pela manhã á egreja, onde ouvem missa, e depois se lhe ensina toda a doutrina cantada em voz alta, dizendo dois meninos dos mais destros, e respondendo os outros. Em cada aldeia d'estas ha um meirinho da doutrina, o qual cada dia pela manhã tem cuidado de tanger uma campainha por toda a aldeia, e todos os meninos d'ella se ajuntam em um certo logar, e d'alli vão em procissão cantando a doutrina até a egreja, e da mesma maneira se tornam da egreja para suas casas; e se algum menino falta, é apontado pelo meirinho, e castigado pelo padre, pelo qual exercicio tão continuo, andam estes meninos tão destros na doutrina, que a sabem toda muito bem de cór. Em cada uma d'estas quatro egrejas se ajuntaram cada dia a esta doutrina mais de cem meninos, como eu vi por muitas vezes, os quaes todos são já christãos, filhos e netos de christãos, entre os quaes ha gente muito honrada e rica, e muitos d'elles tem casadas suas filhas com portuguezes.

N'este tempo que se começou esta christandade, tinha tomado o habito em S. Domingos de Gôa Simão Botelho de Andrade (que depois de religioso se chamou Fr. Simão Botelho) o qual era homem fidalgo mui honrado, de grande prudencia e governo, e como tal, foi doze annos vedor geral da fazenda d'El-Rei em toda a India, e depois foi capitão de Malaca, e tinha tanta auctoridade, que os governadores da India não faziam cousa de importancia sem seu parecer, por mandado expresso de El-Rei de Portugal. Pelo qual respeito foi mui sentida sua entrada na ordem do governador D. Pedro Mascarenhas, que n'esse tempo chegou á India, e pezou-lhe muito de o achar feito religioso, porque vinha de Portugal descançado, cuidando que o tinha no Estado, para se aconselhar com elle nas cousas tocantes ao governo, como tinham feito seus antecessores. E assim tanto que chegou á cidade de Gôa, d'ahi a poucos dias foi a S. Domingos, e entrando em casa de noviços, fallou toda uma manhã com o dito Fr. Simão sobre as cousas do estado da India. E por seu parecer fez o dito governador outro vedor da fazenda, e outros officiaes, como convinha ao bom governo do Estado. E todas as vezes que succediam cousas de importancia, o governador ia logo a S. Domingos, aconselhar-se com Fr. Simão, emquanto foi noviço, e depois de professo, o mandava chamar muitas vezes para o mesmo effeito. N'esta mesma reputação foi tido de todos os mais governadores da India. E o vice-rei D. Constantino o levou comsigo, quando foi tomar Jafanapatão, para n'esta empreza se ajudar do seu conselho, como ajudou. Este padre com sua industria, valia e ajudas, que teve dos vice-reis, fez o nobre templo de S. Domingos de Gôa, que e o melhor e mais sumptuoso, que ha em toda a India. Foi muito virtuoso e mui grande religioso. Falleceu em Gôa, sendo sacerdote, e antes que fallecesse pediu os santos Sacramentos; e quando lhe deram o da Extrema-uncão fez uma pratica a todos os religiosos da dita casa, que presentes estavam, com que a todos espantou, e consolou muito; e d'esta maneira deu sua alma a Deus.

CAPITULO IV

Em que se trata brevemente da christandade que os padres de S. Domingos tem feito nas ilhas de Solor e Timor

Ao mesmo tempo em que se começou a christandade da ilha de Gôa, foram outros religiosos d'esta sagrada ordem povoar uma casa, que o P. Fr. Gaspar da Cruz tinha fundado em Malaca, onde agora residem ordinariamente cinco e seis religiosos, e d'alli foi o P. Fr. Antonio da Cruz, com tres companheiros, por mandado do bispo de Malaca D. Fr. Jorge de S. Luzia, no anno do Senhor de 1561, ás ilhas de Solor, que estão em 8 gráos da banda do Sul, e de Malaca 480 legoas, e são tres ilhas em triangulo, s. Solor, Lamalla, Loboballa, e n'ellas baptisou muitos gentios, entre os quaes fez christão o senhor da ilha de Solor, a que chamam Sanguedepate, e d'alli mandou religiosos á ilha do Ende, que são trinta legoas de Solor, e á ilha de Timor, que jaz para o Sul 20 legoas de Solor, onde foram bem recebidos, e fizeram grande fructo. D'estas ilhas tinha já tomado posse o padre Fr. Antonio Taveiro, que foi o primeiro religioso que n'ellas entrou, e fez christandade; do qual diz o P. Fr. Gaspar da Cruz no prologo que faz do livro da China, que já quando elle passou de Camboja para a China (que foi no anno do Senhor de 1556) tinha este padre feito na ilha de Timor passante de cinco mil christãos, e na ilha do Ende outra mui grande copia d'elles.

Esta christandade de Solor e Timor, foi crescendo em tanta quantidade, que são innumeraveis os christãos, que de então até agora se fizeram, e se vão fazendo cada dia por todas aquellas ilhas; entre os quaes se fizeram tambem christãos os principaes d'ellas, e em particular o principe legitimo herdeiro do reino de Timor, que o padre Fr. Belchior da Luz, religioso d'esta ordem converteu e cathechisou, e trouxe comsigo a Malaca, onde foi bem recebido pelo capitão e mais povo da fortaleza, e particularmente pelos mercadores, que de Malaca vão á sua ilha de Timor, a buscar sandalo porque o conheciam, e sabiam quem elle era; e foi baptisado em Malaca pelo bispo D. João Gayo Ribeiro. Este principe tornou o padre Fr. Belchior levar á sua ilha, onde foi mui bem recebido pelo mesmo rei gentio seu pae, o qual tinha tanta reverencia e acatamento ao dito padre, como se fôra seu prelado. O mesmo respeito tem todos os moradores d'estas ilhas, assim christãos, como gentios, aos nossos religiosos que n'ellas andam, e particularmente aquelles, que vivem mais perto das egrejas, em que os ditos padres residem.

Estas egrejas até o anno de 1599 eram dezoito, as quaes estão espalhadas por aquellas ilhas, e em cada uma d'ellas ha grandes freguezias e povoações de christãos já feitos, e outros muitos, que cada dia se vão fazendo com muito trabalho e vigilancia dos padres, que os sustentam na fé, e defendem dos mouros da Jaoa, que alli vem muitas vezes em suas embarcações; os quaes antes que os padres de S. Domingos alli entrassem tinham tomado posse da gente d'estas ilhas, e a muitos tinham feito mouros, os quaes os padres tornaram a converter e fazer christãos, tirando-os da boca dos lobos, como bons pastores; o que os mouros soffriam muito mal, e faziam muita guerra aos padres, e aos mesmos christãos novamente convertidos, e desembarcando em as praias d'estas ilhas, salteavam as povoações e as egrejas, e roubavam e matavam quantos podiam, e tornavam a fugir para a sua terra.

Por respeito d'estes mouros fundou o padre Fr. Antonio da Cruz uma fortaleza em a ilha de Solor, de pedra e cal, onde ha peças de artilheria, que os vice-reis lhe mandaram dar para defensão sua, e da christandade. N'esta fortaleza tinham os padres um capitão posto de sua mão (o qual agora é provido por El-Rei, pelo muito crescimento em que foi esta capitania) e juntamente tinham soldados, que sustentavam á sua custa, e dos christãos da terra, os quaes corriam todas aquellas ilhas, e tinham muitas brigas com os mouros que n'ellas havia, matando a uns, e lançando fóra d'ellas a outros por força d'armas; e era a guerra tão crua, que até os mesmos padres, que residiam pelas egrejas, tinham comsigo alguma gente para sua guarda; mas já agora pela bondade de Nosso Senhor, não ha mouros n'estas ilhas, que estorvem a christandade. A todos estes trabalhos e perigos se offereceram estes religiosos pela salvação das almas, padecendo alem d'isso muitas fomes, e ruim tratamento de suas pessoas, pelas terras em si serem pobres e muito faltas de mantimentos, e do mais necessario para passar e sustentar a vida. Do principio d'esta christandade de Solor, até o anno de 606 eram passados a ella sessenta e quatro religiosos.

N'esta ilha de Solor tem os nossos padres uma casa, que é Seminario, e cabeça de toda esta christandade, a qual está dentro na fortaleza, que elles fizeram á sua custa, como fica dito. Aqui reside o o vigario geral de toda esta christandade, com trez ou quatro religiosos, e d'aqui manda visitar e prover ás mais egrejas, que estão espalhadas pelas outras ilhas, e os padres que n'ellas residem. Dentro n'esta casa de Solor tem feito os nossos padres um collegio, em que recolhem muitos meninos de todas estas ilhas, os quaes trazem vestidos com umas opas brancas, e alli lhe ensinam toda a doutrina christã, e todos os bons costumes, e lêr e escrever e latim; o qual ia em grande crescimento, e no tempo que eu na India estava havia n'elle mais de cincoenta meninos.

As egrejas de Solor são as seguintes:

1 — Nossa Senhora da Piedade, que está dentro na fortaleza de Solor de que agora fallamos; a qual é freguezia dos portuguezes, assim moradores da ilha, como estrangeiros que a ella vão. Tem dois mil christãos.

2 — S. João Baptista, egreja e freguezia dos naturaes da terra, que está na povoação em que elles com o senhor da terra vivem, e está da parte esquerda da fortaleza.

3 — S. João Evangelista, freguezia da povoação

Lamaqueira, na mesma ilha de Solor. Tem duas mil almas christãs.

4—A egreja da Madre de Deus, na terra de Solor, chamada Guno. Tem mil almas christãs.

5—Na ilha Lamalla, defronte de Solor, na povoação chamada Carmã, está a egreja da invocação do Espirito Santo. Tem mil e trezentos christãos.

6—Na ilha Grande, que é de quarenta e cinco legoas de comprido, na ponta da terra chamada Servite, está a povoação Lavunana, e n'ella a egreja de S. Lourenço, d'onde era vigario o P. Fr. Francisco Calassa, que n'ella foi morto, como adiante direi. Tem mil almas christãs.

7—A egreja de Nossa Senhora na mesma ilha, adiante de Lavunana, na povoação chamada Larantûca. Tem mais de mil almas christãs.

8—Nossa Senhora da Esperança na mesma ilha em a povoação Bayballo. Tem mais de mil almas christãs.

9—Santa Luzia, na mesma ilha, em a povoação Siqua, onde ha tres mil vizinhos, dos quaes são christãos mais de mil.

10—A egreja de Pagua, que é uma povoação adiante uma legua de Siqua. Tem mais de mil christãos.

11—Nossa Senhora da Assumpção na povoação Quena. Tem poucos christãos.

12—S. Pedro Martyr no porto Lena. Tem muitos christãos.

13—S. Domingos na ilha do Ende dentro na fortaleza, que o padre Fr. Simão Pacheco mandou fazer em a povoção dos Numbas, com cinco baluartes para recolhimento e defensão dos christãos, que os mouros e hollandezes por alli vão roubar e matar.

14 — Santa Maria Magdalena, na povoação Charabóro, que está á mão direita d'esta fortaleza.

15 — Santa Catharina de Sena, na povoação Curelallos, que está á mão esquerda da fortaleza. Haverá n'estas tres egrejas da ilha do Ende, oito mil christãos, bons, leaes e amigos dos padres e portuguezes.

16, 17 e 18 — Outras egrejas tem os nossos religiosos fundadas n'esta christandade, a que não poude saber os nomes, em que tambem residem e fazem christandade.

CAPITULO V

Das gloriosas mortes, que alguns religiosos da ordem dos pregadores receberam pela fé de Christo, e por respeito da christandade de Solor, em que andavam occupados

JÁ fica dito no capitulo passado, quantos trabalhos, fomes e perigos padeceram os religiosos da ordem dos pregadores logo no principio, e fundação d'esta christandade das ilhas de Solor. Agora relatarei aqui brevemente a morte que alguns padeceram pelo augmento da fé e christandade d'estas ilhas. O primeiro foi o padre Fr. Antonio Pestana, grande religioso e servo de Deus. O qual estando em uma d'estas ilhas por vigario de uma egreja d'esta christandade, cultivando e doutrinando grande numero de christãos, que tinha convertido e baptisado, vieram os mouros da Jaoa desembarcar secretamente na ilha, em que elle estava, e deram logo sobre a egreja, onde o tomaram e maltrataram, não sómente de palavras infames, mas tambem de muitas bofetadas, pancadas e couces; e depois d'isso o levaram preso, arrastando-o até á praia, onde tinham seus navios, e alli lhe fizeram justiças novas, e crueis martyrios; um dos quaes foi encravarem lhe todos os dedos dos pés e mãos com canas agudas, e finalmente o degolaram, confessando elle sempre, e pregando a fé de Jesus Christo, por quem morria.

O segundo padre que os mouros mataram n'esta christandade foi o padre Fr. Simão das Montanhas, o qual tambem foi salteado por estes infieis; mas primeiro que o matassem foi soccorrido de muitos christãos da ilha, que acudiram, como fieis que eram, a defender sua egreja e seu pastor; o qual n'esta briga andava entre elles com uma cruz nas mãos, animando e confortando os ditos christãos a pelejar e morrer pela fé de Jesu Christao. E finalmente aqui foi morto ás lançadas, e depois da briga enterrado pelos seus freguezes com muita veneração e sentimento de perder tal pastor.

O padre Fr. Francisco Calassa natural da cidade de Gôa, residia na ilha Grande, de que atraz fallei, na egreja de S. Lourenço, situada na povoação Lavunana, onde trabalhou tanto na vinha do Senhor com sua pregação, que converteu todos os moradores de uma aldeia chamada Tropobolle, que estava distante da sua egreja mais de meia legua; e querendo-os trazer para junto da egreja, assim pelo trabalho que elles tinham de vir a ella de tão longe, como pelos ter mais perto de si, onde os podesse doutrinar, e cathechisar mais commodamente, consentiram elles n'isso e assentaram passar-se para junto da praia, mais perto da egreja. O que é facil a estas gentes, porque alem de serem mui pobres, e terem pouco que mudar, as casas em que vivem são de madeira, cobertas de palmas, ou de palha, que elles desmancham muitas vezes, e as mudam facilmente de um logar para outro; mas como estes geralmente são varios e inconstantes, mudaram o parecer, e não se passaram como tinham prometido, nem tão pouco vieram á egreja o domingo seguinte. Vendo o padre sua frieza, se foi a Tropobolle, para fallar com elles e saber a causa d'esta novidade. E não quiz entrar na povoação pela não alvoraçar com sua ida, mas ficou-se fóra, e mandou o seu meirinho, que levava comsigo, que fosse a ella e chamasse o Sanguedepate (que é como capitão) e os velhos da terra, que viessem alli ter com elle para lhes fallar. Foi o meirinho, e não achou em toda a aldeia mais que uma velha, mãe do Sanguedepate, porque os mais eram idos a seu trabalho, e outros se esconderam para não serem achados. Disse então o meirinho á velha, que o padre a mandava chamar; e ella lhe respondeu, que não queria lá ir. Pela qual razão pegou d'ella, para a levar presa. A qual vendo que a queriam levar por força, começou de gritar, como é seu costume; a cujos gritos acudiram os que estavam escondidos, e deram sobre o meirinho com tanto impeto, que o mataram logo; e depois que o tiveram morto, começaram de receiar o castigo que merecia o malificio que tinham feito, e assentaram de fazer outro peior, que era matar o mesmo padre, e dois moços que tinha comsigo, para que não houvesse quem levasse novas a Solor do que tinham commettido, e quando se soubesse da falta do padre, e dos mais, dissessem todos, que uma noute desappareceram da ilha, e que tinham para si que eram idos a Solor, como algumas vezes faziam; e que pois lá não estavam, lhe parecia. que alguns mouros de Jaoa desembarcariam na ilha, de noute, e que dariam em casa do padre, que estava perto da praia, e o levariam captivo com os mais que faltavam, ou os deitariam no mar, como a inimigos da sua seita. Esta diabolica determinação pareceu bem a todos, e logo a puzeram em effeito, indo em busca do padre, e tanto que chegaram a elle, o atravessaram com as lanças e dardos que levavam, e a um dos seus moços, que acudiu á revolta, e os mataram. O outro moço fugiu, e foi-se embrenhar pelos matos, onde esteve alguns dias sem ser achado, até que teve modo para passar a Solor, onde contou o successo lastimoso, que de todos foi mui sentido e chorado.

O capitão de Solor, que então era Antonio de Vilhegas, desejoso de tomar vingança dos levantados d'esta ilha, logo se fez prestes, e passou a ella com todos os soldados que havia na terra, e deu na dita aldeia, onde matou quantos foram achados, e queimou e arrazou toda a povoação, e tornou-se para Solor. Isto feito, acabou o seu tempo de capitão, e succedeu-lhe no cargo Antonio Andria; o qual sabendo depois que havia ainda n'aquella ilha muitos culpados na morte do padre, que escaparam do primeiro encontro, teve tal ardil, que por manhã os prendeu e enforcou a todos, assim por seu castigo, como para exemplo dos mais gentios, e tambem por estes serem de má casta, e procederem de mouros, que facilmente se levantam, e deixam a fé, o que não tem outras muitas castas de gentios, que ha por estas ilhas já convertidos, porque os mais d'elles são muito bons, e fieis christãos. Esta foi a morte do P. Fr. Francisco Calassa, que recebeu pelo augmento d'esta christandade em que tanto tinha trabalhado, procurando sempre o bem espiritual para suas ingratas ovelhas, que em pago de tão boas obras, lhe deram a cruel morte que tenho dito no anno de 1598. Trez dias antes que succedesse este caso, as ondas e mares, que vinham bater na praia d'estas ilhas, todas eram de agua vermelha, como sangue, que parecia, prognosticar a morte do dito padre, que foi cousa de grande admiração, por não acontecer n'aquellas partes outra similhante.

No anno de 1599 succedeu na ilha de Solor o caso seguinte, sendo capitão da fortaleza Antonio Andria. Uma legoa da fortaleza de Solor está uma aldeia chamada Lamaqueira, que foi povoada antigamente de gentios, e agora são já todos christãos, posto que maus e pouco fieis, porque procedem de uma certa geração malissima. Os moradores d'esta aldeia tiveram alguns castigos, que o capitão lhe deu, por serem maus e desobedientes; pelo que se indignaram grandemente, assim contra o capitão, como contra os padres de S. Domingos, que andavam n'aquella christandade, cuidando que por seu conselho foram castigados; e conjuraram todos secretamente de se levantar contra a fortaleza, e matar os religiosos e o capitão. Para o qual effeito sahiram de sua aldeia um dia dissimuladamente, e uns d'elles se foram pôr em um monte, chamado Guno, perto da fortaleza em cilada, onde mataram logo o P. Fr. João Travassos, natural da Batalha, que alli estava por vigario de uma egreja da invocação da Madre de Deus. Outros vieram ao convento dos religiosos de S. Domingos, onde mataram um irmão leigo, chamado Fr. Belchior, que acharam na egreja. Outros foram a casa do capitão, mas elle sentindo o alvoroço, de tal maneira se escondeu, que o não puderam achar. Pelo que logo d'alli se foram á fortaleza, e fecharam as portas por dentro, cuidando que ja estavam senhores d'ella. N'este levantamento foram mortos estes dois religiosos sómente, porque os mais, tanto que sentiram a traição, logo se fecharam e seguraram quanto foi possivel. Mas sempre os inimigos levaram seu damnado intento ao cabo, se o capitão lh'o não atalhara, entrando na fortaleza com todos os portuguezes que havia na terra, por um postigo secreto, de que os inimigos se não precataram, que ficou aberto, e por alli deu n'elles com tanto impeto e valentia que os desbaratou, e matou os mais d'elles, e castigou os que ficaram de maneira, que bem caro lhe custou sua rebellião e levantamento. Foi isto no anno do Senhor de 1598 aos doze de Agosto.

Alguns d'estes inimigos que fugiram d'esta briga encontraram ao longo de uma praia fóra da povoacão com dois meninos do Seminario, nos quaes executaram o furor de sua damnada tenção, arrancando-lhe os olhos e a lingua, e cortando-lhe os braços, porque não quizeram negar a fé de Christo sendo commettidos para isso. Foi mais martyrisado Lourenço Gonçalves meirinho da egreja Lamaqueira, o qual sendo tomado pelos lamaqueiras, e vendido aos mouros da ilha Galecio, que está d'alli quinze leguas elles o mataram, porque não quiz ser mouro, e arrenegar da fé.

Foram mais mortos n'esta christandade de Solor o P. Fr. Jeronymo Mascarenhas pelos infieis macassas, na ilha de Pagua uma das de Solor. E o P. Fr. Paulo de Mesquita, o qual vindo da christandade de Solor para Malaca, foi morto no mar pelos hollandezes, e podendo-lhe dar a vida, como fizeram aos mais do seu navio, a elle a não deram por ser religioso. O P. Fr. Gaspar de Sá, e o P. Fr. Manuel de Lambuão, vindo da christandade de Solor, deram á costa em Samatra, onde foram mortos pelos mouros do Dachem, inimigos de nossa santa fé.

Além d'estes religiosos, que foram mortos andando no serviço d'esta christandade pelos infieis e levantados, falleceram outros n'ella, que foram grandes servos de Deus, perfeitos em virtude e de vida penitente. Estes foram o P. Fr. Antonio da Cruz, que fundou esta christandade, o qual é tido por santo, e dizem que fez alguns milages em sua vida. O P. Fr. Simão das Chagas, varão muito virtuoso, tido de todos por santo; do qual se conta, que faz muitos milagres. Os christãos e os mesmos gentios d'estas ilhas chamam por elle nos perigos e tormentas do mar, em que se acham attribulados, nas quaes dizem que lhes appareceu já algumas vezes, e os livrou de muitos perigos. Fr. Belchior d'Antas tido por santo em Solor, dizem que fez milagres em sua vida. Fr. Aleixo irmão leigo, tido por santo em Solor.

CAPITULO VI

Dos religiosos da ordem de S. Domingos, que foram pregar o Evangelho ao reino de Syão, e do martyrio do P. Fr. Jeronymo da Cruz

DEPOIS que a christandade de Solor foi crescendo, e multiplicando, como temos visto, determinaram os ditos religiosos tomar outras emprezas novas, e fazer nova sementeira da palavra do Senhor, para que assim pudessem colher de todas as partes almas convertidas á fé (fructa de que Deus tanto se paga). Pelo que d'ahi a poucos annos foram mandados ao grande reino de Syao o padre Fr. Jeronymo da Cruz, e o padre Fr. Sebastião do Canto, ambos pregadores e dotados de muitas virtudes; os quaes foram os primeiros religiosos, que entraram n'aquelle reino, e n'elle recebeu martyrio o padre Fr. Jeronymo da Cruz, como podemos logo vêr, e colligir do treslado de uma carta, que o P. mestre Fr. Fernando de Santa Maria escreveu de Gôa ao reverendissimo padre mestre geral de toda a ordem dos pregadores, que estava em Roma; cujo treslado é o seguinte, traduzido de latim em nossa linguagem.

Carta do P. M. Fr. Fernando de Santa Maria para o mestre geral da ordem dos pregadores.

Ao reverendissimo Padre Mestre geral de toda a ordem dos pregadores, o amado filho Fr. Fernando de Santa Maria, deseja muita saude em o Senhor.

Os dias passados, estando eu por vigario da casa de S. Domingos de Malaca, no anno do Senhor de mil e quinhentos e sessenta e sete, mandei umas cartas dirigidas a Portugal, para que d'ahi as mandassem a Vossa Reverendissima Paternidade; nas quaes lhe dava conta de todas as cousas, que o Senhor tem obrado por meio dos nossos frades com os gentios no ministerio do sagrado Evangelho, no que cada dia mais nos alegramos e dizemos com S. Paulo: *Benedictus Deus, et Pater Domini nostri Jesu Christi, que benedixit nos in omni benedictione spirituali in cœlestibus, in Christi Jesu.* Estando n'esta terra (como tenho dito) mandei alguns religiosos á christandade de Solor e do Ende; onde cresceu tanto o numero dos christãos novamente convertidos, que já passam os baptisados de cincoenta mil, e cada dia este duro e amargoso zambujeiro da gentilidade inculta, se vae enxertando e convertendo em fructifera oliveira, que bem parece estender-se aqui o cumprimento do dito do propheta: *Lætabitur deserta et invia, et exultabit solitudo, et florebit quasi lilium.*

N'este tempo fui chamado para lêr theologia em Gôa, cousa que muito senti, porque determinava passar ao grande reino de Syão e gastar o restante de minha vida n'esta nova sementeira, e trabalhar tambem n'esta vinha do Senhor. Mas vendo que não podia conseguir esta vontade, mandei logo em meu logar o P. Fr. Jeronymo da Cruz, e o P. Fr. Sebastião do Canto, ambos pregadores e dotados de muita doutrina, virtudes e santidade. Os quaes chegaram ao dito reino a salvamento; onde foram bem recebidos pelos naturaes da terra, com muita honra e gasalhado, sabendo já por informação dos portuguezes que lá estavam, que os padres eram dedicados ao culto do verdadeiro Deus. E logo lhe deram umas casas no melhor logar da cidade, para se recolherem e celebrarem os officios divinos, como de feito logo começaram de celebrar; e juntamente aprenderam a lingua da terra com tanto cuidado, que em breve tempo a souberam tambem, como se foram creados n'ella, (cousa que a todos poz em grande admiração) e tanto que a souberam, logo começaram prégar publicamente a doutrina do santo Evangelho na mesma lingua da terra. Pelo qual respeito vinham ter com os padres muitos gentios nobres, e algumas mulheres principaes, e os mesmos sacerdotes dos idolos, com desejo de ouvir a nova doutrina, de que ficavam tão satisfeitos, que logo aquella feroz republica de idolatras começou honrar os religiosos, dizendo que eram verdadeiros amigos de Deus. E até os gentios religiosos, que fazem vida solitaria n'aquellas partes e vivem de esmolas, e são grandes penitentes, mortificando e reprimindo suas paixões e fazendo-as obedecer á razão, buscavam os nossos religiosos e se deitavam a seus pés, reconhecendo-os por servos do verdadeiro Deus, e por esse respeito lhe faziam muitas honras.

Não soffrendo tanto bem o demonio, inimigo da salvação das almas, começou a inquietar os mouros da terra contra os padres, e accender-lhe seu coração com um odio mortal, que d'alli por diante não faziam mais, que buscar invenções para os matar, como a grandes inimigos, e contrarios de sua depravada seita. E vendo que não achavam modo para isso, assentaram de affrontar os portuguezes mercadores, que moravam junto dos religiosos, de tal modo que viessem ás pancadas, porque logo os padres haviam de sahir fóra, e accudir (como era seu costume) para os apartar e apaziguar, e que então poderiam n'esta envolta executar sua damnada vontade, dando-lhe cruel morte. E para que melhor podessem effectuar seu intento, subornaram alguns gentios com muito dinheiro, para os terem de sua banda em favor do sacrilegio que determinavam fazer. Estando pois assim determinados para o maleficio, ordenaram um grande alvoroço e discordia com os ditos portuguezes, de tal maneira que levaram das armas, e houve feridos de parte a parte. Os padres, que estavam recolhidos em sua casa, ouvindo as gritas e clamores do povo, e sabendo a briga que havia entre os mouros e christãos, foram-se logo a elles com tenção de os apartar e quietar, para que se não matassem; mas tanto que foram vistos pelos mouros (que outra cousa não esperavam) deixaram a briga, e remetteram a elles, e atravessaram o padre Fr. Jeronymo da Cruz com uma lança, de que logo cahiu morto; e ao padre seu companheiro desejaram fazer o mesmo, mas não poderam, porque lhe accudiram os portuguezes e o tiraram da mão dos mouros, posto que tão maltratado e ferido na cabeça de uma pedrada, que esteve muito perto da morte. Os mais gentios da terra vendo a crueldade e diabolico feito dos mouros, atroaram toda a cidade com clamores e gemidos; os meninos com muitas lamentações bradavam, dizendo: Vapa Beta, Vapa Beta, que quer dizer, padre meu, padre meu. Os grandes e nobres da terra cobriam suas cabeças de cinza, signal com que manifestavam o grande sentimento que tinham da morte do seu padre. A gente popular rasgava seus vestidos, mostrando n'isso a tristeza do seu coração. Finalmente ajuntou-se grande concurso de gentios, e antes que sepultassem o corpo do santo martyr, todos lhe beijaram os pés e as mãos com muita devoção.

O rei de Syão (que estava d'alli dez dias de caminho) tanto que soube do maleficio, que se tinha commettido no seu reino contra os padres, que elle muito estimava, recebeu d'isso tanta paixão, que logo mandou tirar devassa do caso, e prender todos os malfeitores, assim mouros, como gentios; e os mouros mandou lançar aos elephantes bravos, que os despedaçaram, e aos gentios, a uns mandou cortar a cabeça, e a outros menos culpados, desterrar para todo sempre do seu reino. N'este tempo, que se executavam estas justiças, o padre Fr. Sebastião estava já melhor das feridas, que os mouros lhe tinham dado, e não soffrendo seu pio coração fazerem-se tantas justiças de seus inimigos, foi-se lançar aos pés do presidente, que as executava, e pediu-lhe com muita instancia, que sobrestivesse com o castigo dos culpados, até elle ir fallar com el-rei, a pedir-lhe perdão, para aquelles que estavam por castigar. A qual petição lhe concedeu o presidente, e sobresteve com a execução do castigo. Pelo que o padre se poz logo ao caminho, e depois de alguns dias chegou á côrte do rei. O qual sabendo de sua vinda, mandou que viesse perante si, e o recebeu com muita benignidade, e perguntou-lhe o que queria. Ao que o P. lhe respondeu: Quero que vossa alteza ouça este seu servo, e lhe conceda bom despacho no que pede. O rei lhe tornou, dizendo que fallasse e pedisse o que quizesse, porque tudo lhe concederia quanto fosse em sua mão. Então lhe disse o padre: Peço-vos, senhor, que perdoeis aos culpados na morte de meu companheiro, que estão inda por castigar, e baste já o castigo que tendes dado aos outros, que são mortos e desterrados, porque me não soffre o coração vêr tantos males nos corpos d'aquelles a quem nós desejamos salvar as almas. O rei ficou maravilhado de sua não esperada petição, e esteve um pouco suspenso, e logo lhe tornou, dizendo: Certo grande bondade é a vossa, e boa gente sois vós outros, pois tão facilmente perdoaes a vossos inimigos; e não somente lhe perdoaes, mas tanto á vossa custa lhe procuraes o perdão. E pois assim quereis que seja, eu vos concedo o que pedis, contanto que vós me concedaes de boa vontade, o que vos quero pedir, que é ficardes n'estes meus reinos, e na minha côrte, onde espero de vos favorecer como mereceis. E logo lhe mandou dar aposento e bom gasalhado. E despachou um correio ao presidente, dizendo que cessasse do castigo que estava por fazer, por quanto tinha perdoado aos malfeitores por intercessão do P. Fr. Sebastião; cousa que poz em grande admiracão assim a mouros, como a gentios, vendo um acto tão heroico e pio, como era o que tinha feito o dito padre; e todos a uma voz, louvavam sua bondade e santidade, e de novo começaram sentir a morte do padre Fr. Jeronymo, dizendo que não eram dignos de ter em sua companhia taes varoes e servos de Deus. E o mesmo rei d'alli por diante estimava tanto o padre Fr. Sebastião, como se fôra cousa vinda do Ceo.

Quando estas novas me vieram por cartas, certo que as senti na alma, tanto, que o não sei encarecer a Vossa Reverendissima Paternidade, pela grande falta que tal padre ficou fazendo n'estas partes, onde eu esperava que fizesse grandissima sementeira da palavra evangelica. Por outra parte me consolo, pois o piedoso Deus quiz coroar de sua gloria no ceo este santo confessor de seu nome por via do martyrio que recebeu na terra. Finalmente depois de passar um anno os portuguezes que n'aquelle reino andavam, trouxeram as santas reliquias de seus ossos a Malaca, onde o bispo e o capitão da fortaleza os receberam com uma solemne procissão de todos os religiosos, clerigos e mais povo; e foram trazidos com muita veneração ao nosso convento, onde lhe demos sepultura, depois que celebramos uma solemne missa.

Depois d'isto mandei outro religioso, dos que estavam comigo em Malaca, que fosse ao mesmo reino de Syão, e logo me tornei para Gôa; onde agora fico lendo theologia, com grande dôr do meu coracão, por que o meu animo e desejo foi sempre de plantar a fé, e divulgar o nome do Senhor por aquella vasta região da gentilidade, principalmente no reino de Bima, e de Butum, nos quaes não duvido, que se possa plantar uma nova egreja catholica. Pela qual razão, uma vez e outra peco com muitos rogos a V. Reverendissima P. queira favorecer o desejo d'este seu filho n'esta parte, em que entendo fará um grande serviço a Deus, que e dar-me uma licença de lettra sua, e confirmada com seu sello, em que me tire d'esta occupaçao, em que fico, á qual podem satisfazer outros religiosos mui doutos, que ha n'esta nossa congregaçao, e a mim mandar-me para exercitar o officio de varao apostolico entre estes gentios. E posto que para fazer um tao grande officio, eu seja menino, e não saiba fallar, com tudo o nescio da casa de Deus é mais prudente, e o mais fraco é mais forte, que todos os homens do mundo, porque poderoso é Deus para estender sua mao, e tocar minha boca, e abrasar os beiços do homem gago com o fogo acceso de seu Sanctuario, para que assim fique poderoso para commetter as maiores empresas do mundo. Torno outra vez a pedir, queira consolar esta minha alma n'isto, que tao affincadamente pede e deseja. E se lhe parecer que é justo conceder-m'o tambem peço me de licença, para escolher um padre, ou dois d'esta congregaçao mais zelosos no serviço de Deus, para levar comigo, porque está dito *Vœ soli, quia cum ceciderit, non habet sublevantemse*. O Senhor Deus todo poderoso nos conceda possuir aquelle reino, no qual só esta aquelle bem, em que se encerram todas as cousas. Amen. De Gôa, anno do Senhor de 1569 aos 26 de Dezembro. D'este padre mestre Fr. Fernando de Santa Maria tratarei adiante mais largamente.

CAPITULO VII

Dos religiosos da ordem dos pregadores, que foram pregar o Evangelho aos reinos de Camboja

Não descançavam os religiosos do patriarcha S. Domingos, nem se contentavam com as empresas da christandade, que tinham tomado, antes se exforçavam cada dia mais em o Senhor, para dilatarem sua fé n'aquellas partes, onde não tinha entrado ainda seu conhecimento; e para esse effeito passaram alguns ao reino de Camboja (que confina com o de Syão). O primeiro que n'elle entrou, e pregou foi o P. Fr. Gaspar da Cruz de quem já tenho tratado. O segundo foi o padre Fr. Lopo Cardozo, varão muito virtuoso e grande religioso, e por seu companheiro o padre Fr. João Madeira, tambem pregador, natural da cidade d'Elvas. Tanto que chegaram a Camboja, o rei da terra os recebeu benignamente, e os favoreceu muito; e elle em pessoa lhe escolheu um sitio, onde fizessem sua casa, dando-lhe licença, que celebrassem missa, e que podessem pregar e fazer christãos da gente de seus reinos, os que o quizessem ser; e assim o mandou apregoar por toda a terra á petição dos ditos padres. Os quaes fizeram no mesmo logar que lhes el-rei tinha dado, uma egreja com ajuda do mesmo rei, e dos portuguezes que lá residiam, e todos ajudavam estes novos e santos principios. Aqui estiveram estes padres alguns annos, em que fizeram alguns christãos. A estes succederam os padres Fr. Reginaldo de S. Maria, Fr. Silvestre de Figueiredo, Fr. Gaspar do Salvador, Fr. Antonio d'Orta, Fr. Antonio Caldeira. Os quaes baptisaram mais de trezentos meninos, com favor que o rei da terra dava para isso. Os sacerdotes dos idolos o soffriam tão mal, que mataram um camboja, porque se tinha baptisado e feito christão, de que os padres ficaram mui sentidos. Porem sabendo o rei o que passava, mandou matar os homicidas em favor da nossa christandade.

Depois que o P. Fr. Lopo Cardozo se veiu de Camboja, foi mandado para a egreja de Nossa Senhora dos Remedios, que é casa da mesma ordem, que está meia legua de Baçaim, onde esteve alguns annos vivendo santamente, e d'alli o fizeram prior de Cochim, e vindo de Gôa a um capitulo, falleceu n'elle, e foi sepultado em um lanço do claustro de S. Domingos da dita cidade, e sobre sua cova estão cinco azulejos, postos em cruz, em memoria e veneração sua. Este claustro escolheram os religiosos d'este convento para sepultura dos que n'elle fallecessem, e não se enterram ao presente no capitulo, por quanto a terra d'elle come mal os corpos, por razão dos muitos que alli estão enterrados.

De todos os religiosos, que foram a Camboja, o padre Fr. Silvestre continuou mais tempo na sua christandade, e residiu n'ella muitos annos, sem nunca o rei d'ella o querer deixar tornar para a India, pela muita affeição que lhe tinha. E para mostrar o muito que estimava os religiosos de S. Domingos, mandou fazer duas cruzes, de dois mastros, de mais de 25 palmos cada uma de comprido, oitavadas, e mui bem lavradas, e douradas, com mil lavores e debuxos, do proprio feitio, e modo das rodellas da China douradas. Estas duas cruzes mandou este rei em uma náo aos religiosos de S. Domingos de Malaca, mui bem negociadas, e cobertas de algodão e de pannos, por se não damnificarem. As quaes receberam os nossos religiosos com muita festa e arvoraram uma d'ellas defronte da porta da egreja do nosso convento de Malaca, e a outra mandaram em outra nao para a casa de S. Domingos de Cochim, onde tambem foi recebida pelos padres d'ella com muita festa, e arvorada no terreiro defronte da porta da nossa egreja com um pé de pedra, que lhe fizeram muito formoso. E ainda hoje ambas estão nos mesmos logares, muito formosas, sem macula alguma.

D'este padre Fr. Silvestre refere o padre Mendonça da Ordem do glorioso S. Agostinho no Itenerario do Novo Mundo as palavras seguintes, trésladadas de castelhano em portuguez. No reino de Camboja está um religioso da ordem de S. Domingos, chamado Fr. Silvestre, a quem Deus levou a esta terra, para remedio das almas, e salvação dos moradores d'ella; porque sempre se occupa em pregar o santo Evangelho, para o que tem licenca do rei da terra, e para fazer egrejas, sem contradicção alguma, sendo para isso ajudado do proprio rei com grandes esmolas, e por seu consentimento tem arvorado por todo o reino muitas cruzes; as quaes são mui veneradas e reverenciadas dos gentios. E o mesmo padre é tão venerado n'este reino, como outro patriarcha Joseph em o Egypto, e assim tem o segundo logar d'aquelle reino, e todas as vezes que o rei lhe falla, o manda assentar em cadeira (cousa que a ninguem faz) e além d'isso tem outros muitos previlegios do rei. E sem falta que se tivera mais ajudadores, fizera muito mais fructo na conversão das almas, do que faz, por ser só. Algumas vezes os tem mandado pedir a Malaca, e até agora lhe não foram dados, pela falta que d'elles ha na dita fortaleza. Até aqui é do Itenerario. Depois d'isto foram a Camboja o P. Fr. Jorge da Mota, e o padre Fr. Luiz da Fonseca, estando ainda lá o padre Fr. Silvestre.

N'este tempo veiu o rei de Syão com guerra sobre Camboja, e venceu o rei d'ella, e o poz em fugida, e juntamente lhe levou muita gente captiva para Syão; entre os quaes foram tambem os padres, e outros portuguezes, que no mesmo tempo se acharam com o rei de Camboja n'esta guerra; e todos iam presos e mui receiosos de os matarem ou pelo menos de viverem toda sua vida em captiveiro. Mas este rei mui differentemente se houve do que elles imaginavam porque tomou tanta affeição aos padres, e em particular ao padre Fr. Jorge da Mota que o fez a segunda pessoa do seu reino, assim no governo, como na reverencia que mandava lhe tivessem todos, e era em o reino de Syão como outro Fr. Silvestre em Camboja, de maneira que por seu respeito soltou o rei a todos os portuguezes que tinha captivos, e deu-lhe liberdade para se poderem ir para a India, e seguro real a todos os que quizessem tornar a seu reino com suas mercadorias, como faziam ao reino de Camboja. E aos padres teve sempre em muita estima, e nunca os quiz largar, nem dar-lhe licença para que se fossem para a India, até que não mandassem vir de lá outros da mesma ordem, que ficassem em seu logar, no reino de Syão. Pelo qual respeito, querendo-se tornar para a India, escreveram ao padre vigario geral da mesma ordem, que estava em Gôa, tudo o que tinham passado com o rei de Syão, pedindo-lhe muito quizesse mandar alguns religiosos, para ficarem n'aquelle reino em seu logar, e com isso satisfazerem ao rei de Syão, e elles se poderem tornar para a India, quietar, e descansar de tão larga peregrinação, como tinham feito. Pela qual razão o P. Vigario geral Fr. Jeronymo de S. Domingos, mandou logo no anno seguinte (que foi o de 1600) o padre Fr. Pedro Lobato e o padre Fr. Jeronymo Mascarenhas, para ficarem no reino de Syão, em logar dos que lá estavam. E chegando a Malaca, souberam como o padre Fr. Jorge da Mota morrera no mar vindo por embaixador do rei de Syão, a tratar com o capitão de Malaca negocios do mesmo rei. E o P. Fr. Silvestre era tomado para Camboja, e o P. Fr. Luiz morto em odio da fe por um mouro, estando elle dizendo missa em Syão. Pelas quaes razões por então se ficaram em Malaca, e não passaram a Syão, por não saberem como estavam as cousas n'aquelle reino.

RELAÇÃO DA CIDADE DE ANGOR

Ainda que pareça desviar-me da historia, que tratei n'este capitulo, da christandade de Camboja, com tudo não deixarei de dizer alguma cousa de uma cidade que n'este reino se achou, estando eu n'estas partes, por ser uma cousa estranha e admiravel.

No tempo que o P. Fr. Silvestre andava no reino de Camboja, se descobriu uma cidade, a que chamam Angor, situada duzentas legoas pela terra dentro, começando a contar da entrada do rio; a qual estava despovoada, cheia de mato e herva, e habitada de bestas feras. Tinha uma muralha de quatro legoas em roda, toda de pedra de cantaria, posta uma sobre outra sem cal. Da banda de dentro tinha grande entulho, que chegava até o alto do muro, e da banda de fóra sobre uma cava mui funda, de largura de um tiro de espingarda, cheia de agua. Havia dentro n'ella ainda uma rua muito larga, com signaes de grandes edificios, mas já todos derrubados. Estava no meio d'ella um grande templo dos idolos, e fóra da cidade muitos, um dos quaes tinha nove claustros, e n'este se acharam mais de doze idolos, todos de ouro moçiço, e alguns como meninos de dez annos. Tinha quatro portas, e todas com suas pontes, que atravessavam a cava, de pedraria, com figuras de pedra lavradas, de muito feitio. Nunca se soube da fundação d'esta cidade, nem da causa porque se despovoou, que é uma cousa admiravel, e muito mais não haver pedra em todo este territorio, e haver-se de trazer para este edificio d'ali a trinta leguas, onde sómente ha pedra com que se podia edificar. Vão a esta cidade com embarcações, e perto d'ella desembarcam em umas praias, que até então eram matos desertos e mui cerrados, habitados de feras. E hoje já estão esmontados e feitos caminhos para a cidade, aonde o rei de Camboja se passou com sua côrte, e n'ella vive. Os nossos religiosos estiveram n'ella, e os capuchos de S. Francisco, que me contaram estas cousas, e muita gente da India tem lá ido.

CAPITULO VIII

Da fundação da casa de S. Domingos de Moçambique

DEPOIS que os religiosos da ordem dos pregadores plantaram a fé de Christo em algumas partes da India, como fica dito, desejosos de a dilatar pelas mais partes do Oriente, passaram ás da Ethiopia Oriental, para n'ellas cultivarem o mato da inculta, e agreste gertilidade. Estes foram os padres Fr. Jeronymo do Couto, e Fr. Pedro Usus Maris; os quaes fundaram logo uma casa na ilha de Moçambique, em que morassem ordinariamente seis ou sete religiosos. Isto foi no tempo que veiu ter a esta ilha o conde d'Atouguia D. Luiz d'Athayde, quando foi a segunda vez por vice-rei da India, que foi no anno de 1577. Os quaes padres vieram ali da India dirigidos para irem á ilha de S. Lourenço, que então se mandava descobrir e conquistar, para n'ella pregarem e fundarem casas, em que residissem religiosos da mesma ordem para o mesmo effeito. O que então se não poude executar, por se não fazer esta conquista nem o estado da India estar poderoso para fazer tantas despezas e gastos, como para tal empreza era necessario. Pelo que o dito conde vice-rei deixou os padres em Moçambique, dando-lhe ordem, para que fizessem primeiro assento na dita ilha, escolhendo-lhe elle em pessoa o sitio, para se fazer o convento, que os hollandezes destruiram (como fica dito), a qual casa seria fundamento e seminario de toda esta christandade, e que d'alli poderiam os padres ir a todas as partes, assim á ilha de S. Lourenço, quando se conquistasse, como a toda esta costa da terra firme do Cabo Delgado até o Cabo das Correntes, a prégar o santo Evangelho. Estes justos e prudentes intentos d'este vice-rei não foram mal fundados, antes todos se cumpriram, e pozeram em effeito; porque da mesma casa foram logo os padres de S. Domingos continuando com a christandade, e pregação do Evangelho por todas estas partes; dos quaes uns foram á ilha de S. Lourenço (como adiante diremos) outros foram á ilha do Cabo Delgado, e fizeram com Diogo Rodriguez Corrêa senhor da ilha de Quirimba, que fizesse na mesma ilha uma egreja, como fez, muito formosa, da invocação de Nossa Senhora do Rosario, a qual deu á ordem de S. Domingos, com terras e palmares, que estão ao redor d'ella, com obrigação de duas missas rezadas cada semana. A qual egreja os padres de S. Domingos acceitaram com a dita obrigação; e até agora tem residido n'ella, e tem feito muitos milhares de christãos. N'esta egreja estive eu dois annos, e a christandade que n'ella fiz direi adiante em seu logar.

Outros religiosos d'esta casa de Moçambique foram enviados aos rios de Cuama, onde viviam os christãos que lá andavam, como se o não foram nem professaram a guarda da lei de Deus, comendo sempre carne ás sextas feiras, sabbados e quaresmas, uns por não saberem quando era dia de peixe ou de carne, nem terem quem lh'o lembrasse; outros por não quererem saber estas cousas, a que estavam obrigados. E a tanto chegava o descuido d'esta gente, que os moradores de Sena tinham em uma ermida, que havia na terra, sobre o altar um painel, no qual estava pintada Lucrecia Romana, assim como se pinta nua, atravessada com uma espada pelos peitos, á qual se encommendavam, cuidando que era Santa Catharina Martyr; de que se magoaram muito os primeiros padres que alli foram d'esta sagrada ordem, vendo em gente christã tanto descuido e ignorancia nas cousas da christandade. Pelo que foram logo estranhando, amoestando e prégando aos moradores d'estas partes, e tirandolhe pouco e pouco muitos maus costumes, em que estavam arreigados, até os trazer ao conhecimento dos erros em que viviam, e á observancia da lei que professavam, como christãos tementes a Deus. De modo, que em todas as cousas da religião christã não tem agora estas terras differença alguma das que estão mettidas no amago da christandade. Estes mesmos padres fizeram logo uma egreja em Sena, da invocação de Santa Catharina de Sena, com duas confrarias mais, uma de Nossa Senhora do Rosario, e outra de Jesu, com suas imagens muito devotas e curiosas, que mandaram vir da India.

Fizeram mais uma egreja em Tete da invocação de Sant'iago, e n'ella outras duas confrarias, uma de Nossa Senhora da Conceição, e outra de Santo Antonio de Padua. As quaes egrejas ornaram de muitos ornamentos, e cousas necessarias para o culto divino. E assim fizeram muitos milhares de christãos dos gentios da terra; entre os quaes baptisaram alguns reis visinhos de Sena e de Tete. E os moradores d'estes rios confessaram publicamente, que a christandade d'estas partes se devia toda ao trabalho e vigilancia dos padres de S. Domingos. N'estas egrejas estive eu tambem um anno, e a christandade que n'ellas fiz contarei adiante.

D'esta casa de Moçambique foram algumas vezes religiosos da dita ordem a visitar toda esta costa, assim de Sofala e rios de Cuama, como das ilhas de Quirimba e costa de Melinde, com poderes de visitadores dos arcebispos de Gôa, de cujo arcebispado é toda esta costa. Um dos quaes foi o padre Fr. Jeronymo de S. Agostinho, irmão do padre mestre Fr. Antonio de S. Domingos da mesma ordem, lente jubilado na cadeira de prima de theologia da Universidade de Coimbra. Outro foi o padre Fr. Diogo Cornejo, natural da India, da cidade de Chaul. Outro foi o padre presentado Fr. Estevão de Assumpção. Outro foi o padre Fr. Manuel Pinto; todos religiosos de muita auctoridade, prudencia e virtude. Os quaes n'estas visitações (que cada um fez por sua vez, e alguns duas vezes e mais) fizeram muitos serviços a Deus, emendando muitos vicios, reprehendendo muitos peccados publicos e maus costumes, que havia em todas estas partes. De modo que esta casa de S. Domingos de Moçambique é seminario, do qual se provem todas estas christandades da Ethiopia, que tenho apontado, onde se faz muito serviço a Deus e a El-Rei Nosso Senhor.

CAPITULO IX

Que trata dos padres Fr. Nicolau do Rosario, Fr. João de S. Thomaz e Fr. João da Piedade, que os infieis mataram andando na christandade da Ethiopia

Sendo capitão da fortaleza de Moçambique o alferes mór D. Jorge de Menezes, no anno de 1587 determinou mandar um navio á ilha de S. Lourenço, a tratar commercio com os moradores d'ella, e assentar pazes com elles; para bem das quaes pediu aos padres de S. Domingos, que moravam em Moçambique, quizesse algum d'elles ir no dito navio, para mais segurança dos mouros da mesma ilha; porque ainda que infieis, dão muito credito aos religiosos, tendo-os por gente de boa consciencia, e que não tratam enganos nem falsidades. Para o qual effeito se offereceu o padre Fr. João de S. Thomaz, que já tinha feito muitos christãos em a ilha de Quirimba, e era religioso de vida mui exemplar, prégador evangelico. Chegado o tempo da partida, embarcou-se o padre no navio com intento de n'esta empreza se sacrificar a Deus, e vêr se podia n'aquella ilha tambem fazer sua mercancia, que era a conversão das almas e augmento da christandade. Partidos pois, chegaram á ilha de S. Lourenço, onde por via e meio do padre se fez todo o resgate, e se trataram, e apaziguaram as cousas de maneira, que elle se ficou na ilha, movido com o desejo que tinha de converter aquellas gentes, que alli se perdiam por falta de quem lhe ensinasse o caminho da salvação, e o navio se tornou para Moçambique, mui satisfeito do bom successo da viagem. O padre ficando só na ilha, começou de ensinar e prégar a fé de Christo aos gentios da terra, com grandes esperanças de fazer muito fructo em suas almas. Mas os mouros, que tambem moravam na mesma ilha, o não poderam soffrer, e dissimularam sua paixão por alguns dias, determinando de o matar com peçonha secretamente, por não quebrarem as pazes, que novamente tinham feito com Moçambique. A qual determinação, e depravado intento pozeram em effeito, deitando peçonha na agua que o padre havia de beber. Da qual tanto que bebeu, logo sentiu em si seus effeitos, com grandes agastamentos. Mas antes que morresse, conhecendo ser já chegada sua morte, chamou alguns cafres da terra seus amigos, e pediu-lhe muito, que tanto que elle morresse, enterrassem seu corpo. E logo se começou apparelhar para morrer, encommendando-se muito a Deus, e offerecendo-lhe aquella morte, que recebia da mão dos infieis por seu amor, e pelo augmento que pretendia fazer n'aquella christandade, e d'ahi a pouco falleceu. Os cafres d'aquella povoação sentiram muito sua morte, e maldiziam aos mouros, que foram causa d'ella. Enterraram seu corpo junto da praia entre uns penedos grandes, que alli estão; e sua alma estará na gloria, gosando da visão de Deus, pois por dilatar, e augmentar sua santa fé, e dal-a a conhecer aos barbaros, que a não sabiam, prégando-lhes o santo Evangelho, se offereceu aos trabalhos e morte que padeceu.

Outro padre da mesma ordem, chamado Fr. Nicolau do Rosario, foi d'esta casa de Moçambique prégar aos rios de Cuama, no anno do Senhor de 1592, o qual era mui grande prégador, e dotado de muita virtude, e por tal tido não sómente da gente d'estes rios, mas tambem de todos os que o conheciam e conversavam, e muito mais da gente da perdição da náo S. Thomé, na qual tambem se achou, indo da India para Portugal. E em todos os trabalhos d'esta perdição (que foram infinitos) se houve como verdadeiro servo de Deus, soffrendo todos com muita paciencia e grande constancia, animando com seu exemplo e admoestações aos outros, que não desfallecessem; e no exterior mostrou muito bem os quilates da virtude que tinha no interior.

Este padre, depois de vir d'esta perdição, foi a estes rios, como tenho dito, em os quaes andava prégando, e fazendo officio de varão apostolico. N'este tempo succedeu uma guerra entre os portuguezes d'estes rios, e uma nação de cafres, a que chamam Zimbas, mui barbaros e crueis, os quaes comiam carne humana, e faziam muitos males, e muito maiores se esperava que fizessem. Pelo qual respeito o capitão de Tete, que então era Pero Fernandez de Chaves, com a maior parte dos portuguezes que havia na terra, determinou lançar fóra estes cafres dos logares que tinham tomados por força aos cafres visinhos d'estes rios, e tornal-os outra vez a seus donos. Posta sua ida em conclusão, pediu o capitão muito ao padre Fr. Nicolau o quizesse acompanhar n'este caminho, para sacramentar a gente d'esta companhia. O que elle acceitou, e fez com muito gosto, parecendo-lhe que n'isso fazia muito grande serviço a Deus e aos portuguezes. Mas n'este caminho morreram quasi todos ás frechadas em uma cilada, que os cafres lhe fizeram (como largamente atraz fica contado), e o padre Fr. Nicolau, que ficou ainda vivo, posto que muito mal ferido, foi preso e levado á sua povoação, e atado de pés e mãos a um páu, o assetiaram e acabaram de matar cruelmente ás frechadas, por ser religioso, a quem elles chamam Caciz, dizendo que os portuguezes não faziam aquella guerra senão por seu conselho, porque os christãos não fazem similhantes cousas sem conselho e parecer de seus Cacizes. D'esta maneira acabou este religioso, como outro S. Sebastião, todo atravessado de frechas, prégando sempre, e confessando a fé de Christo, por quem morria. Depois de morto, os mesmos cafres o fizeram em pedaços, e o repartiram entre si, e o comeram cosido. Mas sua alma terá já alcançado o premio dos trabalhos, e morte que soffreu por amor de Deus.

D'esta casa de Moçambique foi mandado para a egreja de Sena o padre Fr. João da Piedade, onde se occupava no serviço d'aquella christandade. N'este tempo succedeu que um cafre gentio, chamado Sanapache, senhor de umas terras dos rios de Cuama (vendo-se opprimido de seus inimigos) fugiu para Sena ao abrigo, e amparo dos portuguezes; e para os mais obrigar, e ter de sua parte, se fez christão, e o P. Fr. João da Piedade o catechisou e baptisou. Mas como este cafre se converteu (segundo depois mostrou) mais por respeito da necessidade, em que estava, que com desejo de sua salvação, tornou a fugir para suas terras por certa occasião que teve, e levantou-se contra os portuguezes, declarando-se por seu inimigo, e fazendo-lhe todo o mal que podia. N'esta conjunção vindo o P. Fr. João pelo rio em uma embarcação, este cafre lhe sahiu ao encontro, e o matou cruelmente, em paga de o fazer christão, e de lhe dar conhecimento de Deus. De maneira que a estes perigos e mortes andam ordinariamente offerecidos os nossos religiosos, que n'esta christandade se occupam pela augmentar e dilatar.

CAPITULO X

Das mais casas e conventos, que os religiosos da ordem dos prégadores fundaram nas partes orientaes

Já temos visto de quanta importancia foram as casas, que os religiosos de S. Domingos fundaram em Malaca e Moçambique, d'onde sahiram tantos padres a prégar a fé pelos reinos de Solor, Timor, Ende, Syão e Camboja, e pelos reinos da Ethiopia, como fica dito. Resta agora saber que os mais religiosos da mesma ordem, que andavam na India tambem trabalhavam, não sómente na mesma prégação e doutrina do Evangelho, mas tambem na fundação de outras casas, conventos e collegios. Dos quaes uns foram fundar o convento de Diu, em que vivem dez religiosos. Para a cidade de Baçaim foram outros, onde fizeram uma casa da invocação de S. Gonçalo, em que moram seis e sete. Outros fundaram duas casas, uma em Maim, e outra em Tarapor, em cada uma das quaes vivem sómente dois religiosos, por causa das obras que se vão fazendo em ambas.

Outros dois religiosos residem sempre na egreja de Nossa Senhora dos Remedios, que tambem é da nossa ordem, a qual está meia legua de Baçaim, pela terra dentro, casa de muita romagem, onde a Virgem Nossa Senhora tem feito e faz cada dia muitos milagres. Pela qual rasão não sómente os christãos, mas tambem os gentios d'aquella terra lhe tem muita devoção, e lhe levam azeite para acender sua alampada, e lhe vão pedir o remedio que todos n'ella acham para suas doenças e enfermidades; e por esta mesma rasão muitas pessoas nobres de todas as cidades do Norte, e ainda da cidade de Gôa, que está d'ali a oitenta legoas, lhe promettem novenas, que vão cumprir a sua casa, e muitas mulheres honradas tomam por devoção varrer-lhe os degraus do seu altar com os cabellos, por lh'o terem assim promettido em muitas pressas e necessidades em que a Virgem commummente lhe soccorre. Outros dois religiosos residiram muitos annos na egreja dos Reis Magos, que está pelo rio acima de Cochim, onde os portuguezes tem uma fortaleza que chamam o castello, na qual os padres d'esta ordem fizeram muita christandade, e depois largaram o ministerio d'esta egreja ao bispo, pelas muitas forças e tyrannias que certos moradores da terra faziam, perdendo a reverencia e respeito que deviam ter aos ditos padres, e a suas admoestações. Pelo que deixada esta egreja, se vieram para S. Domingos de Cochim, onde tem augmentado a confraria de Nossa Senhora do Rosario, que ali serviram muitos annos os malavares christãos com muita veneração e devoção, e hoje a servem os portuguezes com a mesma, e a tem de modo, que não ha em toda a India confraria mais rica que esta.

Outras duas casas tiveram os padres de S. Domingos, uma em a fortaleza de Ormuz, onde residiram muitos annos. Outra em a fortaleza de Chale, a qual os malavares cercaram, e pozeram em tanto aperto de fome que o capitão d'ella lh'a entregou a partido; e foi, que deixariam os inimigos sahir toda a gente da fortaleza livremente. O que posto em effeito, tomaram os malavares posse da dita fortaleza, e logo a derrubaram e puzeram por terra, e assim está até hoje despovoada; e a casa de Ormuz largaram aos padres de S. Agostinho, os quaes inda hoje conservam n'ella a confraria do glorioso S. Gonçalo de Amarante, que ali ficou em muita veneração, e tem feito muitos milagres.

Depois de todas estas casas sobreditas, fundaram os padres da nossa ordem uma casa na China, na ilha de Machao, onde os portuguezes tem uma nobre povoação, na qual reside o bispo da China. N'esta casa vivem cinco ou seis religiosos; a qual fundou o padre presentado Fr. Antonio Arcediano, hespanhol, religioso de muito exemplo, virtude, e lettras, que alli foi ter com dois companheiros, que foram os padres Fr. Alonso, e Fr. Bartholomeu, indo das ilhas Philipinas, onde os religiosos de S. Domingos tem conventos, e feito muita christandade; das quaes foi primeiro bispo D. Fr. Domingos de Salazar, religioso mui douto da ordem dos prégadores, eleito por El-Rei Philippe II que Deus haja, e consagrado em Madrid no anno de 1579. Tornando pois ao padre Fr. Antonio Arcediano, depois que fundou a dita casa de Machau, mandou á India chamar os nossos religiosos portuguezes, que fossem tomar posse d'ella, como fizeram; e n'ella residem hoje como fica dito. E o padre Fr. Antonio se veiu para Gôa com seus companheiros, onde leu muitos annos theologia mui doutamente, e depois se tornou para Hespanha pela via de Portugal, onde chegou a salvamento. E finalmente estando lendo theologia no collegio de S. Domingos de Alcalá de Henares, falleceu, deixando grande satisfação de suas virtudes e lettras. Pelo que foi muito sentida sua morte de todos os religiosos da ordem.

Depois d'esta casa fundaram os padres da dita ordem um collegio em a cidade de Gôa, junto ao rio, logar mui sadio e aprazivel. O qual collegio é da invocaçao de S. Thomaz de Aquino, e n'elle residem ordinariamente quarenta estudantes com seu prior, e leitores de artes, e theologia.

Outra casa tinham os nossos religiosos principiada em a cidade de S. Thomé, da invocaçao de Nossa Senhora do Rosario, e no anno de 1603 foram dois da mesma ordem acabar a dita casa, para n'ella residirem d'ahi por diante, pregarem e sacramentarem, como nas mais fazem. O que pozeram em effeito á petiçao e rogo dos moradores da cidade, e hoje já estão n'ella cinco ou seis, e tem bastante sustentaçao.

No anno de 1603 foram chamados os religiosos d'esta sagrada ordem pelos moradores de Bengalla, pedindo-lhe com muita instancia quizessem ir ao dito reino fundar casas, e morar n'ellas, para doutrinar aquelles povos tão faltos de remedios espirituaes, prégando, e administrando-lhe os sacramentos. O que visto pelos religiosos, ordenaram logo mandar alguns padres, para satisfazerem á tão justa petiçao e devoçao, que mostravam ter a ordem de S. Domingos. E foram a esta empreza o P. Fr. Belchior da Luz, e o P. Fr. Gaspar da Assumpção; os quaes chegando lá a salvamento, foram mui bem recebidos, e logo ordenaram a fundação de uma casa com ajuda de todo o povo.

Tanto que o rei do Arrecão soube, que estavam padres de S. Domingos em Bengalla, mandou chamar o padre Fr. Belchior da Luz, e o recebeu com grandes honras, fazendo-lhe muitas mercês, pretendendo tratar por sua via pazes e amizade com os portuguezes, porque a desejava muito, e para isso lhe pediu que fosse a Gôa tratar este negocio com o vice-rei. E fazendo elle esta viagem tomou Bengalla de caminho, para vêr em que estado estava o padre Fr. Gaspar seu companheiro, e a casa que tinha principiada; e andando n'estes rios em serviço d'aquella christandade, perdendo-se o batel em que ia, se afogou. O P. Fr. Gaspar vendo-se só, e falto de algumas cousas necessarias para esta christandade, vindo a Gôa a tratar d'ellas com o vice-rei, e com o P. Vigario geral, foi tomado na viagem, de um navio de Malavares, e morto em odio da fé, porque dando a vida aos mais que tomaram, a elle a tiraram por ser religioso e defensor da lei de Christo.

No anno seguinte foram tambem religiosos d'esta sagrada ordem para Pegú, onde agora estão cinco, e tem fundado duas casas, uma na ilha de Syrião, da invocação de S. Thomaz, que se vae fazendo com muita pressa, e tem já cellas para morarem os religiosos, e segundo seus principios será uma casa muito grande; onde tambem se faz seminario para creação de moços, e já n'elle estão alguns, a quem os religiosos ensinam a lêr, escrever, latim, canto, e bons costumes. O vigario d'esta casa que corria com suas obras, era o P. Fr. Antonio d'Olivares, bom letrado e prégador. O vigario geral d'esta christandade, era o padre Fr. Francisco da Annunciação; o qual tem feito muito serviço a Deus n'esta terra, e foi dos primeiros que n'ella entraram em companhia de Philippe de Brito Nicote, por outro nome Changa, o qual ganhou o reino do Arrecão por força de armas, e agora dizem que é rei de todo elle. Este padre no anno de 1607 veiu a Gôa por terra no inverno, por via de S. Thomé, a negocios d'aquella christandade, offerecendo-se a muitos trabalhos pelo serviço de Deus, e d'El-Rei Nosso Senhor. Alguns annos depois de estarem n'este reino os religiosos de S. Domingos, foram lá os da Companhia e os de S. Francisco. As mais particularidades não soube até agora.

No mesmo anno de 1604, foram pedidos com muita instancia de Negapatão religiosos d'esta sagrada ordem, para que fossem fundar casa na dita cidade; a cuja petição defferiram e acceitaram a casa, que os moradores d'ella lhe fazem e sustentam á sua custa quatro ou cinco religiosos.

No anno seguinte de 1605 foram pedidos religiosos d'esta ordem da ilha de Ceylão, onde foi mandado o padre Fr. Manuel da Gama, natural da cidade de Cochim, bom prégador e religioso mui observante, com outro companheiro sacerdote; os quaes foram bem recebidos, e fundaram logo casa em que vivem, e tem instituida n'ella a confraria do Rosario, que é de muita devoção.

De maneira, que estes novos conquistadores de almas tomaram tanto a peito esta santa empreza, que em muito poucos annos prégaram a lei Evangelica, e dilataram a fé de Christo Nosso Senhor pelas mais remotas partes do Oriente, e aproveitaram tanto no ministerio da christandade pela misericordia de Deus, que tem feito n'estas casas, que atraz ficam nomeadas, muitos milhares de christãos. Queira Nosso Senhor augmentar sua fé n'estas partes, para honra e gloria sua, e abatimento da perfida seita de Mafamede, que está semeada pelos mais d'estes reinos.

CAPITULO XI

De alguns religiosos da ordem dos prégadores, que foram enviados á India Oriental por bispos

SEMPRE os religiosos d'esta sagrada ordem foram continuando n'esta conquista espiritual da India; entre os quaes entraram varões mui eminentes, assim em virtudes, como em lettras. Dos quaes alguns foram enviados pelos reis de Portugal para bispos da India, para que com sua doutrina, e virtude apascentassem, e governassem o novo rebanho das ovelhas, que seus antepassados tinham ganhado, e convertido a Jesu Christo.

O primeiro foi D. Fr. Jorge Themudo, que foi o primeiro bispo de Cochim, e depois o segundo arcebispo de Gôa, por renunciação do arcebispo D. Gaspar, que foi o primeiro. Este D. Fr. Jorge se houve assim no bispado, como no arcebispado com muita vigilancia, e zêlo da salvação de suas ovelhas, apascentando-as com doutrina, exemplo e santos costumes, como se esperava de tão grande religioso, como elle era. Falleceu em Gôa, e jaz sepultado honradamente na Sé da dita cidade.

No mesmo anno foi tambem D. Fr. Jorge de S. Luzia por bispo de Malaca; o qual foi tambem o primeiro bispo d'aquella terra. Este bispo, tanto que chegou a Gôa indo de Portugal, governou primeiro o dito arcebispado por mandado d'El-Rei, até ir de Portugal o arcebispo D. Gaspar, que foi logo no anno seguinte. E tanto que elle tomou posse do arcebispado, logo D. Fr. Jorge se foi para o seu bispado de Malaca. D'este santo bispo se contam muitas cousas, que no juizo dos bem intencionados foram tidas por notaveis mercês e favores do céo, assim no cerco grande de Gôa, em tempo do vice-rei D. Luiz d'Athayde, como estando em Malaca; das quaes apontarei sómente algumas.

Estando este servo de Deus em Gôa no tempo do cerco grande, e sabendo um dia que o vice-rei D. Luiz d'Athayde estava mui enfadado e opprimido pela infinidade de mouros que o Idalcão tinha juntos para entrar na ilha de Gôa (com cuja comparação o numero dos portuguezes era muito pequeno, para lhe poderem resistir) sahiu-se de sua casa e foi visitar o vice-rei, e disse-lhe as palavras seguintes: Não se cance V. S. nem se pene por vêr tantos inimigos contra si, antes se alegre, e dê muitas graças a Nosso Senhor, porque ámanhã terá uma gloriosa victoria contra todos elles, de modo que larguem o cerco, com muita confusão e vergonha sua, e se recolham para suas terras, deixando muita parte de seus companheiros mortos na batalha, que ha de custar muito pouco sangue de portuguezes. Com estas palavras ficou o vice-rei mui animado, e confiado, porque bem conhecia que um tal prelado a quem elle, e todos tinham por santo, não affirmava similhantes cousas sem espirito de Deus, e que por suas orações alcançaria victoria de seus inimigos, como de feito alcançou, porque aquella noute commetteram os mouros a entrada da ilha de Gôa por um passo secco, e lançando muitos mouros em uma ilha (que de então até agora se chama dos mortos, pelos muitos infieis que os portuguezes n'ella mataram) quiz Nosso Senhor, que todos fossem vencidos e mortos á espada. De modo que o inimigo vendo a melhor de sua gente morta, e sua força destruida, levantou o cerco e fugiu vergonhosamente, ficando a fé de Christo exalçada, e o nome portuguez com muita gloria de tão honrada victoria.

Depois que este varão de Deus foi para Malaca governar o seu bispado, lhe fez Nosso Senhor mui notaveis mercês em muitas occasiões. A primeira foi amaldiçoar os reymões (que é uma especie de feras muito mais crueis e carniceiras, e de muito mais medonha e espantosa catadura que os tigres) os quaes eram tantos n'aquelles matos de Malaca, que ninguem ousava sahir da cidade a buscar lenha, porque sahiam do mato estas feras, e matavam e comiam muita gente. E tão crueis eram, que dentro á cidade vinham de noute apanhar a gente, que achavam descuidada. Mas tanto que este santo varão entrou em Malaca, e soube o estrago, que os reymões faziam n'ella, foi-se á entrada do mato com cruz levantada e agua benta, e benzeu todos os matos e amaldiçoou os reymões, mandando-lhe da parte de Deus, que não viessem alli mais, e de então até agora nunca se mais viram no termo e confins de Malaca.

Uma mulher de Malaca pretendeu matar este servo de Deus, porque lhe tolhia certos tratos illicitos que tinha. E para isso fez um manjar de leite e assucar, a que na India chamam Syricaya (que é um comer muito excellente) e deitou-lhe dentro peçonha, e ordenou por terceira pessoa, que esta iguaria fosse presentada na mesa ao bispo, quando jantasse; mas elle tanto que a viu diante de si, disse que a tomassem e lançassem no rio, ou a enterrassem, e que ninguem comesse d'ella; não querendo comtudo dizer que tinha peçonha, por não infamar quem tanto mal tinha ordenado. O que vendo o despenseiro do bispo mandou tirar a iguaria da mesa, dizendo que lh'a guardassem, para elle mesmo pôr em effeito o que o bispo mandava; e depois d'isso comeu d'ella, parecendo-lhe, que o bispo deixava de a comer por ser muito deliciosa, e não teria outro mal. Mas tanto que comeu, logo sentiu em si os effeitos da peçonha da qual inchou, e morreu em breve tempo.

CAPITULO XII

De outros successos do bispo de Malaca D. Fr. Jorge de S. Luzia

ESTANDO este bispo em Malaca, disse um dia ao capitão da fortaleza, que se aparelhasse para resistir aos inimigos, que não tardariam muito; porque elle os via da sua janella vir já muito perto. O capitão mandou logo vigiar o mar para vêr se descobriam a dita armada, no que se gastou muita parte do dia, sem verem cousa, que podesse fazer mal a Malaca. Pelo que alguns soldados começaram logo motejar do bispo, dizendo que sonhara o avizo que déra. Mas o prudente capitão, não fez pouco caso d'elle, sabendo que tal homem não dizia similhantes cousas no ar e sem fundamento. Pelo que se apercebeu, e poz suas vigias necessarias no mar, e mandou que todos estivessem prestes com suas armas, o que foi bem necessario para salvação da cidade; porque os nimigos chegaram logo na madrugada seguinte, e desembarcaram com muita ousadia, parecendo-lhe que tomavam a gente de Malaca descuidada, e que podiam fazer sua preza muito a seu salvo. Mas não lhe succedeu como cuidavam, porque os nossos (avizados já dos vigias) estavam esperando sua vinda com as armas nas mãos; e tanto que foram desembarcando em terra, logo lhe sahiram ao encontro e mataram muitos inimigos, e os mais que ficaram com vida houveram por grande sorte tornar-se a embarcar. E assim logo tornou a dita armada envergonhada, e affrontada para Samatra d'onde tinha sahido, com muita parte menos da gente que trazia.

Quando este servo de Deus renunciou o bispado, estavam no porto duas náos de caminho para Gôa, uma d'ellas nova e muito formosa, em que todos se embarcavam, e outra velha, e pouco estanque, onde ninguem se queria metter. Mas o bispo deixou a náo nova (na qual o capitão d'ella lhe dava os melhores gazalhados) e escolheu antes a náo velha, dizendo que a tinha por mais segura, e que n'ella esperava em Deus chegar a Gôa mais depressa, e a salvamento. O que succedeu assim como elle tinha dito, porque a náo nova em que se não quiz embarcar se perdeu na dita viagem com quantos n'ella vinham, e a do bispo chegou a salvamento.

Aconteceu mais n'esta viagem, que estando a náo em que o bispo havia de ir no porto de Malaca, para dar vella, mandou o capitão-mór d'aquelle mar, (que então era Mathias d'Albuquerque) tomar-lhe a maior parte dos marinheiros da náo, dizendo, que os havia mister para a sua armada, com que andava correndo aquella costa; o que fez por que o bispo se não podesse ir, deixando Malaca tão desamparada da sua presença. Mas o bispo vendo que lhe impediam a partida por aquella via, mandou a terra chamar os irmãos da confraria de Nossa Senhora do Rosario, que eram da gente da terra. Os quaes entrando na náo, com elles levantou as vergas, e levou as ancoras, e deu á vella. E depois que foi mareado, despediu os irmãos da confraria, para que se fossem para terra no batel, e elle veiu fazendo sua viagem com o piloto, e o mestre da náo, e muito poucos marinheiros. Mas quiz Nosso Senhor favorecer a viagem do seu servo de tal maneira, que a náo veiu de Malaca até o porto de Cochim sem amainar as vellas, que são quinhentas leguas de mar mui cheio de baixos, e perigos, e combatido de trovoadas, e ventos, que n'elle cursam, ora de uma parte, ora de outra. Pelo qual respeito as náos d'esta carreira ordinariamente amainam as vellas forçadas dos tempos contrarios. Os quaes não teve esta náo, porque se os tivera e fôra obrigada a amainar as vellas, não havia gente na dita náo, que lh'as podesse outra vez levantar, e assim ficára no meio do mar sem se bulir e sem caminhar, e finalmente acabara n'ella toda a gente. Mas Deus não quiz que o seu servo tivesse similhantes perigos. Outras maravilhas se contam d'este servo de Deus, que fez em sua vida, que aqui não ponho, porque meu intento não é mais, que dar uma breve relação dos religiosos prégadores do Oriente, como no principio disse. Finalmente viveu este varão de Deus alguns annos em Gôa, no convento de S. Domingos, com summa pobreza monastica e vida austera, sendo para todos um exemplo de virtude e santidade. Falleceu no mesmo convento, e está sepultado no capitulo da mesma casa.

CAPITULO XIII

De outros bispos da ordem dos prégadores, que passaram á India Oriental

Depois que D. Fr. Jorge Themudo bispo de Cochim foi eleito em arcebispo de Gôa, mandou El-Rei D. Sebastião o padre Fr. Henrique de Tavora á India por bispo de Cochim. Este padre era irmão do bispo do Funchal D. Fr. Fernando de Tavora, tambem religioso da mesma ordem, de nobre geração. Os quaes ambos foram eleitos em bispos no mesmo tempo pelo dito Rei. Este D. Fr. Henrique, bispo de Cochim, depois de governar seu bispado alguns annos, foi arcebispo de Gôa; em cujo governo esteve alguns tempos, no fim dos quaes determinou de visitar pessoalmente seu arcebispado. Para o que se embarcou, e foi visitar logo o Norte. E tendo já visitado todas suas cidades, e fortalezas, veiu ter a Chaul, onde lhe deram peçonha, por ser muito inteiro e rigoroso em reprehender, e castigar peccados publicos. Da qual peçonha morreu, e jaz sepultado em uma sepultura, que está no cruzeiro de S. Domingos de Chaul, na parede junto do altar de Nossa Senhora do Rosario. O companheiro do arcebispo, religioso da mesma ordem, que ajudou a comer da peçonha, não morreu d'ella, mas pellou-se todo, e esteve muito mal.

Governando Francisco Barreto o estado da India, (que foi no anno do Senhor de 1556) veiu ter a Gôa por via de Ormuz um bispo religioso da ordem dos prégadores, natural de Malta, chamado D. Fr. Ambrosio de Melita. O qual foi mandado pelo Papa Paulo III com poder de legado á latere para todas as partes dos infieis, onde quer que se achasse, assim por elle ser homem mui douto, e mestre em santa theologia, como por saber muito bem a lingua arabica, como sabem ordinariamente os mais dos naturaes de Malta. Este foi mandado em companhia de um patriarcha Basilio, que n'este tempo veiu a Roma dar obediencia ao papa, ao qual o dito Summo Pontifice fez muitas honras e o tornou a mandar, e com elle este bispo, para instruir aquella christandade nos costumes e ceremonias da egreja romana. Chegado pois o patriarcha á sua terra, foi morto por seus proprios subditos com peçonha; por cuja morte fez o bispo logo outra eleição de patriarcha com os mesmos naturaes, e a mandou confirmar pelo Papa, por um seu irmão, que levára comsigo, tambem religioso de S. Domingos, chamado Fr. Matheus. E tardando muito a confirmação, e não sabendo o bispo a causa de tanta tardança, nem que seria feito de seu irmão, que fôra em busca d'ella, temendo juntamente a gente da terra, de que se não fiava, antes temia que o matassem, como tinham feito ao seu patriarcha com peçonha, determinou tornar-se para Europa. E parecendo-lhe que pela via da India tinha melhor commodo para isso, veiu ter a Ormuz com outro companheiro, chamado Fr. Antonio, tambem da mesma ordem, que levou comsigo de Roma. E de Ormuz se embarcaram para a India onde foram bem recebidos, por causa dos breves authenticos, que o bispo levava do Papa, que declaravam quem elle era, e a dignidade que tinha. E residiram ambos em a cidade de Gôa dois annos no convento de S. Domingos, onde o bispo se offereceu por sua humildade para lêr theologia, como leu quasi todo o tempo que alli esteve. E juntamente prégava muitas vezes na mesma cidade com muito espirito. No fim d'este tempo pretendeu embarcar-se para Portugal, e para isso foi ter a Cochim, onde adoeceu de febres, e falleceu no convento de S. Domingos, e n'elle jaz sepultado. E assim acabou os trabalhos de sua peregrinação, com muitas esperanças de alcançar o descanço eterno. O padre Fr. Antonio seu companheiro embarcou-se d'alli para Portugal, onde chegou a salvamento, e depois se tornou para Roma, á dar conta ao Summo Pontifice de todo o successo de seus caminhos, e o Papa o fez bispo de Vienna.

No anno do Senhor de 1583 foi mandado á India por arcebispo de Gôa D. Fr. Vicente da Fonseca, por El-Rei Philippe primeiro de Portugal. O qual era religioso da mesma ordem, natural de Lisboa, de nobre geração, e de muito grandes partes, assim de pulpito e lettras, como do officio de pastor, porque era mui sollicito e zeloso da salvação de suas ovelhas, e grande castigador de vicios e peccados publicos. Pelo qual respeito, foi mui perseguido de algumas pessoas poderosas, a quem tolhia certas conversações illicitas, que tinham; as quaes não se podendo vingar na propria pessoa do arcebispo, o fizeram em seus creados publicamente, pretendendo com isso affrontal-o, mas elle tudo soffreu com generoso e firme animo, e nem por isso deixou de fazer seu officio em castigar peccados publicos; porque n'este tempo, em que os máos cuidavam, que o bom pastor deixaria de o ser, e dissimularia suas culpas, n'esse mesmo mandou vir perante si uma mulher solteira, que era causa de todos estes males, assim por sua grande formosura de rosto, como por sua demasiada deshonestidade. A qual se negoceou e compôz para este dia com muitos enfeites, e ricos vestidos, que tinha, dizendo ás pessoas de sua casa: o arcebispo me manda chamar, e cuida que me ha de prender, mas elle é o que ha de ficar preso de minha vista. E d'esta maneira com grande confiança em seu parecer e formosura, e mui acompanhada de pagens, entrou pela sala do arcebispo; onde elle a veiu receber com muita cortezia, cuidando que era outra pessoa nobre. E perguntando-lhe quem era e que queria: respondeu que era uma mulher que vinha a seu chamado, e dizendo-lhe o seu nome, lhe tornou o arcebispo com muita colera: certo que mal dizem vossas obras com o nome que tendes de tão grande santa como foi santa Ursula, honra e cabeça de onze mil virgens: mas vós sois cabeça das mais deshonestas mulheres que ha no mundo, instrumento e laço do demonio, que não tendes pejo de apparecer diante de mim d'essa maneira. E tanta foi a paixão que o arcebispo d'isso tomou, que se desauctorisou, e levou de uma cana de bengalla que tinha na mão, e com ella lhe deu tres ou quatro pancadas, diante de toda a gente que estava na sala. E com este castigo publico a mandou lançar pela porta fóra, affrontada, e frustrada de seus intentos deshonestos. E certo que foi este castigo mui grande parte para esta mulher se emendar, e viver melhor d'alli por diante, do que até então tinha vivido. Este prelado, depois de governar seu arcebispado alguns annos com o zêlo e inteireza de justiça, que temos contado, (tornando-se a embarcar para este reino a tratar com El-Rei muitas cousas importantes para o bem do estado e christandade da India) falleceu no mar em uma paragem, a que chamam a volta do sargaço; e aqui foi lançado. E d'esta maneira acabou os trabalhos d'esta miseravel vida, muito confiado em Deus lhe dar a eterna.

CAPITULO XIV

De outros bispos, e alguns inquisidores d'esta ordem, que passaram á India Oriental

No anno do Senhor de 1583 foi mandado á India por inquisidor o muito douto e virtuoso padre Fr. Gaspar de Mello, mestre em theologia. O qual já tinha ido outra vez á India por vigario geral da congregação dos frades prégadores. E depois de os governar com muita prudencia quatro annos, tornou a este reino, para n'elle com mais quietação gastar o restante de sua vida, como fez alguns annos, com grandes mostras de virtude; e no fim d'elles o tornou El-Rei Philippe I a mandar á India com o officio de inquisidor, como tenho dito. A cujos novos trabalhos e perigos não resistiu, antes abaixando a cabeça ao jugo, e obediencia, que lhe punham seus prelados, acceitou o cargo, parecendo-lhe que n'isso fazia grande serviço a Deus. N'esta viagem padeceu tantos trabalhos, e enfermidades, que chegando a

Gôa em breve tempo falleceu, e jaz sepultado no capitulo de S. Domingos da mesma cidade.

D'este padre se affirmava em seu tempo ser dos melhores theologos, que havia em Portugal, mui claro e resoluto em todas as materias, que leu muitos annos em S. Domingos de Lisboa, no convento da Batalha, no collegio de S. Thomaz de Coimbra, e na Universidade da mesma cidade pelo padre mestre Fr. Martinho de Ledesma, da mesma ordem, lente jubilado na cadeira de prima, mui conhecido nas escolas pelos livros que compôz. Não imprimiu o padre Fr. Gaspar seus escriptos, por ser atalhado da morte, que lh'o impediu; mas de suas materias e escriptos se aproveitam inda hoje muito os theologos, por sua grande erudição.

No anno do Senhor de 1585 mandou o mesmo Rei por inquisidor á India o padre presentado Fr. Thomaz Pinto, religioso da mesma ordem de S. Domingos, varão muito douto, e de grande habilidade. O qual tambem leu theologia em Portugal nos conventos da mesma ordem. Este padre indo para a India se perdeu nos baixos da India em a náo *Santiago*, de que era capitão-mór Fernão de Mendonça. Na qual perdição se houve como verdadeiro filho de S. Domingos, prégando, animando e confessando a mór parte da gente, que alli acabou. E de cima d'estes baixos se salvou no batel da náo com outros portuguezes, e foram ter a terra de cafres, onde foram captivos pelos mesmos cafres e no captiveiro padeceram muitos trabalhos e fomes. E o padre Fr. Thomaz Pinto foi mui grande parte para os passarem, e soffrerem com paciencia, pelas continuas praticas espirituaes e de consolação, que lhe fazia. Finalmente passando por todos estes trabalhos (como mais largamente contarei adiante) foi ter a Moçambique; e d'ahi se tornou a embarcar para a India, onde viveu alguns annos, assistindo no tribunal da santa inquisição, que está em Gôa, e depois d'isso falleceu, e jaz sepultado em S. Domingos da dita cidade, no capitulo.

No anno de mil e seiscentos e tres foi eleito em bispo de Congo o padre Fr. Antonio de S. Estevão natural da cidade de Lisboa, religioso de muita virtude, e pregador insigne, o qual tambem tinha passado á India Oriental, e n'ella prégado o santo Evangelho com muito espirito e zêlo da salvação das almas. E depois de tornar da India, e prégar em Lisboa com muita fama e applauso de todo o povo, ardendo a cidade em peste no anno de mil e quinhentos e noventa e nove, elle se offereceu para estar na casa da saude da dita cidade, movido de compaixão e caridade de seus proximos, porque soube padecerem na dita casa grandes necessidades espirituaes. E offerecido a este tão heroico sacrificio e serviço de Nosso Senhor, esteve todo o tempo, que a peste durou, que foi por espaço de dois annos. No qual tempo continuou sempre com as obras de caridade com outros companheiros que teve da mesma ordem, confessando, sacramentando e finalmente curando a muitos milhares de doentes, que na mesma casa estiveram e morreram. Passada esta peste, o tomou El-Rei Nosso Senhor por seu prégador da sua capella; e depois o levou comsigo o arcebispo d'Evora D. Theotonio de Bragança á côrte de Castella, para se aconselhar com elle sobre negocios de muita importancia, a que ia. Tornando de Castella, foi eleito em bispo de Congo e Angola, como fica dito, para onde foi e chegou a salvamento, e foi muito bem recebido do rei do Congo, e dos portuguezes, que n'aquellas partes andam.

No mesmo anno foi eleito em bispo da China o padre presentado Fr. João da Piedade natural de Abrantes. O qual tinha já ido á India, e n'ella leu muitos annos theologia no collegio de S. Thomaz da mesma ordem, que está em Gôa, e depois foi prior do dito collegio, e fez muita parte d'elle, e finalmente foi prior do convento de S. Domingos de Gôa; d'onde se tornou para Portugal, tendo gastado na India dezeseis annos. E estando recolhido em o convento de S. Paulo d'Almada da mesma ordem (onde vivia muito quieto e consolado) foi eleito em bispo de Machao, como fica dito, por El-Rei Philippe II de Portugal, e obrigado por obediencia de seus prelados, que acceitasse o dito cargo. Ao que se elle offereceu, e aceitou novos trabalhos, que tão comprida viagem traz comsigo. Partiu para as ditas partes no anno do Senhor de mil e seiscentos e cinco, no qual chegou a salvamento a Gôa; e d'ahi se tornou a embarcar no seguinte anno em companhia do vicerei D. Martim Affonso de Castro, quando foi soccorrer Malaca, que os hollandezes tinham cercado; e na batalha naval que com elles teve, o bispo D. Fr. Joao se houve como verdadeiro filho de S. Domingos, andando em uma embarcação pequena de galeão em galeão por entre os pelouros, curando os feridos, com ovos, pannos, fios, e outras mézinhas, que elle por suas mãos administrava com muita caridade, o que foi grandemente louvado em toda a armada; na qual tambem foram outros religiosos de S. Domingos, que juntamente se occuparam nas mesmas obras de caridade, confissões, e cura dos enfermos.

CAPITULO XV

Em que se dá uma breve relação dos vigarios geraes d'esta ordem, que houve na India Oriental

O primeiro vigario geral que passou á India, foi o padre Fr. Diogo Bermudez com doze religiosos, no anno de 1548 sendo governador da India D. Garcia de Sá, e provincial d'esta nossa provincia o padre mestre Fr. Francisco de Bobadilha. Governou a congregação onze annos, e em seu tempo se edificaram os conventos de S. Domingos de Gôa, Chaul, Cochim, Malaca, e a casa de Santa Barbara, que está na ilha de Gôa.

2—O padre Fr. Antonio Pegado, mestre em theologia mui douto, e de muito grande prudencia e governo, foi mandado á India por vigario geral. O qual por sua virtude e lettras era mui estimado dos governadores da India, e em todas as cousas de pezo, e importancia se aconselhavam com elle. Governou quatro annos.

3—O padre Fr. Manuel da Serra foi o terceiro vigario geral. Governou quatro annos com muita prudencia.

4—O padre Fr. Antonio Pegado succedeu a este padre no governo, por commissão, que para isso lhe foi d'esta provincia. E d'esta segunda vez governou sómente dois mezes, porque foi Nosso Senhor servido de o levar n'este tempo para si.

5—O padre Fr. Manuel da Serra tornou a succeder por morte do padre Fr. Antonio no governo da congregação, por ser então prior do convento de Gôa, e haver uma ordenação n'aquella congregação, que o prior de Gôa succedesse no governo ao vigario geral, que morresse na India antes de ir outro de Portugal. Governou d'esta segunda vez dois annos.

D'este padre se conta, que estando morador na egreja de Santa Barbara, que é casa da mesma ordem, que está na ilha de Gôa, chegaram á India as náos que foram d'este reino, que levavam as tristes novas da perdição d'El-Rei D. Sebastião em Africa. As quaes sendo-lhe levadas, dizem que deu um grande suspiro, e cahiu da outra parte sem fallar mais palavra, e logo falleceu; como outro sacerdote Heli com as novas da perdição dos filhos de Israel, e do captiveiro da arca do Testamento.

6—O padre Fr. Francisco d'Abreu succedeu a este no cargo de vigario geral. O qual foi homem de muita auctoridade, governo e prudencia. Governou quatro annos.

7—O padre Fr. Gaspar de Mello, mestre em theologia; do qual tenho já fallado no capitulo XVI que trata dos inquisidores d'esta religião, que houve na India. Governou quatro annos.

8—O padre Fr. Bernardino d'Almeida governou esta congregação quatro annos com muita prudencia. Em seu tempo se fez a casa de Nossa Senhora dos Remedios de Baçaim.

9—O padre M. Fr. Fernando de S. Maria, mui douto e grande religioso. O qual foi muitas vezes prelado na India, e leu muito tempo n'ella theologia, e finalmente sendo já de perto de setenta annos foi vigario geral da congregação da India, e governou com muita prudencia e virtude todo o seu tempo. No fim do qual seis mezes antes que acabasse, adoeceu de uma grande enfermidade, de que esteve por muitas vezes desconfiado dos medicos, mas elle nunca desconfiou de si, e sempre disse, que não havia de morrer, até não ir outro vigario geral de Portugal, a quem entregasse o governo da congregação, affirmando isto muitas vezes. E desejava este varão de Deus isto, por entender que era sua vida necessaria para bem d'aquella congregação, até ir outro vigario geral de Portugal; e o Senhor Deus lhe cumpriu seus desejos, porque estando (como tenho dito) seis mezes em uma cama, cada dia para morrer, não falleceu senão o mesmo dia que chegou a Gôa o padre Fr. Jeronymo de S. Thomaz, que de Portugal foi por vigario geral. O qual tanto que entrou no convento de S. Domingos de Gôa, foi logo visitar ao padre Fr. Fernando enfermo, e elle vendo vigario geral novo, levantou as mãos ao céo, e disse cheio de alegria, como outro santo Simião, *Nunc dimittis, &c.* e assim logo pediu o sacramento da extrema-uncção, que o mesmo vigario geral novo lhe deu. E d'ahi a poucas horas falleceu com universal sentimento de todos os religiosos. Foi isto no anno de 1586.

10—O P. Fr. Jeronymo de S. Thomaz succedeu n'este cargo ao padre mestre Fr. Fernando de Santa Maria, e governou sete annos. Em sua companhia foram vinte e quatro religiosos á India, de cuja viagem tratarei adiante mais largamente. Em seu tempo se fez a casa da China.

11—O padre Fr. Francisco de Faria religioso de muita virtude, e humildade. Do qual tratarei adiante mais largamente, quando fallar no collegio de S. Thomaz, que elle edificou em Gôa. Governou cinco annos.

12—O padre Fr. Jeronymo de S. Domingos succedeu n'este officio por morte do P. Fr. Francisco de Faria. Governou quatro annos.

13—O padre Fr. Antonio Leão foi de Portugal com este cargo, e governou sómente seis mezes, e falleceu em Gôa.

14—O padre Fr. Antonio d'Orta succedeu a este padre. Governou anno e meio, e tambem falleceu antes que fosse outro de Portugal. Em seu tempo se fez a casa de Negapatão, e foram religiosos a Pegú e a S. Thomé.

15—O padre Fr. Domingos Pico, natural de Cochim, lhe succedeu no cargo. Em seu tempo se começou a casa de Taná. Governou dez mezes sómente porque foi outro de Portugal.

16—O padre Fr. Antonio de Siqueira foi de Portugal com este cargo de vigario geral. Vae em quatro annos que governa com muita prudencia, e religião.

17—O padre Fr. Thomaz de Siqueira, varão de muita virtude e exemplo, partiu d'este reino para a India com o mesmo cargo em Março de 608, de quem se espera que governe aquella congregação com o zêlo, e religião que sempre teve.

Outros religiosos partiram d'este reino para a congregação da India por vigarios geraes, que por fallecerem na viagem os não conto entre os outros, que a governaram.

CAPITULO XVI

De outros religiosos da ordem dos prégadores, eminentes em lettras, e virtude, que passaram á India

ALEM d'estes padres, que atraz ficam nomeados, foram tambem a estas partes do Oriente outros muitos religiosos da mesma ordem, mui graves e bons lettrados, prégadores insignes, e dotados de muitas virtudes. Os quaes com sua vida, lettras e santos costumes illustraram muito as partes da India, e as allumiaram com sua doutrina, lendo e ensinando, prégando e convertendo á nossa santa fé muitos milhares de gentios e mouros; do que se podiam fazer grandes chronicas.

Entre estes foi o padre Fr. Ignacio da Purificação, grande religioso, tido por santo, assim por sua vida observantissima, e singulares virtudes, de que era dotado, como pelo grande zêlo, que tinha da salvação das almas. Este padre prégando um dia na egreja de S. Domingos de Cochim com grande espirito, como costumava, do pulpito foi tirado, acabando de prégar, quasi morto, e no mesmo dia falleceu, com grandes mostras de santidade. Este glorioso padre anda no catalogo e martyrologio dos santos d'esta sagrada ordem.

Foram mais a esta espiritual conquista o padre Fr. Diogo d'Ornellas mui grande religioso, e servo de Deus, que foi dos primeiros doze, que passaram á India.

O padre Fr. Francisco de Robles castelhano, varão mui perfeito em virtudes, lettras e pulpito.

O padre Fr. João de Roboredo, muito bom prégador, e lettrado. O qual leu muitos annos theologia em S. Domingos de Gôa, e depois teve o gráo de presentado.

O padre Fr. Sebastião de Vargas presentado, grande prégador, e lettrado. O qual muitos annos leu em Gôa theologia, não sómente no convento de S. Domingos, mas tambem no de S. Francisco aos religiosos da dita casa. Os quaes n'este tempo não tinham ainda religiosos da sua ordem n'aquellas partes, que lhe podessem lêr, como agora fazem mui doutamente.

O padre Fr. Estevão da Assumpção presentado, e bom lettrado. O qual leu tambem na India theologia, e depois d'isso foi visitar as partes de Moçambique, ilhas de Quirimba, e a costa de Melinde, á petição do arcebispo de Gôa, e dos inquisidores, levando os mesmos poderes, que para isso lhe concederam. E n'esta visita que fez emendou muitos erros, e castigou muitas culpas com muita prudencia, e inteireza.

O padre Fr. Pedro d'Evora, que tambem leu na India muitos annos theologia, e fez n'ella muito bons discipulos e doutos na mesma sciencia.

O padre Fr. Diogo de Aveiro, varão tido por santo, e perfeito em virtudes.

O padre Fr. Thomaz do Espirito Santo, tido em toda a India por santo, assim dos religiosos, como do povo. Pelo qual respeito os vice-reis da India do seu tempo estimavam muito sua amisade, e conselho. E assim todos os negocios de importancia communicavam com elle. Este padre sendo prior de S. Domingos de Gôa, fez o convento de S. Domingos de Pangim com sua industria, e esmolas, que lhe fizeram, e mercês do vice-rei D. Duarte de Menezes. No qual convento estiveram moradores trinta religiosos alguns annos, e depois se veiu a derribar, e desmanchar por certas causas, que os religiosos para isso tiveram, e em seu logar fizeram na cidade de Gôa o collegio de S. Thomaz, que tem o mesmo ordenado d'El-Rei e rendas, que tinha Pangim. Este padre foi deputado do S. Officio na India. Foi muito grande religioso, mui austero para sua pessoa, e mui penitente.

O padre Fr. Thomaz da Cova, varão mui perfeito em virtudes; o qual depois de ser prior do convento de Chaul, estando em Mangalor por vigario, falleceu, e essa mesma noute viram os gentios ir sua alma ao céo com grande resplendor, em companhia da Virgem Nossa Senhora e de muitos santos; e no dia seguinte divulgaram estas novas por toda a terra, com o que muitos d'elles se converteram.

O padre Fr. Luiz de Medeiros, varão mui virtuoso; sendo prior de Cochim fez crescer o trigo do celleiro, e orando diante de um retabulo, elle se lhe veiu pôr nas mãos. Morreu em Cochim, sendo eleito em prior de Gôa.

O padre Fr. João Soares, religioso de muita virtude, foi morto pelos gentios, do Sanguisel em companhia de D. Gileanes.

O padre Fr. Simão da Piedade vindo em um navio de Cochim para Gôa, foi tomado, e morto pelos malavares mouros inimigos de nossa fé.

O irmão Fr. Pedro leigo, foi morto em uma batalha, que os mogores tiveram em Damão com os portuguezes, indo em sua companhia com uma cruz levantada nas mãos.

O padre Fr. Pedro Ususmaris, vindo de Chaul para Gôa foi morto pelos malavares.

Outros muitos religiosos d'esta sagrada ordem, de muitas lettras e virtudes foram a esta espiritual conquista, quaes os aqui não aponto por abreviar; mas sómente fallarei de vinte e quatro religiosos que d'este reino foram enviados á christandade de Solor e da Ethiopia Oriental, por eu tambem ir em sua companhia, e participar de seus trabalhos; e o que n'esta viagem nos succedeu se póde vêr pelo discurso da historia seguinte.

CAPITULO XVII

De vinte e quatro religiosos da ordem dos prégadores, que foram de Portugal offerecidos para as christandades de Solor, e da Ethiopia Oriental

Já temos dito, como no anno do Senhor de 1585 vieram da India cartas do bispo de Malaca D. João Gayo Ribeiro ao cardeal Alberto, que então governava este reino de Portugal, e ao provincial da ordem dos prégadores d'este reino, em que lhes declarava a grande christandade que os padres da mesma ordem faziam nas ilhas de Solor, e Timor, e do Ende, e do grande augmento, em que a tinham posto, e que não bastavam os que n'esse ministerio andavam occupados; e assim se deixava de fazer muita mais christandade, por ser grande a sementeira, e poucos os obreiros, e não poderem accudir a tanto. Pelo que admoestava e pedia muito, fossem de Portugal padres da dita ordem a soccorrer esta necessidade. Estas cartas por descuido que houve em quem as trouxe, se detiveram até dois dias antes do Natal, e então se deram ao cardeal, e ao nosso padre provincial que n'esse tempo era o padre mestre Fr. Jeronymo Corrêa. E vistas por elles, as mandaram lêr em capitulo aos religiosos do convento de S. Domingos de Lisboa. Pelo que se offereceram logo cinco padres para se embarcarem no galeão *Reis Magos*, que estava para partir para Malaca o dia seguinte, que era vespera de Natal. Estes cinco padres eram, o P. mestre Fr. Thomaz de Brito, mui douto, que actualmente estava lendo theologia em S. Domingos de Lisboa. O padre presentado Fr. Francisco de Mattos mui habil, que juntamente estava lendo artes no mesmo convento. O P. Fr. Luiz de Brito. O padre Fr. Francisco da Cunha. E o padre Fr. Gaspar Teixeira, todos lettrados e prégadores de muitas partes, e grandes esperanças. Dos quaes ia por presidente o padre M. F. Thomaz de Brito, com muitos favores e privilegios do cardeal. Embarcados pois no dito galeão (de que era capitão João Gago d'Andrade, piloto André Lopes, e mestre Antonio Corrêa) não poderam partir da barra de Lisboa senão vespera de Reis do anno de 1586. A qual viagem foi muito trabalhosa, e padeceram n'ella muitos infortunios, assim dos tempos contrarios, como por via de ladrões ingreses, com duas náos dos quaes pelejaram, e tiveram tão cruel briga, que abalroando o galeão com as náos vieram á espada, e pelejaram obra de duas horas, havendo feridos, e mortos de parte a parte; e vendo os ladrões a pouca esperança que tinham de levar a melhor dos nossos, desaferraram o galeão, e se fizeram n'outra volta, e os do galeão foram continuando sua viagem; e a cabo de seis mezes chegaram a Moçambique, por causa dos ventos contrarios que tiveram.

Depois de partidos estes cinco religiosos, foram levadas estas cartas do bispo de Malaca pelos nossos conventos d'esta provincia de Portugal, e lidas aos religiosos d'ella. E logo se offereceram para esta nova empreza muitos, particularmente no collegio de Coimbra, d'onde sahiram alguns collegiaes de grande habilidade, e vieram a Lisboa para se embarcarem nas náos, que se aviavam para ir á India, como de feito embarcaram dezenove por todos, em companhia do padre Fr. Jeronymo de S. Thomaz, que n'esse anno foi para a India por vigario geral da congregação dos frades prégadores. Estes religiosos se repartiram em duas náos, que eram a náo *Reliquias*, e a náo *S. Thomé* Capitaina, na qual ia por capitão mór D. Jeronymo Coutinho, piloto Alvaro de Villasboas, e mestre Antonio Negrão. N'esta náo se embarcaram com o padre vigario geral treze religiosos, s. O. P. presentado F. João da Piedade, que agora é bispo da China. O padre Fr. Jeronymo de S. Domingos, o qual depois de estar na India treze annos foi eleito em vigario geral da congregação da mesma ordem. O P. Fr. Domingos da Visitação, religioso mui virtuoso, e douto, o qual leu artes tanto que chegou á India, e depois theologia. O padre Fr. Serafino de Christo. O padre Fr. Cosmo Carreira. O padre Fr. João Lopez. O padre Fr. João de S. Paulo, flamengo de nação. O padre Fr. João Frausto. O padre Fr. Diogo. O padre Fr. Pantaleão da Silva. O irmão Fr. Domingos leigo. E eu, a quem coube tambem a sorte de acompanhar d'esta viagem tão virtuosos, e grandes religiosos, e fiz este roteiro para lembrança das muitas e grandes mercês, que Deus nos fez em tão larga peregrinação. Em a náo *Reliquias* se embarcaram os padres Fr. Domingos Gomes, Fr. Francisco da Silva, Fr. Diogo Barreira, Fr. Jeronymo Lopez, Fr. Miguel dos Anjos, e o irmão Fr. Antonio de S. Jorge, leigo.

CAPITULO XVIII

Do que nos aconteceu na viagem de Portugal, até o cabo da Boa Esperança

PARTIMOS da barra de Lisboa aos treze de Abril de 1586 indo n'esta frota cinco náos, s. a náo Capitaina *S. Thomé*, a náo *Caranjá*, a náo *S. Philippe*, a náo *Salvador*, e a náo *Reliquias*. Aos dois dias de viagem chegamos a uma paragem do mar, a que os mareantes chamam Val das Egoas, onde achámos grandes ventos, e mares empolados, e por elles fomos navegando cinco dias. E aos vinte de abril chegámos á ilha da Madeira; e do Portosanto veiu um batel de pescadores á nossa náo, que nos deram algum pescado, e levaram para terra alguns soldados enjoados, que ali quizeram ficar.

Aos dez dias de Maio chegámos á linha equinocial; onde tivemos muitas calmarias, trovoadas, e chuveiros, que nos trataram muito mal, e nos romperam as velas da cevadeira por duas vezes. Outra vez nos deu uma grande trovoada de noite, que nos levou a vela grande da gavea. E com esta trovoada se apartaram todas as náos, que até então tinham vindo juntas, e cada uma foi para seu cabo; de modo que quando veiu pela manhã nenhuma viu a outra, nem se ajuntaram, senão em Moçambique. Finalmente a cabo de oito dias que alli andamos muito enfadados, entrou o vento geral, com que passámos a linha do Norte para o Sul, aos dezoito dias do mez de Maio. E n'esta paragem se nos corromperam os mais dos mantimentos.

Aos tres dias de junho vimos uma ilha deserta em altura de vinte e tres graos da banda do Sul, de serras mui altas, e mui cheia de arvoredos. Teria mais de uma legoa de comprido e meia de largo. Por junto da qual passamos uma manhã sem ser conhecida do piloto, nem dos marinheiros. Passada esta ilha, tivemos alguns dias de calmaria, e no fim d'elles um grande temporal de ventos furiosos; com que fomos navegando pela bolina escaça com muito trabalho. E foi o tempo tanto, que nos quebrou a verga do mastro grande pelo meio, e rompeu a vela grande em pedaços. Mas quiz Deus que não perigassemos em outra cousa mais, e tudo se concertou passada a tormenta; e fomos outra vez continuando nossa viagem.

Chegamos ao cabo de Boa Esperança (que está em 34 gráos e meio da banda do Sul) o primeiro dia de julho, onde nos acalmou o vento. O mesmo dia á tarde, e toda aquella noute, e parte do dia seguinte pescaram os marinheiros, e tomaram infinidade de pescadas, ruivos, cações, e outro peixe de diversas castas; com que aliviamos muita parte de fome, enfadamentos, e trabalhos do mar.

No dia seguinte á tarde nos entrou bom vento em popa, com que fomos navegando para Moçambique com muito alvoroço, e alegria.

CAPITULO XIX

Do Corpo Santo, que vimos e do mais que nos succedeu até Moçambique

DEPOIS que passamos o cabo, como fica dito, fomos navegando com bom tempo trez ou quatro dias, até chegarmos a uma paragem, a que os mareantes chamam Terra do Natal (que começa em 32 gráos, e acaba em 34 da banda do Sul) onde nos veiu uma grande tormenta em popa, com a qual (amainadas todas as velas, e sómente com a vela de correr cingida no castello de prôa) fomos navegando quasi sempre allagados com os mares, que entravam na náo; e era o vento tanto, que andava a náo só com esta vela que disse, setenta e oitenta legoas cada singradura, que é cada vinte e quatro horas.

A segunda noute da tormenta (que foi aos nove dias de Julho) estando nós bem atribulados, e quasi desconfiados da salvação, a horas de meia noute pouco mais ou menos, nos appareceu o Corpo

Santo em a verga do mastro grande, em figura de uma faisca de fogo, muito clara e resplandecente, e d'alli á vista de todos se foi pôr sobre o mastro da mezena onde o salvou o piloto da náo, da cadeira, em que estava governando, dizendo: Salvè Corpo Santo, Salvè: Boa viagem, boa viagem. E toda a mais gente da náo, que presente estava, respondeu da mesma maneira: Boa viagem, boa viagem, com muitas lagrimas de alegria. N'este logar esteve esta luz resplandecente um grande espaço de tempo, e d'alli desappareceu á vista de todos.

Os mareantes d'esta carreira tem para si com grande fé, que esta luz que lhe apparece nas tormentas, é S. Pero Gonçalvez Telmo, natural de Palencia cidade de Castella Velha, religioso que foi da ordem de S. Domingos, pelo qual ordinariamente chamam, quando se vêem opprimidos das tempestades, e o nomeiam ou por S. Pero Gonçalvez, ou por S. Telmo, ou por Corpo Santo, e muitas vezes lhe apparece n'esta figura de luz mui resplandecente, e então se têem por seguros, e ordinariamente se abrandam com sua vinda as tormentas e tempestades, como nos aconteceu n'esta viagem, e por isso lhe tem todos muita devoção, posto que não falte quem tenha para si, que esta luz, que apparece n'estes tempos, é natural, causada das exhalações que se levantam; o que os mareantes não consentem porque tambem dizem, que no mesmo logar, onde esta luz apparece, acharam algumas vezes cera verde, como que cahira de alguma vella de cera, que ali ardera. E na vida d'este santo se conta, que algumas vezes appareceu aos mareantes visivelmente, quando chamavam por elle nas tormentas, e os livrou dos perigos do mar.

No tempo que esta luz nos appareceu, vi um soldado, que presumia de prudente, e exforçado, estar posto de joelhos na náo diante d'ella, batendo nos peitos, e dizendo com muitas lagrimas: Adoro-vos meu Senhor S. Pero Gonçalvez, vós me salvae n'este perigo por vossa misericordia; repetindo isto muitas vezes. Eu e outro padre, que junto d'elle estavamos, lhe dissemos, que aquella adoração só a Deus se fazia, e se devia, e não aos santos, por tanto que orasse d'outra maneira. Ao que elle respondeu com outro maior desproposito, dizendo: Meu Deus será agora quem d'este perigo me tirar. Então o deixámos em sua porfia. O qual o dia seguinte, já fóra da tormenta, veiu ter com cada um de nós, pedindo perdão e segredo no que tinha dito, e feito a noute d'antes, confessando estar desatinado, com o temor da morte, e conhecia ter errado, como ignorante.

Com a vista do Corpo Santo cobrámos todos muito esforço e confiança de nossa salvação. O que fômos logo claramente conhecendo, porque o tempo foi abrandando, e as ondas mingoando, pelo que démos muitas graças a Deus. E logo se largaram todas as velas, e fomos continuando nossa viagem alguns dias com muito bom tempo. Mas antes que chegassemos á ilha de S. Lourenço, em altura de 29 gráos da banda do Sul, deu-nos um grande vento pela prôa contrario a nosso caminho, com o qual (amainadas todas as velas) andámos ao pairo sete dias bem enfadados, tanto que já determinavamos ir por fóra da ilha, e deixar Moçambique. Mas esse mesmo dia, que se determinou esta derrota, nos soccorreu Deus com sua costumada misericordia, dando-nos outra vez o vento prospero, com que fômos fazendo nossa viagem para Moçambique. Aos vinte e sete dias de Julho chegámos aos baixos da India (que estao em 22 graos da banda do Sul) pelos quaes passámos de noute, segundo depois disse o piloto.

Aos dez dias de agosto tivemos vista da terra firme, e das ilhas de Angoxa (que estão trinta legoas de Mocambique) onde encontramos o Galeao de Malaca, que tinha partido de Portugal tres mezes diante de nós, em que iam os cinco padres de S. Domingos (de que já fallei) para a christandade de Solor; os quaes tinham sahido de Moçambique o dia d'antes, onde estiveram alguns dias refazendo-se do cansaço, e enfadamentos do mar, e tomaram refresco e agua necessaria para d'alli até Malaca. E porque correm muito as aguas n'aquella paragem, e o vento lhe faltou, tornaram atraz estas trinta legoas que são de Moçambique ate Angoxa, onde os topámos; mas tornando-lhe bom vento foram continuando sua viagem ate chegarem a salvamento á fortaleza de Malaca; e d'alli se tornaram a embarcar para as ilhas de Solor e Timor; aonde chegaram depois de passarem muitos contrastes e perigos na viagem. N'estas ilhas estiveram, e fizeram muitos serviços a Deus no augmento da christandade, e conversão da gentilidade, que n'ellas morava.

Depois que perdemos de vista este galeão de Malaca, ao outro dia que foram treze de Agosto, chegamos a Mocambique, onde achámos já a náo *Caranjá*, e a nao *Reliquias* da nossa companhia, que tinham alli chegado havia dois dias. E aos 14 logo depois de nós chegou a náo *Salvador* tambem da nossa companhia.

CAPITULO XX

Da gente que se salvou da perdição da náo Santiago, que achamos em Moçambique

Aqui n'esta fortaleza de Moçambique achamos a gente da náo Santiago, que se tinha perdido a 19 de agosto do anno atraz de 1585 nos baixos da India, a qual se salvou no esquife, batel, e jangadas da maneira seguinte. Os primeiros (que foram Fernão de Mendonça capitão da mesma náo, e o mestre d'ella com mais 17 homens) lançaram mão do esquife da nao em que se embarcaram, e n'elle se sahiram dos baixos aos 20 d'Agosto, levando por masto um remo, por verga um pique, e por vela um lençol. E o esquife fazia tanta agua, que a não podiam vencer a dois baldes. O mantimento que comiam cada dia, era uma talhada de marmellada, e meio quartilho de vinho. E d'esta maneira navegaram oito dias, padecendo muita fome, sede, frios de noute, e calmas de dia, que os assavam. No fim dos quaes vieram dar á costa em terra de cafres, entre o rio de Quilimane e o rio de Linde, onde foram logo despidos, roubados e espancados pelos cafres da terra. E d'alli vieram ter a Quilimane com muito trabalho, e descansaram alguns dias em casa de uns cafres christãos, escravos de um Francisco Brochado, portuguez, que morava n'estes rios, e d'alli se foram pelo rio acima, até chegarem ao forte do Sena, onde foram bem agasalhados, assim do capitão da fortaleza, como dos portuguezes, que n'ella moravam.

Os segundos se salvaram no batel grande da náo, em que entraram mais de cincoenta homens, um dos quaes era o padre Fr. Thomaz Pinto da ordem de S. Domingos, que ia de Portugal por inquisidor da India, com seu companheiro o padre Fr. Adrião de S. Jeronymo. E assim mais o padre Pero Martins da companhia de Jesu, com cinco companheiros seus, e o piloto da mesma náo, que governava o batel. Estes (depois que o esquife se sahiu dos baixos) lançaram mão do batel, que a náo deitou fóra depois que abriu, e concertado, se embarcaram n'elle, ficando toda a outra multidão de gente sobre os baixos, esperando que acabasse de encher a maré, para se afogarem, como afogaram onde houve casos mui lastimosos. Os mesmos houve tambem no batel, do qual por estar muito carregado de gente, foi necessario deitar alguma ao mar, como fizeram a muitos, que logo se afogaram á vista do mesmo batel; caso certo mui lastimoso e triste espectaculo. Depois d'isto foram navegando por cima dos baixos, pelo fundo dos quaes iam vendo muito coral branco, verde, roxo e vermelho; o qual de branco se ia fazendo verde, e de verde roxo, e de roxo vermelho; cousa mui formosa, e deleitosa para a vista, mas não d'aquelles, que em tanta variedade de formosas côres, estavam tambem vendo a negra e escura morte. D'estes baixos se partiram a 21 de Agosto com pouco mantimento, e menos agua para beber; o que tudo se dava por estreita regra, que era uma só mão cheia de biscoito, e menos de meio quartilho de vinho aguado, á cada pessoa cada dia. E d'esta maneira foram passando oito dias; no fim dos quaes deram á costa entre o rio de Loranga, e o de Quizungo. Onde sahindo na praia, fóra dos trabalhos do mar começaram de sentir os da terra; porque no mesmo dia foram salteados pelos cafres, despidos e roubados, e alguns d'elles feridos, como foi o padre Fr. Thomaz Pinto, a quem deram duas azagaiadas. E finalmente todos foram presos e captivos. No qual captiveiro estiveram 15 dias padecendo muito grandes fomes; porque não comiam mais, que farellos de milho, e cascas de patecas, que são como as nossas melancias. E assim mais padeceram grandissimos frios de noute, e calmas de dia por estarem todos nús. Ao cabo de quinze dias foram resgatados por via dos mouros do rio de Loranga, que tinham commercio com os portuguezes de Cuama que d'alli estava perto, para onde foram depois de resgatados.

Os terceiros se salvaram em uma jangada, que fizeram sobre os baixos da madeira da náo, e de taboas de caixões. Na qual se metteram dezeseis pessoas, em que entrava o sota piloto, que a governava, e depois de embarcados, partiram dos baixos a 22 de agosto, e foram navegando sempre com agua pela cinta dentro da mesma jangada, sem poderem repousar, nem dormir, nem sómente encostar a cabeça, porque não tinham onde, pois toda a jangada ia coberta de agua, e d'esta maneira andaram no mar treze dias. Levavam tão pouco mantimento, que não se dava mais a cada pessoa, que uma pera em conserva cada dia, ou uma talhada de marmellada, e menos de meio quartilho de vinho aguado d'agua salgada. E d'este pouco comer e mau beber, e de não dormirem, morreram alguns com os canos da garganta pegados. Outros se lançaram ao mar tresvaliados, sem lhes poderem valer. E os que ficaram na jangada (que foram oito) tambem meios tresvaliados, chegaram a terra a cabo de treze dias. Os quaes sahiram na praia entre o rio de Linde, e o rio de Cuama a velha. Onde logo foram despidos d'esses molhados fatos, com que sahiram, e roubados pelos cafres; posto que em pago d'isso lhe deram esse dia uns poucos de feijões cosidos em agua tal, e agua para beberem a fartar, que foi a maior paga, que em tal tempo lhe podiam dar. N'este logar estiveram oito dias padecendo grandes fomes, porque os cafres não lhe davam a comer mais, que os farellos do milho, e esses ainda por grande regra. E assim mais padeceram grandissimos frios por estarem todos nús, e dormirem sobre a terra nua. Ao cabo de oito dias foram resgatados por Francisco Brochado, que estava no rio Luabo. Este os agasalhou, e teve em sua casa o tempo, que alli estiveram, até se ajuntarem com os outros companheiros da mesma perdição, que estavam no forte de Sena. D'aqui se tornaram todos a embarcar para a fortaleza de Moçambique, onde os achámos contando estas e outras muitas lastimas. D'esta fortaleza se foram para a India nas nossas náos, que então tinham chegado de Portugal.

CAPITULO XXI

Do mais successo, que tiveram todas as náos d'esta nossa frota

Estas quatro náos *S. Thomé, Salvador, Caranjá*, e *Reliquias* estiveram em Moçambique oito dias, fazendo sua aguada e tomando o refresco necessario. No fim dos quaes (que foi a 22 de Agosto) partiram todas para a India; aonde chegaram a salvamento. Depois d'ellas partidas, d'ahi a quinze dias chegou a esta ilha a náo *S. Philippe*, tambem da nossa companhia. A qual tanto que entrou n'este porto, e soube da partida das outras náos, tomou logo o refresco necessario, e partiu-se para a India. Mas d'ahi a oito dias tornou a arribar a esta mesma ilha com ventos contrarios, que lhe ventaram antes de passar o Cabo Delgado, e n'ella invernou, por serem já acabados os ventos do Sul, a que n'esta costa chamam Monsão do Ponente, com que se navega de Moçambique para a India. Mas logo no Março seguinte de 1587 partiu d'este porto para a India, onde chegou a salvamento. E da India tornou a partir para Portugal no anno de 1588. E fazendo sua derrota costumada, chegou ao Cabo da Boa Esperança: onde achou ventos contrarios, e tormentas muito grandes, com que andou alli alguns dias quasi perdido sem nunca poder dobrar o Cabo da Boa Esperança, pelo qual respeito tornou arribar outra vez a Moçambique, onde invernou. E d'ahi partiu para Portugal em Novembro do dito anno. Mas antes que chegasse ao reino, foi salteada, combatida e tomada pelo Draque Cossayro Ingres; o qual andava com sua armada de cinco ou seis náos ingresas, salteando e roubando as embarcações, que achava pelo mar. Esta náo *S. Philippe* foi a primeira d'esta carreira, que os Ingreses tomaram.

De todas estas cinco náos da nossa frota, nenhuma tornou a Portugal, mais que a náo capitaina *S. Thomé*, em que nós fomos para a India. A qual chegou ao reino muito prospera e muito rica, e sem perigo algum.

A náo *Caranjá* ficou d'esta vez na India, por ser já muito velha, e não estar para poder tornar a fazer viagem tão comprida.

A náo *Salvador* partiu de Cochim carregada para Portugal. Mas depois de estar perto de trezentas legoas da India, fez tanta agua, que tornou a arribar; e não podendo tomar a India foi demandar o estreito da Persia, e entrando por elle dentro, foi ter á fortaleza de Ormuz; onde foi descarregada de toda a fazenda que levava, por não estar para fazer viagem.

A náo *Reliquias* estando na barra de Cochim carregada para tornar para Portugal, em largando as velas, e mastros para baixo, se virou com as vélas e se foi ao fundo defronte do mesmo porto de Cochim, sem se salvar d'ella mais que a gente quasi toda; á qual accudiram logo as embarcações, que estavam ao redor da náo, quando deu vela. A perdição d'esta náo dizem que foi cauzada assim pelo pouco lastro que tinha, como por ter as cobertas debaixo carregadas de canella, e de outras mercadorias leves, e as de cima de caixaria e fardos de roupa e anil, que são fazendas muito pesadas, e por esse respeito virou com o grande peso que tinha em cima, e se perdeu. Este foi o successo das náos d'esta nossa viagem.

CAPITULO XXII

Do successo, que tiveram os padres, que foram á India n'esta frota

Tanto que os religiosos d'esta nossa companhia chegaram a India. logo o padre vigario geral os começou de repartir, e occupar no ministerio da christandade para effectuarem o intento, a que foram de Portugal, que era pregar o Evangelho, e converter os infieis. Pelo que mandou alguns d'elles para as ilhas de Solor e Timor; onde fizeram muito fructo nas almas, convertendo, e baptisando muitos gentios, e fazendo outros muitos serviços a Deus.

Outros mandou para os fortes de Sena e Tete, que estão nos rios de Cuama; onde havia muitos annos que estavam padres da mesma ordem cultivando esta christandade. Para a egreja de Sena foi o P. Fr. Jeronymo Lopes. O qual fez n'aquella terra uma formosa egreja, porque a velha estava já muito damnificada. E depois d'isso foi a Tete fazer outra a peticão de seus moradores. E em Sena fez muitos christãos, e se occupou em outros serviços de Deus trez annos e meio que n'ella residiu por vigario.

Para a egreja de Tete foi o P. Fr. João Frausto; onde esteve outros tres annos e meio. E n'este tempo fez tambem grande copia de christãos, e foi algumas vezes dentro ao reino do Manamotapa a confessar, e sacramentar os christãos, que por aquelle reino andam espalhados e occupados em suas mercancias, assim portuguezes e mistiços, como dos naturaes da terra.

Outros mandou para as ilhas de Quirimba. Entre os quaes foi o P. Fr. Pantaleão da Silva grande religioso e servo de Deus. O qual nas ditas ilhas fez muitos christãos, e outros serviços a Deus, e com sua vida mui austera e penitente mostrou bem ser verdadeiro filho de S. Domingos.

Outros religiosos mandou ler artes, e theologia no collegio que então tinhamos em Pangim, que foram o padre presentado Fr. João da Piedade, e o padre Fr. Domingos da Visitação. Dos mais religiosos mandou uns para a christandade de Solor, e outros dividiu pelos conventos da India; onde pregavam, confessavam e ensinavam com muita caridade, e zêlo da salvação das almas. Um d'estes foi o padre Fr. João Lopes; o qual assim como era honesto e limpo em sua alma, assim tambem no exterior tinha uma formosura acompanhada de muita modestia e gravidade, com que captivava os corações d'aquelles que o viam, e tratavam. Estando este padre morador no convento de Gôa, uma mulher se affeiçoou a elle demasiadamente, e determinou de lhe fallar, e manifestar a affeição, que lhe tinha, como fez na egreja, fingindo que se queria confessar. Mas o padre se desviou d'ella d'alli por diante, e nunca mais lhe quiz fallar, entendendo sua damnada tenção. Vendo ella, que lhe não podia d'outra maneira fallar, fingiu-se doente, e deitou-se em cama, e mandou ao convento de S. Domingos pedir nomeadamente o padre Fr. João Lopes dizendo que era seu confessor, e queria tratar com elle cousas de sua consciencia, porque estava muito mal. Pelas quaes rasoes mandou o prior ao dito padre, que a fosse confessar. O qual indo com seu companheiro, sem saber para onde o chamavam, guiado por um homem, que o foi buscar, chegou á casa da mulher; e subindo ambos por uma escada, acharam outra mulher na casa dianteira, que os recebeu, e levou o padre Fr. João para dentro de uma camara, onde estava a fingida doente. E deixando-o dentro, tornou-se para fóra a fallar com o companheiro. Tanto que o padre Fr. João ficou com a doente tratou de a querer confessar. Mas a diabolica mulher lhe desviou logo esse proposito, e começou descobrir seu damnado intento, convidando-o para sua deshonestidade. Vendo-se elle salteado e affrontado do caso não esperado, começou logo de a reprehender, e juntamente se foi levantando para se sahir para fóra. O que ella não soffrendo se levantou muito depressa, e afferrou d'elle para o ter. Porem elle se despediu de suas mãos, e fugiu para a camara de fóra, como outro casto Jose, ficando-lhe o capello da capa nas mãos da mulher, que lh'o tirou da cabeça, para assim o obrigar a não se poder ir, mas elle assim sem capello se sahiu da camara, e se desceu logo pelas escadas abaixo, e sem elle se vinha para casa, porque antes queria perder o vestido do corpo, que a honestidade e castidade, com que trazia vestida sua alma. Porem antes que sahisse pela porta da rua, lhe lançaram de cima da escada o capello, que elle poz outra vez na cabeca. E tornando-se para S. Domingos, pediu muito ao companheiro não descobrisse o caso, por não infamar aquellas mulheres, que pareciam honradas. Vendo-se esta mulher frustrada de seus deshonestos intentos, determinou vingar-se do padre, convertendo toda a affeição, que lhe tinha, em odio mortal. Pelo que ordenou um pouco de doce, em que deitou peçonha, e buscou modo com que se désse ao padre por outra via bem differente, e sem suspeita. E assim lhe foi dado; e depois que comeu d'elle, d'ahi a oito dias morreu todo cheio de pintas pretas; e logo se soube a causa de sua morte, porque a mesma mulher a descobriu a outras que a disseram, e o companheiro então contou o successo todo, sobre o qual os padres não quizeram bulir, por ser o caso crime, e tão grave. E assim morreu o P. Fr. João Lopez innocentemente pela guarda da castidade, como verdadeiro religioso, que era.

Para a fortaleza de Sofala me mandou o nosso P. vigario geral, na qual estava já o P. Fr. João Madeira da mesma ordem, religioso velho e honrado, para estarmos ambos no ministerio d'esta christandade, e nos consolarmos e ajudarmos um ao outro em terras tão distantes e remotas da India. E o que n'ellas nos succedeu tratarei no seguinte livro.

FIM DO SEGUNDO LIVRO

LIVRO TERCEIRO

De varia historia, e christandade da Ethiopia oriental, e de muitos casos que n'ella nos succederam; e da perdição de algumas náos da India, que fizeram naufragio n'esta costa, e de outras cousas notaveis d'esta região

CAPITULO I

Da primeira viagem que fiz de Moçambique para a fortaleza de Sofala

Em Moçambique me deixou a obediencia, para d'ahi passar á christandade de Sofala, que são cento e sessenta legoas de viagem. E depois de negociadas todas as cousas, que nos eram necessarias para a dita christandade, partimos o primeiro de Novembro de 1586 com muito bom tempo, e com elle fomos navegando até horas de vespera. E chegámos aos baixos de Muginquale (que são quinze legoas de Moçambique) sobre os quaes estivemos perdidos por culpa do piloto, sem alguma esperança de salvação. Estando nós n'este perigo, já todos despidos esperando nossa perdição, quiz Nosso Senhor que veiu um grande mar, e levantou a embarcação (a que n'esta costa chamam pangaio) e a tirou de cima dos baixos, onde se estava desfazendo com pancadas, e a lançou dentro em uns canaes, que estão entre aquelles baixos; por onde fômos sahindo sem tocar em outro baixo algum dos muitos, que havia por diante. Finalmente o dia seguinte fomos tomar o porto das ilhas de Angoxa; onde se concertou o pangaio, que vinha aberto, sem leme, quebrado, e quasi alagado com muita perda da fazenda, que dentro estava.

Estas ilhas de Angoxa são sete ou oito pequenas, umas de legua, e outras de meia, e menos; as quaes estão trinta leguas de Moçambique. Tres d'ellas sómente são povoadas de mouros pobres e mesquinhos. Os quaes são grandes officiaes de tecer esteiras de palha muito fina, brancas, e de côres muito formosas, que servem nos estrados das mulheres nobres, e tambem para dormirem n'ellas no tempo das calmas, que n'estas terras são mui ordinarias, e mui grandes; e fazem muitos chapeos de palha fina de que usam muito os portuguezes n'estas partes. Entre estas ilhas deu á costa, e se perdeu a náo *Nossa Senhora do Castello*, mas a gente quasi toda se salvou, e muita parte da fazenda da náo.

D'estas ilhas nos partimos depois do pangaio concertado, que foi d'ahi a quinze dias. Mas o segundo dia de viagem nos foi forcado entrar no rio de Quelimane por causa de uma trovoada, que nos sobreveio do Sueste, o qual é travessão n'esta costa; e na barra d'este rio estivemos quasi perdidos, porque o negro piloto errou a barra de modo, que fomos entrando por cima de todos os baixos mais de uma legoa, todos alagados com as grandes ondas, que havia. Mas quiz Deus, que não perigassemos, e assim entramos dentro sem tocar em baixo algum.

Na barra d'este rio se perdeu a náo *S. Luiz* o anno de 1582. A qual indo de Portugal para a India amanheceu um dia defronte d'este rio em tão pouca agua, que foi necessario cortar-lhe os mastros, porque o vento, com que alli foi, era do mar, e não podia com elle tornar por detraz, nem fugir dos baixos, que havia por diante. Mas nem isso bastou para que deixasse de dar á costa, e quebrar as amarras de duas ancoras, que tinha lançado ao mar. Finalmente dando nos baixos se fez em muitos pedaços, e alli se affogaram muitas pessoas, e outras se salvaram no batel, e no esquife da mesma náo, que foram ter a terra; onde em desembarcando, foram roubados pelos cafres de quanto salvaram, e d'aqui se foram pelo rio acima, até o forte de Sena.

N'esta barra estivemos oito dias; no fim dos quaes partimos para o rio de Luabo, onde haviamos de deixar algumas fazendas, que levava o nosso pangaio. Mas antes, que chegassemos a este rio, nos deu um vento contrario do Sul, muito grande, com que entramos no rio de Cuama a Velha, que está cinco legoas de Luabo, e alli dormimos uma noute. E no dia seguinte fomos para o rio de Luabo por dentro de um esteiro, que divide a terra firme da ilha de Luabo, a qual é de cinco legoas de largo, e outras tantas pouco mais ou menos de comprido, e por causa d'esta ilha chamam rio de Luabo a este braço, que é o principal dos rios de Cuama. N'este rio estivemos cinco dias, e n'elles se descarregaram as fazendas, que alli haviam de ficar; e depois d'isso nos partimos para Sofala, onde chegamos a salvamento aos cinco de Dezembro do dito anno. Na qual fortaleza fui recebido com muito alvoroço, assim do padre Fr. João Madeira meu companheiro, como do capitão da fortaleza, que então era Garcia de Mello, fidalgo nobre e honrado, cunhado do alferes mór de Portugal D. Jorge de Menezes, que então era capitão de Moçambique.

CAPITULO II

De algumas viagens, que fiz por este mar de Sofala em serviço da sua christandade, e dos perigos que n'ellas tive

Andando eu n'esta christandade de Sofala, muitas vezes me foi necessario passar a uma ilha chamada Inhançato (que está da outra banda do rio) por respeito dos christãos, que n'ella moravam, umas vezes a confessal-os, e sacramental-os quando estavam doentes, outras a dizer-lhe missa; e na passagem do rio, que é muito perigoso e largo, me vi perdido algumas vezes com tempos contrarios e trovoadas, que me succederam. E particularmente uma vez tornando da ilha para Sofala, vindo no meio do rio, a horas de sol posto se armou uma grande serração e subita trovoada de vento e chuva, com que totalmente me vi perdido; pelo que mandei logo remar para a terra que apparecia mais perto, e foi entre uns matos, onde chegando com muito trabalho sahimos na praia, deixando o batel n'ella todo alagado; e d'alli á fortaleza de Sofala era uma legoa sem caminho, por entre matos, onde havia muitos ribeiros, que todos iam cheios de agoa, nos quaes nos vimos muito mais perdidos, pelo escuro ser muito grande, e não vermos por onde caminhavamos. Finalmente chegámos á fortaleza junto da meia noute feridos nos pés e mãos e rosto, do mato, ensopados em agoa, e mui mal tratados. Do qual trabalho se me causou uma gravissima enfermidade de quartans, que me duraram seis mezes.

Aos cinco dias de Novembro do anno de 1588, dois homens honrados casados em Sofala, e eu fomos a uma ilha deserta, que está no rio de Bango, sete legoas de Sofala, para lá estarmos alguns dias cortando madeira (que na dita ilha ha mui formosa) para emmadeirarmos a egreja matriz, que estava para cahir. Partindo nós uma madrugada com o terrenho, antes que sahisse o sol se levantou uma das maiores tormentas, que tenho visto; mas quiz Deus, que a furia d'ella nos tomou já perto da ilha; porém durou trez dias e trez noutes. O qual tempo todo estivemos na dita ilha oito pessoas sem comer e sem beber, porque outra embarcação que nos havia de levar as camas, e o mantimento necessario para todo o tempo, que lá haviamos de estar não se atreveu a partir de Sofala, nem o tempo lhe deu logar para isso, senão passados os trez dias. No fim dos quaes chegou á dita ilha, onde nos achou já mui desfallecidos, assim da fome e sêde, como do máo tratamento dos ventos furiosos, que tinham ventado, e do desabrigo da ilha, porque a maior parte d'ella era allagadiça, e quando enchia a maré, estavamos sobre as arvores, assim de dia como de noute, até tornar a vazar. E o que mais nos atormentava, eram infinitos mosquitos, que nos comiam os olhos, sem lhe poder fugir nem resistir. E d'este máo tratamento adoecemos todos depois; e foi grande mercê de Deus não durar mais o tempo, porque se durara dois dias mais, todos alli acabaramos; mas como iamos em serviço de Deus, e do seu templo houve misericordia de nós, e tornou bom tempo, com que trouxemos a madeira necessaria, e concertamos a egreja mui perfeitamente.

No anno seguinte me foi necessario ir a Moçambique a certos negocios importantes á christandade de Sofala. Pelo que me embarquei em um pangaio. E sahindo pela barra, estivemos perdidos, porque achamos n'ella tão grandes mares, que nos quebrou a verga do mastro com os grandes balanços, que a embarcação dava, e se rompeu a vela em pedaços; e por outra parte as ondas nos levavam aos baixos, aos quaes se chegaramos, sem falta nos perderamos. Mas quiz Deus que a maré vazava, e foi levando a embarcacão para o mar fóra dos baixos, onde ficou mais quieta, e os mares deram logar para se tornar a concertar a verga e vela, com que tornámos outra vez a navegar levando bom tempo e vento. Mas o segundo dia nos deu uma tormenta do Sueste com muitos trovões, fuzis, e chuva grossa a horas de meia noute mui triste e medonha, em que nos vimos tão perdidos que fomos em busca da terra para darmos á costa, e salvarmos quando muito nossas vidas. Pelo que navegando toda a mais noute até as dez horas da manhã, chegamos á vista d'ella, e fomos-lhe pondo a prôa, indo todos já despidos, postos em feição de nadar, tanto que o navio tocasse em terra. E juntamente vinhamos resando as ladainhas e pedindo misericordia a Deus. A qual Elle houve comnosco, porque chegando a terra, vimos um riacho pequeno, chamado Inhagea, onde entramos sem perigo algum, e n'elle estivemos alguns dias, esperando bom tempo para seguir nossa viagem; mas não a fizemos, por serem já acabados os Ponentes e entrados os Levantes, que são os dois ventos, que çursam ordinariamente n'esta costa; pelo que nos tornamos d'alli para Sofala a cabo de um mez de viagem.

Muitas vezes caminhei em serviço da christandade de Sofala pelos matos de que a fortaleza está toda cercada, onde ha muitos elefantes, bufaras bravas, e outros bichos; dos quaes muitas vezes encontrei alguns a caso e pela misericordia de Deus nunca me fizeram mal algum, e assim me livrou sempre dos perigos do mar e da terra; pelo que lhe dou muitas graças. Apontei aqui estes casos para que se veja a quantos perigos andam os nossos religiosos offerecidos n'estas partes pelo augmento d'esta christandade.

CAPITULO III

Da gente, que se salvou da perdição da náo S. Thomé, e veiu ter a Sofala, onde estavamos

ESTANDO eu n'esta fortaleza de Sofala, veiu aqui ter a gente, que se salvou da perdição da náo *S. Thomé;* a qual se perdeu da maneira seguinte. Esta náo (de que era capitão Estevão da Veiga) partiu de Cochim para Portugal no anno do Senhor de 1588, e fazendo sua derrota costumada chegou perto do cabo de Boa Esperança; onde achou muitas tormentas e mares grossos, com que trabalhou tanto, que abriu pela roda da prôa, por onde fazia tanta agoa, que a não puderam vencer com muitas bombas. Pelo que foram arribando para Moçambique; mas foi crescendo a agoa em tanta quantidade, que antes que passassem a terra do Natal, a nao se encheu quasi até á coberta de cima. O que vendo o capitão mandou deitar logo o esquife ao mar com guardas, que o defendessem á espada da gente que a elle se quizesse acolher; e posto debaixo da varanda, embarcou-se n'elle quem o capitão quiz pela mesma varanda, lançando-se por cordas abaixo; entre os quaes se embarcou D. Paulo de Lima com sua mulher D. Brites, e D. Maria, mulher de Goterre de Monroy. Embarcou-se mais D. Joanna, fidalga viuva, a qual se offereceu a esta tão trabalhosa viagem, por trazer a Portugal uma só filha que tinha menina de oito annos, para se recolher com ella em um mosteiro de freiras, e acabar o restante de sua vida em serviço de Deus. Mas a perdição d'esta náo atalhou seus santos intentos, porque alli lhe ficou sua filha, a qual diante de seus olhos viu affogar rodeada de suas escravas, que com ella ficaram na dita náo, sem lhe poder valer, pedindo muitas vezes aos do esquife lh'a quizessem ir buscar, o que nenhum quiz fazer, antes a reprehendiam por suas importunacões. Pelo que a lastimosa mãe, perdendo a esperança da salvação da filha, a pranteou como morta, estando ainda viva. Embarcaram-se tambem n'este esquife dois religiosos, um de S. Domingos, chamado Fr. Nicolau do Rosario o qual depois foi asseteado pelos cafres Zimbas, como fica dito, e o outro Capucho de S. Francisco chamado Fr. Antonio, irmão leigo, e outros muitos homens da náo, dos quaes se encheu o esquife de tal maneira, que não estava para navegar. E logo a náo se acabou de encher de agoa, e se foi ao fundo com quanta gente tinha dentro, ficando alguma d'ella um pouco espaço sobre a agoa, bracejando e pelejando com a morte, até que de todo se affogou. Depois que os do esquife ficaram sós sem a companhia da sua náo, puzeram-se em feição de navegar, e vendo o capitão a muita gente que tinha o esquife, e que corria muito risco chegar a terra sem se alagar, mandou lançar ao mar muitos homens.

para assim descarregar o esquife; os quaes logo á vista de todos se affogaram.

Outros muitos casos lastimosos aconteceram n'este naufragio, assim no esquife, como na náo, que deixo para quem escrever esta perdição mais de proposito. Finalmente, os que ficaram no esquife foram navegando alguns dias, até que chegaram á terra firme, chamada terra dos Fumos, que é junto da terra do Natal; onde lançaram dois homens na praia, para que fossem descobrir o campo e trazer novas do que achavam. Os quaes foram, e tendo andado obra de um quarto de legoa, deram com uma aldeia de cafres bem inclinados e maviosos, mui differentes de outros que por esta terra moram. Estes, tanto que viram os portuguezes, espantando-se muito de os verem brancos (cousa que elles até então não tinham visto) chamaram-lhe filhos do Sol, e como a taes lhe fizeram muito gasalhado, e lhe deram de comer e beber. Vendo os nossos tão boa gente, ficaram mui contentes, e deram lhe a entender por acenos como elles se tinham perdido no mar, e que tinham seus companheiros na praia, e que lhe levassem vaccas e mantimento, porque tudo lhe comprariam muito bem. Pelo que vieram alguns cafres com elles até á praia, onde ficou o esquife; mas não o acharam, nem vista d'elle por todo o mar, com que ficaram mui tristes. E o caso foi, que depois d'estes dois homens se meterem pela terra dentro, tornou a ventar o vento em pôpa muito bom para navegar; pelo que não quizeram os do esquife esperar por elles, nem perder tão boa occasião, e tornaram a dar vela, e foram correndo a costa para os rios de Lourenço Marques.

Vendo-se os pobres homens sem o esquife, disseram aos cafres, que tinham vindo com elles, como seus companheiros se foram, e os deixaram, e que queriam ir em busca d'elles por aquella praia adiante. Os cafres mostraram pezar e sentimento de os vêr perdidos, e disseram, porque eram elles parvos, que se metiam no mar, que era doido, e sempre andava agastado, e que andassem pela terra, como elles faziam, que nunca se perderiam. Aqui se despediram uns dos outros, e os dois portuguezes foram caminhando toda aquella tarde pela praia bem tristes, até que chegaram ao dito esquife, que estava amainado junto da terra por causa do vento, que lhe tornou a faltar; com cuja vista ficaram mui contentes, e tornaram-se a embarcar n'elle carregados de ambar, que acharam por aquellas praias desertas. D'este logar tornaram o seguinte dia a dar vela, e foram correndo a costa até á ilha do Inhaqua; e toda a gente desembarcou a salvamento na dita ilha.

CAPITULO IV

Do mais que succedeu a esta gente da náo S. Thomé

TANTO que esta gente da perdição da náo *S. Thomé* desembarcou n'esta ilha do Inhaqua, pozeram logo fogo ao esquife, porque o não furtassem de noute alguns da mesma companhia, e se fossem n'elle para Sofala, deixando os mais na ilha. O qual feito não foi mui acertado, porque depois tiveram muita necessidade do esquife para passarem á terra firme, por quanto a ilha era despovoada, e não havia n'ella que comer, nem agua para beber, e ficaram alli mui arriscados á morte com fome e sede; mas quiz Deus que os cafres da terra firme vieram á ilha em duas embarcações pequenas a vêr o que n'ella estava, por terem visto a noute d'antes os fogos que os portuguezes fizeram, e n'estas pequenas embarcações passaram todos á terra firme poucos e poucos, com muito trabalho, e mui arriscados aos mares grandes, que ha n'esta travessa, a qual em partes é de quatro e cinco legoas.

Desembarcados na terra firme, foram caminhando por ella até chegarem ao logar do Inhaqua rei da mesma terra, grande amigo dos portuguezes. O qual os agasalhou benignamente, e lhe mandou dar os mantimentos necessarios, a uns por prata, aljofar, e peças que salvaram da náo, a outros fiados, até vir o navio de Moçambique, que vem cada anno áquelle porto a fazer o resgate do marfim. N'esta terra estiveram todos os perdidos muitos dias, até que alguns determinaram sahir-se d'ella, e caminhar por terra até Sofala. Os que commetteram este caminho foram Estevão da Veiga capitão da náo, e doze companheiros mais, em que entrava Gaspar Ferreira sota piloto da mesma náo, e Antonio Gomes Cacho, um dos dois que sahiram em terra de cafres. Todos estes se pozeram a caminho, e vieram por terra até Sofala, que são mais de oitenta legoas de terra aspera e trabalhosa de caminhar, povoada de muitas nações de cafres malissimos e mal inclinados. No qual caminho padeceram muitos trabalhos, fomes e sedes. E depois que chegaram a Sofala, a primeira coisa que fizeram foi irem todos juntos á nossa egreja de Nossa Senhora do Rosario; onde se lançaram por terra beijando-a muitas vezes, com muitas lagrimas e suspiros, nascidos do contentamento que tinham de se verem em terra de christãos, fóra de tantos perigos, como tinham passado no mar e na terra; pelo que davam muitas graças a Deus e á Virgem Nossa Senhora. O padre meu companheiro, e eu os recebemos com caridade, e agasalhamos alguns d'elles em nossa casa, e os mais aposentamos pelas casas dos moradores de Sofala, que a nosso rogo os recolheram todos com muita caridade, e os vestiram, curaram e sustentaram emquanto alli estiveram, até se embarcarem para Moçambique.

Depois que tivemos estes agasalhados, d'ahi a poucos dias chegaram outros da mesma perdição; entre os quaes vinham os dois religiosos de S. Domingos e de S. Francisco, e a todos recebemos, da mesma maneira que aos primeiros. A mais gente da perdição que se não atreveu commetter este caminho, ficou-se nas terras do Inhaqua, esperando pelo navio, que de Moçambique havia de ir ao resgate do marfim. E n'este tempo, que alli estiveram padeceram muitas necessidades, fomes e doenças de que morreram muitos, entre os quaes falleceu tambem D. Paulo de Lima capitão mui exforçado e ventoroso em muitas batalhas que teve com os mouros na India; dos quaes sempre alcançou victorias no mar e na terra, particularmente aquella tão gloriosa, que teve pelejando com o rei de Ior, inimigo e máo vizinho de Malaca, onde lhe desbaratou e poz por terra sua rica cidade, destruindo quanto n'ella havia a ferro e a fogo, com grande valor e exforço, como no seguinte capitulo contarei. Este capitão acabou aqui seus dias em terra de cafres, de sua enfermidade, causada de muitos desgostos, fomes e trabalhos, em que se via, sentindo muito vêr-se com sua mulher em terras tão estranhas e desamparadas do remedio necessario. O qual desemparo chegou a tanto, que até a sepultura para seu corpo lhe negaram os cafres da terra, não querendo que o enterrassem n'ella, tendo por agouro enterrarem-se nas suas terras gentes estrangeiras. Pelo qual respeito foi enterrado pelos portuguezes, que alli se acharam da mesma perdição de noute secretamente entre uns canaveaes, onde não fosse vista terra cavada de fresco, nem signal de sua cova. Aqui esteve esta gente até que em Moçambique se soube de sua perdição, que foi d'ahi a um anno, no fim do qual foi lá ter um navio que os trouxe para Moçambique, d'onde se tornaram embarcar para a India.

CAPITULO V

Do que succedeu a D. Paulo de Lima partindo de Gôa para Malaca, por capitão-mór de uma grossa armada

JÁ que no capitulo passado fallei n'este valoroso capitão D. Paulo de Lima, e na victoria que alcançou do rei de Ior, pareceu-me não seria pouco agradavel relatar aqui brevemente o successo d'esta guerra, que foi logo no seguinte anno, que eu cheguei a esta costa de Sofala, para que se veja, quão pouca rasão tem os homens de confiar nas prosperidades d'este mundo.

O rei de Ior, e o da ilha de Samatra faziam grande e continua guerra a Malaca, pondo-lhe algumas vezes cerco, e roubando os navios, e náos dos mercadores d'esta costa, que tratavam com Malaca, de modo, que os portuguezes d'ella padeciam muitas affrontas e apertos, e particularmente do rei de Ior, em cujo porto se recolhiam as armadas dos ladrões, e d'alli sahiam a fazer assaltos. Pelo qual respeito ordenou o vice-rei D. Duarte de Menezes uma grossa armada, e fez d'ella capitão general a D. Paulo de Lima, para que fosse soccorrer Malaca, e tomar vinganca dos máos vizinhos que tinha. Concertadas depressa todas as cousas necessarias para esta viagem, partiu D. Paulo, de Gôa com a dita armada no mez de Junho, do anno do Senhor de 1587, e fazendo sua derrota para Malaca, chegou ás ilhas de Nicobar (que estão perto da ponta da ilha de Samatra) onde teve tantas calmarias, que lhe foi forçado, pela muita sede que havia em toda a armada, mandar Simão d'Abreu de Mello com duas galés, e nove galeotas tomar terra, e buscar agoa o mais perto, que se pudesse achar. O qual foi, e desembarcou na ilha de Samatra, dezesete legoas da cidade, em que residia o Dachem rei da mesma ilha, e tomou agoa contra o poder de mil e quinhentos mouros, que sahiram a lh'a deffender com dezesete elefantes de peleja. E depois de tomar agoa se tornou a recolher, e a embarcar, sem damno algum. E d'aqui se foi ao longo da costa do Dachem, sahindo algumas vezes em terra, e fazendo muito damno aos inimigos. E indo assim correndo a costa, encontrou com uma armada do Dachem, que vinha de Ior, e pelejando com ella, lhe tomou onze embarcações, e matou e captivou muitos dachens; entre os quaes tomou dois capitães, e o embaixador d'el-rei de Ior, que iam fazer gente ao reino do Dachem, mettendo-lhe no fundo a capitaina, em que levavam o dinheiro para a paga da gente. D'esta maneira chegou a Malaca, onde foi recebido com muito alvoroco de todos. E logo o aviaram para ir em busca de D. Antonio de Noronha, que andava na costa de Malaca por capitão-mór, para o que lhe deram mais dezoito navios, a que chamam batins.

Simão d'Abreu se partiu de Malaca com duas galés, nove galeotas e dezoito batins, e com todo o necessario de mantimentos, e petrechos de guerra, e regimento que fosse em busca de D. Antonio de Noronha, que andava no estreito de Sincapura, e trazia comsigo dois galeões, e duas fustas, e alguns batins. Partido Simão d'Abreu, foi dar em Muar (que está cinco legoas de Malaca) onde queimou meia povoação; e d'ali se foi ter com D. Antonio, o qual achou na Romania tres legoas de Ior, onde se salvaram com toda a artilheria, e festejaram d'ambas as partes. Simão d'Abreu se foi ter com D. Antonio, e lhe disse como D. Paulo de Lima vinha de Gôa por general de toda a armada; e logo assentaram, que se fossem para Ior, como fizeram. Onde tanto que chegaram, appareceu uma armada do inimigo, que lhe sahiu ao encontro; á qual os nossos remetteram com grande animo, e pelejaram valorosamente com ella, queimando-lhe quatro galés, e tomando-lhe duas, e a mais armada varou em terra de Ior, e seguindo os nossos a victoria, desembarcaram sobre os inimigos, e houveram-se de maneira, que lhe tomaram um baluarte, que estava um quarto de legoa da cidade, pouco mais ou menos. No qual acharam dezeseis peças d'artilheria, e muita fazenda, e tudo queimaram. Isto feito, foram pelejando com os inimigos até as tranqueiras, mettendo-se por entre elles com grande animo, até chegarem aos muros. Aqui n'este passo chegou D. Antonio, e fez recolher Simão d'Abreu com a gente, dizendo-lhe, que o tinha muito bem feito; e com a peleja ser bem travada, sómente quatro nossos ficaram mortos. E tomado conselho do que fariam, assentaram que não desembarcassem mais, e sómente inquietassem os mouros de dia e de noute, até chegar D. Paulo, e mandaram a Malaca um batim com novas da victoria que houveram.

Tornando a D. Paulo de Lima (que tinha ficado nas calmarias entre as ilhas de Nicobar) depois que teve melhor vento foi navegando para a costa de Malaca, e teve vista d'ella, em sessenta legoas de Malaca, e d'aqui foram correndo a costa até chegarem á dita fortaleza, tendo passado na viagem muitas fomes, sedes e trabalhos. Logo d'ahi a tres dias chegou o batim com as novas da victoria, que D. Antonio, e Simão d'Abreu tiveram dos mouros de Ior; as quaes D. Paulo mandou festejar, e ao batim, que voltasse outra vez com cartas suas para os capitães, significando-lhe que seria presto com elles. Depois de ordenadas as cousas necessarias para o intento, que levára de Gôa, partiu de Malaca com cinco galeões, e uma náo da China, e chegou a Ior aos dez d'Agosto, com cuja chegada houve grande alegria em toda a nossa armada, e grande jogo de artilheria de parte a parte. Logo os capitães vieram ter com D. Paulo, e lhe deram informação do que se passava na terra, e de como os inimigos seriam dez mil homens de peleja bem apparelhados. Então lhes declarou D. Paulo, como vinha determinado combater a fortaleza, e entral-a com o favor de Deus. O que foi approvado de todos, e no conselho e traça d'este negocio gastaram aquella noute. E logo no dia seguinte mandou o general confessar toda a gente; o que todos fizeram com muita devoção. Isto feito, mandou sondar de noute o fundo do rio ao longo da fortaleza, onde os galeões haviam de surgir, e ordenou a gente da maneira seguinte.

CAPITULO VI

Da gloriosa victoria, que D. Paulo de Lima alcançou do rei de Ior

ANTES que alguem desembarcasse ordenou seus esquadrões e companhias d'esta maneira. A D. Antonio de Noronha deu a vanguarda. A D. Bernardo, e Matheus Pereira, mandou que fossem logo detraz d'elle com sua gente. E D. Paulo ficou-se na rectaguarda com a bandeira de Nosso Senhor Jesu Christo. E todos os mais capitães e soldados postos em seus logares, com suas bandeiras e guiões, abordaram com os galeões a fortaleza dia de Nossa Senhora d'Agosto, e o galeão de D. Paulo abalroou com o mais perigoso baluarte, onde el-rei tinha a maior força de sua gente, e desembarcou em terra com quatrocentos e vinte portuguezes, e alguns homens da terra, todos mui bem apparelhados, deixando por capitão mór da frota Luiz Martins Pereira, com o regimento do que havia de fazer.

Depois que todos foram desembarcados, começaram logo a marchar, fazendo seu caminho para a fortaleza; da qual lhe sahiram ao encontro os inimigos com muita furia, e logo se começou a peleja, e briga mui travada. D. Paulo com grande exforço disse: «A'vante, ávante». E todos assim o fizeram, indo pelejando sempre com grande exforço até chegarem ás tranqueiras da cidade (logar de grande perigo) onde cortaram com machados, e desfizeram um pedaço da tranqueira de largura de tres braças. E por alli entraram dentro com grande impeto, apezar dos inimigos, que defendiam o passo fortemente. Depois que foram dentro, tiveram tres encontros grandes de muito pezo, e multidão de inimigos, nos quaes os portuguezes faziam grande matança e estrago. Andando a batalha accesa, vendo el-rei o negocio mal parado, e sua pessoa em grande aperto, sahiu-se fóra da briga por entre os portuguezes por força de armas, e fugiu com alguns dos seus, que o seguiram. A demais gente n'este tempo, já toda desanimada, não pretendia mais, que salvar a vida; pelo que alguns se lançaram ao mar cuidando escapar assim, onde se afogaram perto de oitocentos; tanto temiam o ferro dos portuguezes. D Paulo em muitos encontros pelejou mui valorosamente, não sómente como bom capitão, mas como soldado dos mais exforçados, que alli se acharam, acudindo a todas as partes necessàrias, exforçando e animando os soldados com palavras de capitão generoso. Matheus Pereira ganhou o forte, e o entrou mui valorosamente; ao qual D. Paulo mandou logo soccorrer com mais gente, porque lh'o não tornassem os inimigos a entrar. Durou a briga por espaço de tres horas; no fim do qual tempo se poz fogo a toda a cidade, que ficou despejada de inimigos, sem haver quem lhe resistisse. Detiveram-se aqui seis dias, festejando a victoria, e dando saque ao mais da cidade. Na qual se acharam mil e quinhentos canos d'espingarda, com as coronhas queimadas, e quatro mil mais, a que não chegou o fogo, e novecentas peças d'artilheria de bronze. As quaes todas D. Paulo mandou embarcar; o que se fez com muito trabalho, porque havia algumas muito grossas, como era uma aguia, um leão, e um basilisco. Depois d'isto, mandou pôr fogo a mil e cem embarcações do inimigo, que estavam no porto; entre as quaes entravam galés e fustas. N'esta batalha se acharam dois religiosos de S. Domingos, que foram na mesma armada de Malaca, s. o padre Fr. Luiz de Brito, e o padre Fr. Nicolau do Rosario, que se achou n'esta perdição da náo *S. Thomé*, de que fallei atraz, dos quaes ambos colligi esta relação.

Esta cidade de Ior era cercada em umas partes de pedra, com seus baluartes mui fortes, em outras de madeira mui grossa, com entulho de terra tão forte, que nenhuma peça de artilheria o podia passar, por grossa e furiosa que fosse. A cidade seria do tamanho das maiores fortalezas, que ha na India. El-rei de Ior fugiu para Pam (que é na costa da China contra a costa de Malaca) onde o não quizeram recolher com medo dos portuguezes; pelo que voltou a Bintão, que são as ilhas de Linga, de que era rei um seu sobrinho. Sabendo isto D. Paulo, mandou logo lá parte da armada, e queimaram e assolaram o logar, onde se recolheu, fugindo elle com os mais da terra, sem haver resistencia para os nossos. Morreram n'esta guerra de Ior cincoenta e cinco portuguezes; nos quaes entraram D. Bernardo de Menezes, e D. Manuel d'Almada; e outros muitos foram feridos; entre os quaes foi o padre Fr. Nicolau do Rosario, a quem deram uma espingardada na cabeça, de que esteve á morte. E dos inimigos morreu grandissimo numero, que se não póde contar. Com esta victoria se partiu D. Paulo para Malaca, onde foi recebido com palio, e tantas festas, quantas tão gloriosa victoria merecia. E depois de quietas todas as cousas de Malaca, se tornou para Gôa com muita honra. E logo no anno seguinte se embarcou para Portugal com toda sua casa; na qual viagem se perdeu e morreu tão miseravelmente, como fica dito. No que a inconstante fortuna mostrou claramente sua variedade e pouca firmeza, que tem nos bens e glorias, que promette, pois tão facilmente desanda com sua roda de males, sobre os mesmos que levanta com prosperidades.

CAPITULO VII

De uma mesquita, que os mouros de Sofala fizeram a outro mouro rico, onde o veneravam como santo, a qual eu queimei

DEFRONTE da fortaleza de Sofala está uma ilha da outra banda do rio chamada Inhançato, como já disse. D'esta ilha foi senhor antigamente um mouro chamado Muynhe Mafamede, o qual era muito rico, e muito amigo dos portuguezes moradores de Sofala, tanto que muitas vezes comia e bebia com elles em suas casas todos os comeres, inda que levassem porco (cousa muito prohibida na sua lei) e particularmente era muito amigo de lacão, e de chouriços de carne de porco, e muito mais de vinho, que tambem é prohibido na mesma lei. De modo que zombava da sua lei em estas e outras muitas couzas; e dizia, que Mafamede não defendera o vinho, nem a carne de porco aos mouros; para prova do qual contava uma historia (que eu já ouvi n'este reino muitas vezes) em desprezo de Mafamede, dizendo, que antes de Mafamede ser rico e honrado, fôra primeiro regatão de vinhos, os quaes andava vendendo pelos campos aos lavradores, e que um dia levando um jumento carregado de vinhos, sahiu do mato um porco bravo, e atravessando o caminho, por onde elle passava com muita furia, o jumento se espantou, e indo fugindo, com o medo deu com a carga do vinho no chão, e rompendo-se as vazilhas entornou o vinho, e que n'este passo dissera Mafamede mal de sua vida, e que não beberia mais vinho, nem comeria porco, e que isso dissera Mafamede do porco que fugiu, e do vinho que alli se entornou, e não do vinho e porco que agora havia.

A este mouro depois que morreu, fizeram os mouros de Sofala uma mesquita na sua ilha de Inhançato, dentro da qual tinham sua sepultura em grande veneração e respeito, sómente porque fôra mouro honrado e rico; as quaes partes achavam estes mouros barbaros serem mui sufficientes para o terem, e honrarem por santo, não tendo elle de mouro mais que o nome; e tinham-lhe toda a sua mesquita armada com pannos pintados, e as pedras de sua sepultura untadas de sandalo cheiroso, e ao redor d'ella muitos brazeiros, em que deitavam incenso para perfumar a mesquita, e por cima da cova estava muito arroz e milho derramado, que os mouros lhe deitavam, pedindo-lhe com esta offerta prosperas novidades. Defronte da porta da mesquita estava um meio mastro mettido no chão com muitos pregos, onde todos os marinheiros mouros (antes que fizessem alguma viagem) penduravam pedaços de remos, roldanas, ou alguma corda de sua embarcação, para que o mouro lhe désse boa viagem. De maneira que lhe faziam petições e rezavam como a santo.

Sabendo eu isto, desejava summamente vêr esta mesquita, para lhe fazer as honras que merecia. O que veiu a effeito, indo um dia a folgar á dita ilha com o dono d'ella (que então era um portuguez nobre e honrado, chamado Pero Lobo) porque depois de estarmos na ilha chamei dois moços nossos secretamente, e outro moço do dito Pero Lobo, que sabia onde estava a mesquita, e disse-lhe que me levassem a ella, porque desejava muito de a vêr. Os quaes me levaram por dentro da ilha obra de um quarto de legoa até a dita mesquita, que estava em um grande terreiro, cercado de muitos e espessos matos. E depois de a olhar muito bem, puz-lhe o fogo com um morrão de espingarda, que mandei levar accesso um dos nossos moços, não lhe dizendo para que era, porque se lh'o disséra, ou elles imaginaram o que eu queria fazer, nenhum d'elles fôra comigo a isso, porque temem muito fazer algum mal aos defuntos, quanto mais áquelle, que os mouros tinham por santo. Mas tanto que lhe puz o fogo, a mesquita (que era de madeira, e coberta de palha, como são todas as casas de Sofala) ardeu com quantos pannos tinha armados dentro, sem ficar cousa alguma por queimar. E foi o fogo tão forte, que acudiram a elle os mais dos mouros da ilha, e vendo a mesquita queimada, e posta por terra, e feita uma braza viva (que bem representava o fogo em que Mafamede ardia) ficaram todos espantados e maguados, e bem quizeram tomar vingança de mim, se lh'o não impedira o medo, que tem dos portuguezes, e a veneração e respeito que tem aos nossos religiosos; mas uns e outros me rogaram mil pragas entre si, e me agouraram mil males, e castigos da mão de Mafamede, pela descortezia que tinha feito á sua sepultura. Isto diziam não só os mouros, mas tambem alguns dos christãos da terra, tendo-me por atrevido, e o menos que me esperavam era morrer por isso muito cedo.

Succedeu d'ahi a alguns dias que tive um corrimento em um olho, e vindo isto á noticia dos mouros, fizeram grandes festas, dizendo que já Mafamede me começava castigar, e que me havia de quebrar os olhos. Mas quiz Deus, a quem eu servia, dar-me perfeita saude, ficando os mouros frustados de suas esperanças. Contei esta historia, para que se veja o pouco fundamento, que todos estes mouros tem na veneração de seus santos, pois tem aos máos por justos, como tinham a este mouro, que o não foi mais que no nome (como já disse) sómente por ser rico e honrado em sua vida.

CAPITULO VIII

Da christandade que fizemos nas terras de Sofala, e de como nos sahimos d'ella, e fomos aos rios de Cuama, e de algumas cousas notaveis, que vimos n'este caminho

ESTIVEMOS n'esta fortaleza de Sofala o padre Fr. João Madeira, e eu quatro annos, e logo no primeiro anno repairamos as egrejas d'aquella terra, que mais pareciam mesquitas de mouros mal concertadas, que egrejas de christãos, e fizemos duas ermidas de novo, uma de Nossa Senhora do Rosario nas casas em que moravamos, e outra da invocação da Madre de Deus fóra da povoação em um palmar nosso, que é a melhor sahida que tem Sofala. E a hermida é de muita romagem e devoção. As quaes egrejas tinhamos mui limpas, curiosas, e bem ornadas de vestimentas, e do mais necessario para a culto divino. E fizemos muito por accrescentar e conservar a christandade n'estas terras; a qual pela bondade e misericordia de Deus, foi em muito crescimento, assim entre os gentios, como entre os mouros, convertendo-se muitos á nossa santa fé, assim por nossas pregações, como pelas procissões e officios divinos que nos viam fazer; no que trabalhavamos de continuo por ser a gente d'estas terras muito barbara e trabalhosa de converter, e trazer ao conhecimento de seus erros. Dos quaes o padre Fr João Madeira baptisou mais de mil pessoas e eu baptisei seiscentas e noventa e quatro.

No fim d'estes quatro annos que estivemos no ministerio d'esta christandade (que foi até Julho de 1590) tivemos recado da India do nosso padre vigario geral, que tornassemos para Moçambique, onde tinhamos outras cousas de muita importancia, e serviço de Deus, a que accudir. O que sentiram muito os moradores de Sofala, pelo desamparo em que ficavam sem religiosos de S. Domingos. Mas foi forçado cumprir a obediencia que tinhamos. Pela qual razão entregamos ao vigario da terra as nossas egrejas com todos seus ornamentos, pedindolhe muito as conservasse e tratasse com a limpeza e cuidado, com que as nós tinhamos ornadas, até tornarem para ellas outros religiosos da nossa ordem. E logo nos determinamos partir para Moçambique, mas por quanto o navio em que nós haviamos de ir, ficou metido no rio de Luabo sem poder chegar a Sofala, por causa dos ventos contrarios, que teve, nos foi forçado ir por terra em busca d'elle, para nos embarcarmos, e irmos a Moçambique.

Posta nossa ida em conclusão, partimos aos treze de Julho por terras de cafres, com duas guias, que nos guiassem até os rios de Cuama, que são trinta legoas de caminhos asperos e trabalhasos, e os mais d'elles despovoados de gente, e cheios de matos, e arvoredos silvestres, onde ha muitos elephantes, tigres, onças, leões, bufaros bravos, e outros muitos bichos, e feros animaes; dos quaes vimos muitos de longe, e encontramos alguns, que nos poseram em muito sobresalto e perigo. Mas nenhum ousou a nos commetter, porque levavamos em nossa companhia quatorze escravos de alguns nossos amigos de Sofala, que n'olos emprestaram, para este caminho; os quaes iam todos armados de arcos, frechas e azagaias.

Todas estas terras são do reino do Quiteve senhor do rio de Sofala nosso amigo. Pelo qual respeito em todos os logares onde chegavamos, povoados de cafres, logo o capitão do logar (a que chamam Encosse) nos agazalhava e fazia muita festa, sabendo que eramos os padres de Sofala, a quem elles chamam Cacizes, e nos mandava um presente de galinhas, inhames, e massa de milho, que é o seu comer ordinario, e juntamente mandava ajuntar todos os muzicos da terra com seus tambores, e outros instrumentos á nossa porta, onde faziam uma muzica tão desconcertada, e com vozes tão dissonantes, que nos atroavam; e d'esta maneira tangiam, cantavam, e bailavam toda a noute, de modo, que a festa que faziam nos era mui penosa; mas não ousavamos dizer-lhe que se callassem, por se não agravarem. E quando vinha a manhã, davamos a estes musicos uma mão cheia de contas a cada um, que valeria dez réis (cousa muito estimada entre elles) e ao Encosse davamos um panno, que valeria quatro vintens. E com isto ficavam todos mui satisfeitos, e contentes. E d'esta maneira fomos passando por todos os logares povoados, até chegar ao rio de Tendanculo.

Depois que passamos estes cafres, entrando já em outras terras, que são do Manamotapa, dormimos uma noute em uns matos desertos; onde ouvimos muita parte da noute grandissimos apupos de umas vozes mui grandes, e temerosas, como vozes de homem, do modo que enxotam os passaros do trigo. Com as quaes vozes e brados ficamos mui atemorisados, parecendo-nos que eram cafres ladrões, que vinham em nosso alcance, para nos matar, e roubar. Pelo que não ousavamos fallar uns com os outros, por não sermos ouvidos, nem sentidos, antes nos deixavamos estar sobre as arvores, onde já estavamos subidos por causa das feras e bichos, que ha por aquelles matos. E d'esta maneira estivemos até amanhecer vigiando, bem atribulados. E vindo a manhã (que para nós foi de muita alegria) tornamos a continuar nosso caminho sem vermos pessoa alguma. E no primeiro logar de cafres, a que chegamos, contamos o que nos tinha succedido; e os cafres nos disseram, que aquillo que gritava de noute eram aves muito grandes, maiores que gallos, as quaes de dia estavam escondidas, e sómente de noute voavam, e andavam caçando outras aves para comerem, e que por isso lhe apupavam, para que espantadas de suas vozes sahissem das moutas e arvores, onde estavam dormindo; e tanto que sahiam logo eram caçadas, e comidas. Isto mesmo nos certificou Francisco Brochado, de que já fallei atraz, que estava no rio de Luabo, doze legoas d'aquella paragem, onde achamos estas aves.

CAPITULO IX

De um animal marinho, que achamos n'este caminho, e de uns passaros muito grandes, e do mais, que n'ella nos succedeu

Tanto que passamos o rio de Tentanculo, indo caminhando pelas praias ao longo do mar Oceano (terras do Manamotapa) achámos um animal morto, com muitas feridas de frechas, e azagaias; o qual tinham morto o dia d'antes os cafres d'aquella terra, andando pescando na entrada do rio em uns baixos, que estão ao longo da praia, onde diziam que viera ter o animal, como desatinado, e alli nos baixos se embaraçara de modo, que em vez de nadar para o mar, foi varando para terra, onde o mataram, estando meio em secco. Este animal era coberto de cabello cinzento pelas costas, e branco pela barriga, como cabello de boi, mas muito mais aspero; a cabeça e bocca era como de tigre, com grandissimos dentes; tinha bigodes brancos de comprimento de um palmo, e tão grossos, como sedas, com que cozem os sapateiros.

Teria mais de dez palmos de comprido; era mais grosso, que um grosso homem. Tinha um rabo de um palmo, muito grosso, e orelhas de cão, braços de homem pellados sem cabello algum, e nos cotovellos umas barbatanas grandes como de peixe. Tinha junto ao rabo dois pés curtos, espalmados como pés de mono grande, e não tinha pernas. Tinha cinco dedos em cada pé e mão, cobertos com uma pelle, ao modo de pé de pato; mas depois de esfollada aquella pelle, ficaram-lhe os dedos soltos de um grande palmo cada um. No meio dos dedos dos pés sómente, da banda das costas, tinha unhas brancas muito grandes, e agudas, como unhas de tigre. Tinha junto do rabo signal de macho; as tripas, bofes e figados eram como são as de um porco.

Este animal mandámos esfollar pelos nossos escravos, que levavamos comnosco, n'aquella mesma praia, onde o achámos morto, e tinha a pelle tão grossa, e mais, que a de um boi. Estando nós n'isto, vieram alguns cafres da terra ter comnosco; aos quaes mandámos perguntar pela lingoa, qual era a causa porque não comiam da carne d'aquelle animal, pois era tão vermelha e tão gorda, comendo elles cobras, lagartos, ratos, e todo o mais genero de carne, que achavam. Ao que elles responderam, que não tinham visto tal besta como aquella, nem na terra, nem no mar; e que tinham para si que aquillo era filho do diabo, porque quando o mataram dava tão grandes roncos, que a todos assombrou, e foram ouvidos dentro no seu logar (que estaria d'alli meia legoa) e por essa razão haviam medo de comer d'elle. Mas como viram que os nossos escravos lhe tomaram a ferçura, e fizeram uma grande espetada em um páo, e a assaram, e comeram, saltaram todos no animal, e em pedaços o levaram para comerem, e nem o couro lhe deixaram.

Dezoito dias pozemos n'este caminho; e detivemo-nos tanto n'elle, porque alguns dias esperavamos á borda de rios, e lagoas mui grandes, que achavamos, até lhe sabermos o vao por onde melhor se podesse passar, e alguns passamos com agoa pelo pescoço com muito trabalho. Além d'isto tivemos alguns dias de fomes, e máo gasalhado, dormindo muitas noutes no chão, e algumas que nos tomavam em despovoado, sobre arvores, atados, por não cahirmos com o somno, o que faziamos com medo das feras, que por alli andavam de dia e de noute. Mas em todos estes trabalhos achavamos sempre a suavidade, e consolação de serem padecidos por respeito da christandade, a que estavamos offerecidos. Outras muitas cousas nos aconteceram e vimos n'este caminho, de que tenho tratado na descripção d'estas terras, como fica dito.

Chegámos ao rio de Luabo o primeiro dia d'Agosto de 1590 onde fomos bem recebidos, e agasalhados do capitão dos rios de Cuama, que então alli estava, chamado Francisco Brochado (de quem já fallei algumas vezes) e alli achamos o pangaio, em que haviamos de ir para Moçambique, o qual esperava por nós. E tanto que chegamos, logo ao outro dia nos embarcamos, e fomos lançar ancora na barra do mesmo rio, para d'alli partirmos, como tivessemos tempo para isso. Mas foram os ventos tão contrarios, que nunca podemos sahir do rio; e por esse respeito estivemos alli oito dias. N'este tempo sahiram em terra alguns marinheiros a buscar lenha, e fructas pelos mátos, que estão ao longo das praias; d'onde trouxeram dois passaros novos cobertos in-

15

da de pennugem branca, que acharam no ninho, mui similhantes a aguias nas unhas, olhos e bico; mas na grandeza do corpo muito maiores, que grandes aguias. Tinham nove palmos de comprimento da ponta de uma aza até a outra, que lhe eu mandei medir por façanha. Os marinheiros os mataram, por se não poderem inda crear sem mãe, e fizeram uma grande panellada de sua carne, que comeram. D'onde se póde claramente colligir, que estes passaros depois de chegarem a sua perfeita edade, devem ser de espantosa grandeza. Outros passaros dizem que ha n'estas terras mui grandes, de que já tratei na descripção de Sofala.

Estando nós aqui n'esta barra esperando tempo prospero, começou o pangaio a fazer tanta agoa, que nos iamos ao fundo, sem lh'a poder tomar, e foi mercê de Deus faltar-nos o vento para navegar, porque se o tiveramos, e sahiramos ao mar, tanto que o pangaio começasse de navegar, houvera de abrir de todo, e nós, e elle nos houveramos de perder; mas quiz Nosso Senhor fazer-nos mercê, que aquelles dias descobriu o mal, que tinha; e tornamos para dentro do rio, e foi varado em terra para se concertar. Pelo qual respeito não fizemos viagem aquella monção, e ficamos este anno n'estes rios.

CAPITULO X

De como fomos pelo rio de Luabo acima, e de como residimos nas egrejas de Sena e Tete

Doze dias estivemos n'esta ilha de Luabo. No fim dos quaes vendo que não podiamos ir para Moçambique, nos partimos para Sena em companhia do capitão dos rios. Pelo meio d'este rio ha muitos ilheus grandes de areias, onde dormiamos, e sómente de dia navegavamos, por causa das muitas correntes, e baixos que tem. Os cafres moradores d'estas praias, tanto que viam a nossa embarcação, logo vinham a ella metidos em outras muito pequenas (a que chamam almadias) em que traziam a vender fructas, legumes, gallinhas e peixe; o que tudo lhe compravamos muito barato.

Indo navegando por este rio acima, vimos um dia estar uns poucos de cafres á borda do rio com grandes festas e gritas. Pelo que mandou o capitão ao que governava (a quem alli chamam Malemo) que fosse ao longo da terra, para vermos que festa era aquella; e chegando a ella vimos, que tinham morto, e tirado do rio um grandissimo lagarto, e começavam de o fazer em pedaços, para o comerem. Do que muito me maravilhei, porque os cafres de Sofala não matam, nem pescam lagartos do rio, porque o seu rei lhe tem posto pena de morte, que o não façam; e a causa é, porque dizem, que os figados do lagarto é a mais fina peçonha que se acha, e por esse respeito não quer o rei que se matem, por não usarem d'ella.

Chegamos ao forte de Sena aos vinte e dois dias d'Agosto do dito anno; onde fomos bem recebidos dos moradores da terra, e do capitão do forte, que então era Gonçalo de Beja, o qual nos levou para sua casa, e nos agasalhou com muita caridade. Logo no outro dia começámos de entender no serviço da egreja, e da christandade; porque n'estes rios nenhum padre havia, que administrasse os sacramentos, mais que um so clerigo, que estava muito doente em Tete, onde tambem pela mesma causa não podia servir; e assim estavam ambas as egrejas sem ministros. E por isso os christãos d'estas terras padeciam muitas necessidades espirituaes. Portanto logo começámos de lhe administrar os Sacramentos, dizendo-lhe missa, confessando, e baptisando com muita diligencia. E n'isto fomos continuando ambos trinta e dois dias. No fim dos quaes mandaram os moradores de Tete uma embarcação e uma carta, em que nos pediam muito, e requeriam da parte de Deus, que um de nós lhe quizesse acudir, pois Deus nos trouxera áquelles rios em tempo, que elles padeciam tantas necessidades na alma; porque passava já de quatro mezes, que não tinham missa, nem quem lhe administrasse os Sacramentos, e algumas pessoas eram fallecidas sem elles, e que para isso mandavam aquella embarcação provida do necessario, e que fosse com a mór brevidade, que podessemos. Vistas tão justas causas, logo o outro dia me parti para Tete, ficando o padre Fr. João Madeira na egreja de Sena.

Indo de Sena para Tete (que são sessenta legoas de caminho pelo rio acima) achámos muitas e perigosas correntes; em uma das quaes (que está na Lupata, onde ha grandes e altas serras, de que já fallei) estivemos perdidos; porque esta corrente, que pretendiamos passar a remo e vela, foi tão forçosa, que nos levou a embarcação atravessada, e meia emborcada pelo rio abaixo mais de um tiro de espingarda, até nos encostar sobre umas pedras, onde se tem perdido muitas embarcações, e a nossa esteve n'esse risco; mas não o permittiu Deus; antes milagrosamente se tornou a endireitar, e foi pela corrente abaixo sem perigo, até que atravessámos o rio á outra banda, posto que descahimos uma grande meia legoa. E d'ali tornámos a continuar nossa viagem até o forte de Tete; onde chegámos a salvamento a cabo de sete dias, que foi a vinte e um de Setembro. E na praia estava já o capitão com a maior parte do povo esperando por mim; os quaes me receberam com tanto alvoroço e alegria, como se fôra vindo do céo; e assim diziam, que agora conheciam claramente, que Deus se não esquecia d'elles, nem o padre S. Domingos da christandade, que os seus religiosos tinham feito n'aquellas partes; pois em tempo de tanta necessidade os mesmos religiosos, que a fundaram, a tornavam soccorrer e sustentar. O que muito me edificou, vendo o grande sentimento, que este povo mostrava de lhe faltarem os Sacramentos tão importantes para sua salvação. Logo ao outro dia (que foi sabbado) disse missa de Nossa Senhora, a que veiu toda a gente da terra, como se fôra dia santo, e n'isso fui continuando, e administrando os Sacramentos, emquanto alli estive.

CAPITULO XI

De umas feiticeiras, que havia em Tete, as quaes fiz desterrar d'esta povoação

Estando eu n'este forte de Santiago de Tete, havia n'esta terra duas cafras gentias, que fingiam serem feiticeiras; as quaes moravam no campo em umas serras, que estão perto da povoação dos portuguezes. Pelo qual respeito muitas pessoas, assim dos gentios, como dos christãos da terra, iam ter com ellas de noute secretamente, a consultar feitiços, e a pedir-lhe que descobrissem alguns furtos, que lhe tinham feito, ou lhe adivinhassem como, e onde achariam as cousas que tinham perdidas, e o mais, que cada um desejava saber. E posto que estas feiticeiras ordinariamente não respondiam a proposito, antes disbarates, e o que acaso lhe vinha ao pensamento, comtudo tinham adquirido tanto credito para com estes ignorantes, que as consultavam, que se não persuadiam serem suas feitiçarias falsas e mentirosas, antes tinham para si, que fallavam com o diabo, e elle lhe descobria tudo quanto queriam saber. O que ellas mui bem sabiam fingir, porque publicamente se punham a fallar com elle, e fingiam que lhe respondia em uma voz, que todos os presentes ouviam com grande admiração; o que faziam da maneira seguinte.

Cada uma d'estas feiticeiras tinha um cabaço, em que estavam dentes de homens, de tigres e de bugios, bosta de elefantes, cabellos de homens brancos, e de cafres, retalhos de panno, e caroços de certa fruta, e tudo isto misturado com cinza. Na bocca d'estes cabaços tinham um grande molho de penas de rabo de gallo. E quando alguma d'estas feiticeiras queria consultar o diabo, punha o cabaço sobre uma tripeça, onde lhe fallava muitos amores, e palavras brandas, como que fingia chamal-o, e provocal-o a que lhe viesse fallar dentro no cabaço. E depois de fazer este fingimento, quando já queria acabar de concluir sua mentira, dizia que já o diabo era chegado, e o recebia com muita cortezia, dizendo-lhe: «Vinde embora, meu senhor». E logo se chegava junto do cabaço, e mettia o rosto por entre as penas de modo, que ellas lh'o cobriam todo; e d'esta maneira com a bocca posta na do cabaço, fallavam muito manso, perguntando-lhe como estava, e porque lhe tardara tanto, que tinha já grandes saudades d'elle; e algumas vezes se ria, fingindo que o diabo lhe dizia algumas graças. E todas estas cousas faziam ambas diante d'aquelles, que as buscavam; e para que dessem mais credito a suas feitiçarias, usavam d'esta arte diabolica tão secreta, que ninguem lh'a podia entender.

Tomavam dois caroços de fruta redondos, como

caroços de cerejas, furados pelo meio, como contas, e mettiam cada um d'elles em sua venta do nariz, e d'esta maneira fallavam por entre as penas de tal modo, que retumbando a voz dentro no cabaço, fazia um echo brando, a qual voz tornavam a sorver com os narizes e por respeito dos caroços furados, que dentro n'elles tinham, soava outra voz differente da primeira, mais branda e delgada, ao modo de assobio, que parecia resposta do que perguntava a feiticeira, do que todos os circumstantes ficavam espantados. E d'esta maneira ganhavam estas feiticeiras de comer, porque nenhuma pessoa ia consultar com ellas alguma cousa, por pequena que fosse, que levasse as mãos vasias, mas antes todos lhe levavam o preço, que lhe haviam de dar, conforme o remedio que buscavam. E para que estas feiticeiras fossem achadas de noute, subia-se cada uma d'ellas sobre uma serra, e tangia com um chocalho, pelo tom do qual os que as buscavam iam ter onde ellas estavam. E assim viviam estas feiticeiras, enganando muita gente ignorante, que se fiava de suas mentiras e embaimentos; mas comtudo ninguem sabia do engano dos caroços furados, de que usavam, sendo este o principal instrumento com que faziam dar credito a suas falsidades.

Tendo eu noticia d'estas feiticeiras, e de como alguns christãos iam de noute secretamente consultal-as com tanto perigo de suas almas, fiz com o capitão de Tete (que então era Pero Frz. de Chaves) que as mandasse prender, castigar, e desterrar d'este logar, por não inficcionarem com suas artes diabolicas os moradores da terra. O que elle logo fez, mandando ao seu meirinho, que fosse em busca d'ellas, e que as trouxesse presas. O que o meirinho fez com muita diligencia, trazendo-as com seus cabaços a casa do capitão. Ao outro dia pela manhã, mandou-me o capitão recado, que tinha as feiticeiras em sua casa, que me chegasse para lá, se as queria vêr, e consultariamos o castigo, que lhe daria. Fui eu logo ter com o dito capitão, em cuja companhia estavam já seis ou sete portuguezes, que elle tinha chamado para o mesmo effeito. Estando nós assim todos juntos, mandou o capitão ás feiticeiras, que fallassem com seus cabaços, como costumavam, e chamassem seus diabos, que lhe viessem fallar, porque estavamos nós todos presentes, e queriamos vêr suas artes e maravilhas. A feiticeira mais velha, e mais sagaz, estava muito triste, e disse, que o seu diabo estava longe d'alli occupado em outra cousa melhor, e que o não podia por então chamar; mas a outra feiticeira mais moça, e menos acautellada que a velha, disse que ella chamaria o seu e fallaria com elle. Nós todos alvoroçados para vêr esta farça, tomou ella o cabaço, e pol-o sobre uma mesa, que para isso foi posta no meio da casa, e começou de lhe fallar muitos amores, provocando ao diabo, que viesse, e não se detivesse, porque lhe importava sua honra e credito; e d'alli a pouco fingiu que já viera, e estava mettido no cabaço, e poz-se a fallar com elle da maneira, que acima tenho dito. E todos quantos alli estavamos, tinhamos para nós, que de dentro lhe respondia outra voz; mas tornando-nos a certificar, vimos, que se formava esta voz dentro no nariz da feiticeira, e dando-lhe um dos circumstantes n'elle uma pancada, caiu-lhe de dentro um dos caroços furados. E logo vimos o engano, de que usava; pelo que lhe buscaram logo a outra venta, d'onde lhe tiraram outro caroço similhante, ficando ella mui turvada, e confusa, por lhe descobrirem seus enganos. E logo lhe fizeram o cabaço em pedaços; do qual cahiram os dentes, cinzas, retalhos, e tudo o mais, que acima tenho dito. E tambem quebramos o outro cabaço da feiticeira velha, onde estavam as mesmas cousas. O capitão as mandou açoutar publicamente, e as degradou para sempre fóra das terras de Tete. Contei esta historia, para que se veja quão barbaros são estes cafres, e quão amigos de feitiçarias, porque inda aquelles, que não são feiticeiros, fingem que o são, para serem mais temidos, e estimados.

CAPITULO XII

Da christandade, que fizemos nos rios de Cuama, e do que nos succedeu, sahindo d'elles, até Moçambique, onde achamos uma caravella da companhia do galeão S. Lucas

OITO mezes estive no forte de Tete, servindo aquelle povo em lhe administrar os sacramentos, que foi até o fim de Abril de 1591, no qual tempo já o vigario da terra, que alli estava doente, se começava de levantar. Pela qual razão logo determinei tornar para Sena onde estava o padre meu companheiro, e tambem porque se vinha chegando o tempo, em que nos haviamos de ir para Moçambique. Muito sentiram os moradores de Tete minha partida, e pertenderam impedir-m'a com rogos, e lagrimas de sentimento, pedindo-me que os não deixasse desamparados, pois taes ficavam sem a vista do habito do P. S. Domingos, a quem tinham muita devoção, e sem a companhia de seus religiosos, de quem tinham recebido os bens espirituaes, que possuiam; e que pois Deus alli me levara, ficasse com elles, porque me sustentariam á sua custa, e dariam uma boa esmola para as obras da casa de S. Domingos de Moçambique, que então se fazia. Mas eu não lhe pude satisfazer a seus desejos, porque me era necessario cumprir a obediencia, que me mandava tornar para Moçambique. E para os quietar e consolar, lhe prometti, que levando-me Deus a Moçambique, faria com o padre vigario da casa, que alli temos, que lhe mandasse alguns religiosos (como elle de feito mandau logo) e com estas esperanças ficaram quietos e satisfeitos, e me deixaram tornar para Sena, dando-me para isso embarcação, que d'antes me negavam, pelos não deixar.

Pelo que me embarquei logo, e sahi de Tete o primeiro de Maio do dito anno; e no segundo dia de viagem tivemos um grande perigo no rio abaixo das serras da Lupata, onde nos deu um repentino pé de vento tão furioso, que nos fez a vela em pedaços, e estivemos em risco de se nos alagar a embarcação. Estes pés de vento repentinos são mui ordinarios n'este rio, e commummente ventam sobre a tarde, e duram meia hora, pouco mais ou menos, com tanto impeto e furia, que arrancam grandissimas arvores, e as viram com as raizes para o ar, parecendo cousa impossivel haver pe de vento, que as possa mover, quanto mais arrancar. E assim é este vento mui perigoso para os que navegam por este rio, por vir de repente, estando o tempo claro e sereno; e por isso os que navegam por aqui, vão sempre vigiando as praias, porque de muito longe se vê o signal d'este vento, que é grandissima poeira no ar, palhas e ramos, que elle levanta por onde vem, em tanta quantidade, que parece uma nuvem; e quando se vê este signal de longe, logo amainam as velas, e chegam as embarcações a terra, se podem; e assim esperam, até que passe esta corda de vento, como nós fizemos, quando este nos tomou de subito, sem sentirmos sua vinda, por ser da parte de uns matos, onde não havia areias, que nos dessem o signal, que tenho dito. Depois da tormenta passada, se concertou a vela, e tornamos a navegar pelo rio abaixo, até Sena; aonde chegamos a quatro de Maio.

N'estes rios de Cuama estivemos um anno no serviço d'estas egrejas; no qual tempo o padre F. João Madeira, baptisou em Sena mais de duzentas pessoas, e fez muitas pazes e amizades entre alguns moradores d'esta terra, que andavam em bandos, e mui differentes. Da mesma maneira foi Deus servido, que eu me houvesse no forte de Tete em serviço do seu povo, e de sua christandade; onde baptisei cento e dezasete pessoas, assim dos filhos dos christãos, como dos gentios da terra dos quaes achamos por conta assim dos livros velhos, como dos novos, que havia n'esta christandade dos baptisados, que do tempo que os nossos religiosos entraram n'estes rios, até o anno de 1591 tinham convertido, e baptisado passante de vinte mil almas, entre as quaes baptisaram muitos Encosses, que são capitães, ou cabeças dos logares vizinhos d'estes fortes, e alguns regulos d'este sertão. Pelo que com muita razão dizem os moradores d'estes rios que toda a christandade, que n'elles ha, se deve aos religiosos do patriarcha S. Domingos.

Estivemos n'esta povoação de Sena até oito de Julho do mesmo anno, e d'ali nos partimos pelo rio abaixo já de viagem para Moçambique; mas depois que entramos pelo braço, que vae ter a Quilimane, demos em secco no meio do rio em um baixo de areia onde virou a embarcação com a força da corrente, e ficou de ilharga, e nós todos com agua pela cinta, e depois com muito trabalho tornamos a indireitar a embarcação, e deitar a agua fóra; e tanto que a maré tornou a encher, e a embarcação nadou, tornamos a seguir nossa viagem com muita perda do que traziamos dentro, e o dia seguinte chegamos ao porto de Quilimane; onde nos enxugamos, e refizemos do trabalho passado.

N'este porto estivemos sete dias, e d'aqui nos embarcamos em um de quatro pangaios, que alli estavam do capitão de Moçambique, no qual ia um caixão com cem mil cruzados em ouro de pó, lascas e pastas, que eram do contrato, que D. Jorge de Menezes tinha feito n'estes rios com o governador da India Manuel de Sousa Coutinho. O qual ouro ordinariamente se tira cada seis mezes d'estes rios, entre o de partes, e do capitão.

Partidos de Quilimane todos juntos, fomos ter a Moçambique dentro em oito dias de viagem, que foi o primeiro d'Agosto de mil e quinhentos e noventa e um, onde achamos cartas do nosso padre vigario geral da India, em que mandava que o padre Fr. João Madeira ficasse por vigario da nossa casa de Moçambique e eu fosse para a egreja das ilhas de Quirimba.

Achamos aqui mais em Moçambique uma caravella de Portugal, em que foi Gaspar Fagundes por capitão, e em sua companhia um padre de S. Domingos, chamado Fr. Manuel Pantoja natural de Vianna d'Alvito. Esta caravella partiu de Portugal a dezoito de dezembro de mil quinhentos e noventa, em companhia do galeão *S. Lucas*, por capitão do qual vinha Ruy Gomes da Grã. O qual (segundo a gente d'esta caravella dizia) se perdeu no valle das Egoas perto de Portugal; onde tiveram grande tormenta, e com ella anoiteceram, e ao outro dia os da caravella não viram o galeão, antes viram andar por cima da agua muitos paus, e taboas de caixas (signal evidente do naufragio, que o galeão tinha feito) nem tiveram mais vista d'elle até Moçambique. Pelo que logo julgaram, que se perdera aquella noite.

N'este galeão foram para a India dez religiosos de S. Domingos, os mais d'elles grandes lettrados, e bons pregadores, e de mui boas habilidades, como era o P. Fr. João Teixeira natural da villa de Thomar. O qual tinha já lido artes no convento da Batalha, mui doutamente. O P. Fr. Mauricio da Veiga, natural da villa d'Arrayolos, mui grande pregador; o qual tambem tinha lido artes em S. Domingos de Lisboa. O P. Fr. Thomaz Galvão natural da cidade d'Evora, grande religioso e de muita habilidade, e não menor pregador, e orador, e mui dado ao estudo das tres linguas latina, grega e hebraica. O P. Fr. Gemez de Mello, natural da villa de Monsaraz, de nobre geração, e mui bom religioso e pregador. E os PP. Fr. Thomaz Freire, natural da cidade d'Elvas. Fr. Jorge Leitão natural da cidade do Porto. F. Bartholomeu de S. Domingos, natural de Pedrogão. Fr. Thomaz da Cruz, inglez de nação. Fr. Simão dos Santos, natural de Ancede junto ao Douro. Os quaes todos se embarcaram n'este galeão, em companhia do P. Fr. Antonio de Lacerda, que para as partes da India ia por vigario geral dos frades da ordem dos pregadores. O qual sendo já de mais de sessenta annos, (edade mais para descançar, que para navegar) e tendo já governado a provincia de Portugal quatro annos, que foi provincial, e duas vezes mais, que na mesma provincia foi vigario geral, e sendo pregador de El-Rei, e homem de muita auctoridade, tudo isso poz debaixo dos pés, e se offereceu a fazer esta tão trabalhosa viagem, movido com o zêlo, que tinha de augmentar a christandade da India, onde elle tomou o habito sendo soldado; para o qual intento levava comsigo os ditos religiosos, que na provincia escolheu, porque bem entendia, que se chegaram todos á India, com suas lettras, pregações e virtudes allumiariam e augmentariam muito sua christandade. Mas Deus permittiu o contrario por seus occultos e secretos juizos, não sabidos, nem entendidos dos homens.

CAPITULO XIII

Da viagem, que fiz para a egreja de Quirimba, e de alguns abuzos, que tirei aos mouros da dita ilha

N'ESTA fortaleza de Moçambique estive d'esta vez oito mezes e meio, sem ir a Quirimba, onde a obediencia me mandava, por causa de umas quartans, que trouxe dos rios de Cuama, que inda me duravam; e no fim d'este tempo, andando inda convalescente me embarquei, para fazer a dita viagem, aos quinze d'Abril de 1592, com prospero vento. E ao segundo dia de viagem milagrosamente nos livrou Deus da morte, porque passámos de noute por cima dos baixos de Pinda (que são de grande meia legoa) sem sabermos por onde iamos com o grande vento, e escuro, que fazia. E não sabendo, que os tinhamos já passado, e cuidando, que nos ficavam pela prôa, deixamos de navegar com medo d'elles, e fomo-nos abrigar ao longo da terra, onde lançamos ancora, e alli estivemos esperando a manhã, para com de dia passarmos os ditos baixos. Mas tanto que amanheceu, vimos que nos ficavam os baixos já a traz, e que os tinhamos passado de noute, nos quaes inda de dia se perdem muitos navios; pelo que demos muitas graças a Deus, e fomos seguindo nossa viagem. Aos vinte dias do dito mez d'Abril chegamos á vista da ilha de Quirimba, e lançamos ancora ao longo da ilha das Cabras, que é a primeira de todas as ilhas de Quirimba, para dormirmos alli por ser já noute, e haver por alli muitos baixos. E como eu fosse ainda fraco, e debilitado da doença passada, esta ultima noute me deu o ar no rosto, e em uma perna, estando alli no mar; de que fiquei mui mal tratado, e assim me desembarcaram ao outro dia, que chegamos a Quirimba. Mas quiz Nosso Senhor, que a cabo de trinta dias fiquei são de todo com os muitos remedios, que me fizeram; porque sabem n'estas ilhas curar grandemente este mal, que n'ellas é mui ordinario, como fica dito atraz mais largamente, onde trato dos costumes da gente d'esta terra.

Tanto que fui são d'esta enfermidade, logo entendi nas cousas necessarias á christandade de todas estas ilhas, sujeitas á freguezia de Quirimba; nas quaes vivem muitos christãos, gentios e mouros. E assim mais fui tirando, e prohibindo alguns abuzos, e ceremonias, de que usavam os mouros d'estas ilhas entre os christãos mui perjudiciaes a nossa sagrada lei. O que fiz com muito trabalho, porque não sómente tive os mouros contra mim, mas tambem alguns christãos.

O primeiro abuzo, que tirei, foi a circumcisão, que faziam a seus filhos dentro nas terras dos christãos. A qual ceremonia faziam com grandes festas e banquetes; e o peor de tudo era, serem para isso favorecidos dos christãos seus amigos, particularmente das mulheres, que para estes dias emprestavam suas joias, cadeias, e vestidos, para se as mouras ornarem n'aquellas festas. E não faltava a certos christãos mais, que serem padrinhos do mouro circumcidado. O primeiro mouro, a quem tolhi esta solemne circumcisão, foi um mouro fidalgo, e honrado de Quirimba, chamado Maçuco, grande meu amigo, irmão de uma moura velha, chamada Manafua, grande mestra, a qual me tinha curado do ar, que me deu, com muito cuidado, pelo que lhe estava mui obrigado. Este mouro, querendo circumcidar um filho seu, tinha feito para isso grandes gastos e festas, e juntos em Quirimba quantos mouros honrados havia por todas aquellas ilhas, sem eu saber nada. E estando eu uma tarde com dois portuguezes em nossa casa, ouvi grande tanger de tambores e cornetas; e chegando á janella para vêr o que era, vi uma embarcação muito enramada, onde vinham muitos mouros da ilha do Matemo, que está d'alli cinco legoas, entre os quaes vinha o Cacis dos mouros. E perguntando aos que estavam commigo, que festa era aquella, disseram-me o que passava, e que aquelle Cacis vinha para circumcidar o filho de Maçuco. Pela qual rasão mandei logo chamar o nosso meirinho, e o escrivão, e mandei notificar ao dito Maçuco, que não circumcidasse seu filho na nossa ilha, nem com festas, nem sem ellas, sob pena de cem cruzados, e de o mandar prezo para Moçambique. O mouro se veiu logo a mim chorando, e rogando-me lhe não estorvasse sua festa, allegando para isso o costume, que os mouros d'aquellas ilhas tinham de circumcidarem seus filhos n'ellas, e pondo-me diante a muita amizade, que commigo tinha, e a obrigação, em que estava a sua irmã, que me curava. Mas depois que se viu desenganado, disse, que elle queria dar os cem cruzados d'esmola para a nossa egreja, e que lhe não estorvasse sua festa. Mas nada d'isso bastou para lhe consentir fazer entre nós as taes ceremonias, e assim não circumcidou o filho na nossa ilha, nem outro depois d'elle. E quando algum mouro agora quer circumcidar os filhos, vae-se á terra firme dos cafres, e lá secretamente o faz sem solemnidade alguma, nem haver christãos, que lhe auctorisem suas festas, como d'antes faziam. Estes mouros não circumcidam seus filhos aos oito dias, como em outras partes fazem, e costumam os judeus, senão quando querem, e ordinariamente o fazem de sete annos por diante.

O segundo costume, que tinham estes mouros, era no tempo da sua quaresma, a que chamam Ramedão: a qual dura toda uma lua inteira, e os mouros jejuam todos os dias d'ella, sem comer, nem beber cousa alguma, des que sahe o sol até que se põe; mas tanto que é noute, comem e bebem até pela manhã, e taes ficam, que o mais do dia dormem; de modo que não sentem o jejum. Esta lua, que jejuam, não é sempre uma em um tempo certo, mas cada anno jejuam uma lua differente, tornando sempre para traz; de modo, que se este anno jejuam a lua de Janeiro, o anno seguinte hão-de jejuar a lua de Dezembro, e o outro de Novembro, e assim em doze annos jejuam a lua de todos os mezes, tornando para traz. O dia que hão-de começar estes jejuns, que responde ao dia de Entrudo entre nós, fazem os mouros muito maiores desatinos, que os christãos, porque todos se embebedam, e andam despidos pelas ruas, pintados com almagra e gesso, pelo corpo e rosto, e cada um faz de si os maiores momos, que pode. Outros com tambores, e buzinas andam atroando todas as povoações, em que moram, que parecem andando assim, ministros do diabo. Todas estas festas costumavam os mouros d'estas ilhas fazer dentro na povoação dos christãos; os quaes lh'as festejavam, e favoreciam, recolhendo-os em suas casas, e dando-lhe mais vinho, para se acabarem de embebedar. Tambem estas festas lhe prohibi, e deffendi com penas, e com prisão de alguns, e as mesmas penas puz aos christãos, que consentissem, e recolhessem os mouros em suas cazas, ou os favorecessem em tal tempo, porque em certo modo era auctorizar-lhe suas festas, e aprovar-lh'as. O que tudo se guardou d'alli por diante.

Outro costume mui perjudicial tinham estes mouros, que tambem lhe prohibi. O qual era em os nossos domingos, e santos de guarda, virem as mouras visitar as christãs suas amigas, e todas juntas cantavam, bailavam, comiam, e bebiam tão amigavelmente, como se fossem todas mouras. No que havia demasias mui escandalosas, e esta mistica conversação era mui damnosa, e perigosa para a nossa christandade. O que tambem se deixou de fazer, posto que n'isso houve muito semtimento e resistencia, assim da parte dos mouros como dos christãos. Mas comtudo nunca mais uzaram d'estes ajuntamentos.

CAPITULO XIV

De como fui de Quirimba a Moçambique, e de alguns religiosos nossos, que alli chegaram, indo d'este reino para a India, e da arribada das náos Chagas e Nazareth

No anno do Senhor de 1593 me foi necessario tornar a Moçambique, assim para mandar fazer alguns ornamentos, de que a egreja de Quirimba estava falta, como para negociar muitas cousas necessarias para as obras da capella que fiz de novo; porque esta egreja é da nossa ordem, como fica dito, e a jurisdicção d'estas ovelhas nos tem commettido o arcebispo de Gôa.

Partimos de Quirimba o ultimo de Setembro, e fomos navegando com muito bom tempo tres dias, no fim dos quaes (que foi um sabbado á tarde) nos recolhemos em um rio por causa de uma trovoada grande, que se vinha armando, a qual durou muita parte da noute; mas depois de passar, tornou o tempo a ficar tão sereno, como d'antes. Pelo que logo pela manhã (que foi o primeiro domingo de Outubro, dia em que se faz a festa de Nossa Senhora do Rosario) tornámos a dar véla, e fomos sahindo para fóra do rio; na barra do qual estivemos perdidos com os grandes mares, que ficaram feitos da trovoada passada, e os mais d'elles entravam no pangaio, e o allagavam. N'este perigo bradámos todos pela Virgem do Rosario, que nos valesse, e juntamente querendo alijar ao mar alguma carga do pangaio, bradou o piloto (a que n'esta costa chamam Malemo) o qual era mouro, e disse a alta voz: «Senhores christãos, não deiteis o fato ao mar, que hoje é dia grande de Nossa Senhora, e não nos havemos de perder, nem perigar n'elle». E posto que este mouro, dizia isto com pouca fé, e mais por respeito de lhe não deitarem algum fato seu ao mar, comtudo não se alijou fato algum, antes com muita confiança esperámos, que a Virgem Nossa Senhora nos livraria d'aquelle perigo; o que logo fomos sentindo, porque foram minguando as ondas, e nós sahindo dos baixos para o mar. Pelo que démos muitas graças a Deus, e á Virgem Nossa Senhora, e fomos seguindo nossa viagem até Moçambique, onde chegámos a salvamento, aos seis dias do dito mez de Outubro.

N'esta fortaleza de Moçambique achámos novas das náos de Portugal, que ali tinham vindo o Agosto atraz, indo de viagem para a India; nas quaes ia o padre Fr. Francisco de Faria por vigario geral da nossa congregação da India, e por commissario geral da bulla da cruzada, que no mesmo anno foi para a India em sua companhia.

Este padre era natural do Cabo de Gué, logar de Africa, onde nasceu, quando era povoado de christãos; e depois, sendo este logar tomado pelos mouros, o captivaram, sendo de edade de sete annos. E porque os mouros matavam no tempo da briga todos os machos, que achavam, grandes e pequenos, elle foi escondido debaixo das roupas de uma mulher, onde esteve até passar o primeiro impeto dos mouros, e assim escapou da morte, e depois foi resgatado, e trazido com os mais para Portugal. Quando foi para a India era de setenta annos. Este Padre mandou desfazer na ilha de Gôa o collegio, que os padres de S. Domingos tinham em Pangim, e em seu logar fundou na cidade de Gôa o collegio de S. Thomaz, por entender, que na cidade estava mais accommodado para o estudo, no qual trabalhou e fez tanto, que antes que morresse o poz em estado, que moravam n'elle quarenta religiosos theologos e artistas, e hoje é das melhores casas, que os religiosos de S. Domingos tem em toda a India, e está ao longo do rio de Gôa, logar mui sadio, e de bons ares. Foi mui grande religioso, e assim na vida como na morte deu mostras de grande virtude e santidade. Falleceu em Chaul, andando visitando a congregação, depois de a ter governado cinco annos, com muita inteireza e religião.

Em companhia d'este padre foram de Portugal cinco religiosos, s. o padre Fr. Angelo de S. Thomaz de muito grande habilidade, e mui grande pregador. O qual falleceu sendo prior do convento de Gôa. O padre presentado Fr. Diogo Taveira, mui douto, e de grande engenho, e bom pregador. O qual leu muitos annos theologia no collegio de S. Thomaz de Gôa, e depois foi prior do dito collegio, e finalmente falleceu no mar, vindo da India para Portugal. O padre Fr. Matheus dos Anjos, bom lettrado e pregador. O qual tambem leu theologia no dito collegio, e depois foi n'elle prior, e fez muita parte de suas obras. O padre Fr. Manuel dos Santos, de mui boas partes, e habilidade, e bom pregador; o qual da India veiu por terra para Portugal, atravessando muita parte do imperio do turco, e passou por Babylonia, e foi a Jerusalem; d'onde veiu a Veneza, e a Roma, e d'ahi a Portugal; da qual viagem tem feito um curioso itinerario, que sahirá a lume muito cedo. O quinto religioso foi um irmão leigo, chamado Fr. Estevão de Santa Maria.

Achámos aqui mais n'esta ilha de Moçambique duas náos, que vindo da India para Portugal, arribaram a ella; uma das quaes era a náo *Nazareth*, em que vinha por capitão Braz Corrêa. Esta náo, depois de passar a linha, veiu fazendo tanta agua, que logo, antes de passar a ilha de S. Lourenço, veiu arribando por entre ella, e as ilhas do Comoro, e Mazallagem a esta de Moçambique; onde chegou fazendo muita agua; pelo que foi logo descarregada, e depois de vazia se acabou de encher d'agua; e se foi ao fundo no mesmo porto.

A outra foi a náo *Chagas*, mui grande, nova e formosa, que se fez na India, e esta era a primeira viagem, que fazia para Portugal, cujo capitão era Francisco de Mello Canaveada, irmão do Monteiro mór. Esta náo chegou ao cabo da Boa Esperança, onde lhe quebrou o mastro da prôa com as tormentas, e ventos contrarios, que n'elle achou; pelo que arribou a esta fortaleza, e n'ella foi concertada de todas as quebras, que trazia, e emmasteada com o masto de prôa, que se tirou da náo *Nazareth*.

Achámos aqui mais n'esta ilha a Nuno Velho Pereira com toda a gente, que se salvou da perdição da náo *S. Alberto*, e a mais d'ella se tornou a embarcar n'esta náo *Chagas* para Portugal, cujo successo, e perdição d'ambas as náos se póde vêr no seguinte capitulo.

CAPITULO XV

Da perdição da náo S. Alberto, e da náo Chagas, a qual os inglezes queimaram, vindo de Moçambique para Portugal

A NÁO *S. Alberto* (de que era capitão Julião de Faria Cerveira) depois de partir de Cochim, veiu navegando com prospera viagem até o cabo de Boa Esperança. Onde achou muitos tempos contrarios e mares grandes, com que abriu, e fez tanta agua, que foi forçada arribar a Moçambique. Mas chegando á terra do Natal, pela agua ser muita, foi necessario dar á costa, onde se fez em pedaços, e alguma gente se affogou, particularmente aquelles, que se lançaram ao mar, fiando-se em saber nadar; os quaes indo nadando para terra, se fizeram em pedaços nas rochas, em que os mares batiam com grande força, por ser a praia toda mui alcantilada, e de penedia. Mas a outra gente, que se deixou ficar na náo, se salvou sobre os pedaços da mesma náo, que foram encalhar nas pedras da praia, onde todos sahiram em terra, e n'ella estive ram alguns dias, tomando armas, pregadura, cobre, e o mais, que puderam haver da náo, que lhe era necessario para o caminho, que haviam de fazer pelas terras da cafraria. E depois de negociados, foram caminhando por terra, com suas armas ás costas, ordenados em modo de arraial, com seu capitão da vanguarda, e rectaguarda, ficando Nuno Velho Pereira por capitão geral de toda esta companhia. E d'esta maneira se metteram pela terra dentro, affastados do mar por causa dos rios, que se vem metter n'elle mui largos, onde se não podem passar. De modo, que assim pela terra dentro foram caminhando, e governando-se por Astrolabio.

N'este caminho padeceram muitos trabalhos, assim pela aspereza das serras e mattos que acharam, e muitas lagoas e rios, que passaram com agua pelos peitos, como tambem pelos desertos, que atravessaram; onde lhe faltaram os mantimentos, e a agua. E d'esta maneira chegaram ao rio de Lourenço Marques, d'onde foram ter á ilha do Inhaca, em que acharam um navio de Moçambique, de que era capitão Manuel Malheiro, e tinha vindo áquelles rios ao resgate do marfim por mandado de D. Pedro de Sousa, capitão de Moçambique; o qual navio estava já para se tornar carregado, e pela chegada d'esta gente se deteve mais alguns dias, e no fim d'elles se embarcou Nuno Velho Pereira com a mór parte da gente, e foram ter a Moçambique a salvamento. Os mais, que não couberam no navio, passaram da ilha do Inhaca, para a terra firme, e foram continuando seu caminho por terra, com tenção de ir á fortaleza de Sofala, onde eu então estava; mas pelas desordens, e demazias que tiveram, e usaram com os cafres no caminho, foram mortos pelos mesmos cafres, e muito poucos escaparam, que foram ter a Sofala. Onde se viu claramente a falta que lhe fez Nuno Velho Pereira, o qual com sua prudencia, e bom governo os tinha guiado, e sustentado por toda a terra da cafraria, até a ilha do Inhaca, com muita paz e quietação, sem algum d'elles perigar, nem ser affrontado de tantas e tão diversas nações de cafres, que acharam.

Nuno Velho Pereira esteve n'esta ilha de Moçambique até que se fez prestes a náo *Chagas*, que alli estava d'arribada, como fica dito, e n'esta náo se embarcou para Portugal com muita parte da gente de sua companhia, e juntamente se embarcaram muitas fazendas, e gente da náo *Nazareth*, que por todos seriam quatrocentas pessoas pouco mais ou menos, em que entravam muitos fidalgos e fidalgas, e soldados honrados, que se vinham para Portugal, em requerimento de despacho de seus serviços.

Esta náo *Chagas* partiu de Moçambique para este reino em Novembro de 1593, e fazendo sua derrota costumada, passou o cabo de Boa Esperança com muito bom tempo, e foi correndo a costa até Angola, onde tomou o refresco necessario, e muitos escravos, e d'alli tornou dar véla para Portugal. Mas antes que chegasse ás ilhas dos Açores, foi combatida de tres náos inglezas, com as quaes pelejou mui exforçadamente, matando muitos dos inimigos. E vendo elles sua muita resistencia, e que a não podiam render, lhe lançaram fogo na prôa, onde se ateiou no cuxim, que está ao pé do masto, e d'alli nas vélas, e em toda a mais náo, de maneira, que lhe não poderam acudir nem apagal-o, e a gente que dentro vinha toda alli acabou miseravelmente, uns mortos com a artilheria dos inimigos, outros queimados, e outros affogados, que se lançaram ao mar, escolhendo antes a morte de agua, que a de fogo. E sómente se salvou Nuno Velho Pereira, e Braz Corrêa, capitão da náo *Nazareth*, com outros, que por todos foram treze; os quaes se lançaram a uma antena, que andava no mar, e sobre ella andaram, até que os mesmos inglezes os vieram tomar com suas lanchas, por respeito de alguns bisalhos de pedraria, que lhe mostraram, e do resgate que lhe prometteram haverem de ter de Nuno Velho Pereira, se o tomassem. E por este interesse os tomaram a todos, e os levaram a Inglaterra, d'onde depois se resgataram, e vieram a Portugal. D'esta perdição, e fogo d'esta náo, se contam muitos, e mui lastimosos casos, que aconteceram, os quaes deixo, para quem tratar esta historia de proposito.

CAPITULO XVI

Da christandade, que fizemos nas ilhas de Quirimba, d'onde tornei a Sofala com as bullas da Cruzada, e do que nos succedeu n'esta viagem

Depois de ter negociado em Moçambique as cousas necessarias para a egreja de Quirimba, me tornei a embarcar, e favorecendo-nos o tempo e ventos, chegamos a Quirimba a dezeseis de Novembro de 1593, onde acabei de todo as obras que tinha começado, e fui continuando no serviço d'esta egreja, e christandade d'estas ilhas, em que estive dois annos; e n'elles fiz seiscentos e noventa e quatro christãos, assim dos gentios, como dos mouros de todas estas ilhas; entre os quaes baptizei um sobrinho d'el-rei de Zamzibar, filho de um seu irmão já defunto, moço de dezesete annos, ao qual puz nome André da Cunha, por respeito do padrinho que teve no baptismo, senhorio da ilha de Quirimba, que tinha o mesmo nome. Este moço fugiu de casa d'el-rei seu tio, onde estava, e se embarcou em um pangaio de um portuguez, com muito segredo, de noute, e veiu ter comigo-a Quirimba, para que o fizesse christão. O que fez movido de alguns recados, e admoestações, que lhe eu mandei secretamente por alguns portuguezes, tendo noticia de sua boa inclinação, e do desejo que tinha de ser christão. Mas el-rei seu tio sabendo de sua fugida, e de como estava em minha companhia feito christão, teve grandissimo desgosto e paixão, e dizia, que tempo viria, em que eu lhe pagasse esta affronta, e o furto, que lhe fizera de seu sobrinho, que elle tinha creado para seu herdeiro, porque não tinha filhos. Este moço tive comigo mais de um anno, e n'elle lhe dei sempre todo o necessario, assim por elle o merecer, como por respeito dos mouros, que n'estas partes vivem, não dizerem que os chistãos tratam mal aos mouros, que se convertem, e depois que o tive bem instruido na fe, e na doutrina christã, o ensinei a lêr e escrever; o que tomou mui depressa, e muito bem. E depois o mandei para o nosso convento de Moçambique; onde esteve mais de dois annos, e n'elle ficava ainda, quando d'esta costa me fui para a India. N'estas ilhas tinham os nossos religiosos convertido, e baptizado até este anno de 1593 mais de dezeseis mil gentios, e alguns mouros, como constou dos livros dos baptizados d'esta christandade.

A cabo de dois annos, que estive n'estas ilhas de Quirimba tive recado do nosso padre vigario geral da India, que tornasse a Sofala, por commissario da bulla da Cruzada, de que elle era commissario geral d'aquelle estado da India. O que puz em effeito aos vinte e trez d'Abril de 1594, ficando em meu logar na egreja de Quirimba o padre Fr. Manuel Pantoja da mesma ordem. Partindo pois de Quirimba, fomos navegando com tão prospero vento, que não amainamos a vela, senão em Moçambique. Onde estive esperando até chegar o tempo, em que se navega para Sofala. No qual o capitão de Moçambique aviou um navio, para mandar ao cabo das Correntes, e de caminho havia de entrar em Sofala. E por esse respeito me embarquei n'elle. D'este navio era capitão Manuel Malheiro, homem honrado e de boa consciencia. Partindo nós d'esta fortaleza, tivemos tão prospero vento, que em cinco dias fomos a Sofala, onde o navio se refez das cousas que lhe eram necessarias. E depois de aviado se partiu, e chegou á ilha do Inhaca a salvamento. N'esta ilha, esteve Manuel Malheiro, fazendo seu resgate de marfim, quasi um anno. E tendo já o navio meio carregado para se tornar para Moçambique, vieram ter com elle alguns cafres da terra firme, moradores no rio de Lourenco Marques, vassallos do Manhiça cafre, rei de grande parte d'esta terra; os quaes cubiçosos do fato, e fazenda, que viram ao capitão, e ao mestre do navio, os mataram, e lhe roubaram a casa, e o navio, dando por causa principal de seu maleficio, terem recebido aggravos do mestre, e com esta capa de vingança fizeram seus costumados roubos.

Os antepassados d'esta nação de cafres foram os que roubaram, e maltrataram a Manuel de Sousa, e a sua mulher D. Leonor, e foram causa de sua destruição, e lastimosa morte, como largamente se póde vêr na historia da perdição do galeão *S. João;* onde se conta, que indo estes fidalgos da India para Portugal, deram á costa na terra do Natal, e d'alli vieram por terra, caminhando seis mezes; a cabo dos quaes chegaram a este rio, onde foram despidos, e roubados por estes cafres. Pelo que aquella honesta fidalga, vendo-se despida, no mesmo logar fez uma cova na areia, e n'ella se meteu até á cinta, sem mais se levantar, tendo junto comsigo dois meninos de tenra idade seus filhos, chorando pelo comer, que ella não tinha para lhe dar, com que mais se lhe dobravam seus trabalhos. Manuel de Sousa, por outra parte, sentindo estas necessidades, se metteu pelos matos, em busca de algumas fructas, para lhe trazer; e quando tornou, achou a mulher muito fraca, assim da fome, como de chorar um dos filhos, que lhe morreu tambem de fome. E dando graças a Deus, por se vêr em tanto desamparo, fez uma cova na mesma areia, onde enterrou o filho. E o dia seguinte tornou ao mesmo mato, em busca de mais fructas, e quando tornou achou a mulher e o outro filho mortos. E com este lastimoso espectaculo ficou tal, que não fallou mais, nem poude chorar; mas como homem espantado se chegou aos defuntos, e o melhor que poude, fez uma cova no mesmo logar, em que estavam, e n'ella os enterrou com ajuda de algumas moças da India suas escravas, que alli estavam com a senhora. E depois d'isto se tornou a metter pelo mato, sem mais tornar. D'onde se presume que o mataram, e comeram os tigres e leões, que n'aquelles matos andam. E assim tão miseravelmente acabaram estes nobres fidalgos, por causa dos maus cafres d'esta terra, dos quaes descendem os que mataram a Manuel Malheiro.

Os marinheiros do navio e outro portuguez, que andavam fazendo resgate de marfim na terra firme, depois que tornaram á ilha, e viram mortos seu capitão e mestre, e o navio roubado, metteram-se n'elle, e foram para Moçambique, onde chegaram a salvamento.

Eu depois que o navio se partiu para a ilha do Inhaca, fiquei na nossa egreja de Sofala, pondo em effeito as cousas, e negocios, de que fui encarregado, e juntamente ajudei a confessar e sacramentar aquella quaresma toda a gente d'esta fortaleza. E depois que não tive mais que fazer em Sofala, me tornei a embarcar para Moçambique, em um pangaio de mouros, onde vinham tambem quatro portuguezes mercadores. E o que nos succedeu n'esta viagem direi no capitulo seguinte.

CAPÌTULO XVII

Da tornaviagem, que fiz de Sofala para Moçambique, e do que n'ella nos succedeu

PARTIMOS de Sofala para Moçambique a dezeseis de Abril de 1595 com muito bom tempo, e com elle fomos navegando quatro dias. No fim dos quaes, a horas de sol posto, nos deu uma espantosa tormenta do Sueste, em que nos vimos perdidos muitas vezes. A noute se veiu cerrando tão medonha e escura, que nos não viamos uns aos outros, nem enxergavamos a vela se governava direita, e aviada para o vento, que era o maior perigo, que tinhamos. A allarida e confusão dos mouros, que vinham no pangaio, era tanta, que se não entendiam, nem o que governava ouvia o que lhe diziam da proa, para saber aonde havia de lançar o leme. Outros se abraçavam, e davam as mãos, beijando-as (que é o modo que tem, quando se despedem uns dos outros) dizendo, que já era chegado seu fim. Os mares, que rebentavam em flôr, faziam tão grande ardentia, que parecia irmos navegando por entre ondas de fogo, que nos cobriam e abrazavam. Onde se me representou muitas vezes o medonho espectaculo do fogo do inferno, e assim parecia, que no mar andavam soltas as furias infernaes.

No meio de tantos trabalhos, cinco portuguezes, que alli vinhamos, trez acudiram á proa ao governo da véla, e dois ao leme, ajudando o malemo, que governava, e tendo tento n'elle, que não esmorecesse, e largasse o leme com medo das ondas, que a cada passo nos cobriam; de modo, que tirando forcas de fraqueza de animos tão atribulados, como os nossos estavam, animavamos fortemente os mouros, que não desmaiassem, e trabalhassem em dar á bomba, e lançar a agua fóra do pangaio, pois n'isso estava grande parte de nossa salvação. E d'esta maneira andamos toda a noute, ora debaixo, ora sobre as ondas, com a morte diante dos olhos, e quando amanheceu, nos achamos perto da terra firme, defronte de um rio chamado Quizungo, onde o P. Fr. Thomaz Pinto inquisidor da India foi ter, quando se salvou no batel da náo *Santiago*, que se perdeu nos baixos da India, como fica dito. N'este rio entramos com muito trabalho, pelos grandes mares, que na barra havia, por ser conjuncção de baixamar na costa, onde vinham as ondas encapellando, e quebrando umas sobre outras com tanta furia, que a mais pequena d'ellas era bastante para desfazer muitos, e grandes navíos, quanto mais um pangaio tão fraco, e tão pequeno, como o nosso era. N'este perigo nos parecia, que não havia mais que fazer, senão cruzar os braços, e entregar de todo á morte, e este julgamos por maior perigo, que todos os passados. Finalmente foi Deus servido, que entrassemos no rio, onde lançamos fatexa, quasi allagados, e taes, como quem tinha escapado das mãos da morte.

Aqui estivemos trinta e dois e dias, sem termos tempo, nem vento, para poder navegar. Pelo que passamos muitas fomes, por se nos acabar a matalotagem, que traziamos para oito dias sómente (que é o tempo ordinario, que se gasta n'esta viagem de Sofala até Moçambique). E depois de acabada, não tivemos outro mantimento mais, que milho cozido em agua tal perto de vinte dias, nem ousavamos desembarcar na terra firme, para buscar algum mantimento, assim por haver n'ella grande fome, como por estar então povoada de Zimbas (cruel nação de cafres, que comem carne humana) pelo qual os cafres, Macûas naturaes da terra, fugiram d'ella para uma ilha deserta, ao longo da qual nós estavamos ancorados, e n'ella padeciam crueis fomes. E posto que todos estes cafres são malissimos, comtudo sempre emquanto alli estivemos, lhe demos do nosso milho, movidos de compaixão de os vêr perecer. Estes Macûas logo quando alli chegamos, como souberam da nossa vinda, vieram o dia seguinte ter á praia comnosco, e fingiram-se mui agastados, meneando os arcos, e frechas, que traziam, contra nós, porquanto tinhamos desembarcado na sua ilha sem sua licença, e lançaram mão de dois escravos nossos, para os levarem presos, e tudo isto faziam a fim de lhe darmos pannos e mantimentos. Pelo que nos viemos a concertar com elles em tres pannos, e um pouco de milho, que lhe demos. Depois d'isto se foram pôr á borda de uma lagoa, d'onde bebiamos, e disseram que se quizessemos agua, que lh'a haviamos de pagar muito bem; pelo que lhe demos mais dois pannos. E d'alli por diante ficaram muito nossos amigos, mas nunca nos fiamos d'elles, porque são mui cubiçosos, e interesseiros. Estes cafres foram os que captivaram o P. Fr. Thomaz Pinto, e seus companheiros. Aqui nos morreram alguns escravos, e nós estivemos mui perto de lhe fazer companhia, por causa da fome, que padeciamos, da qual estavamos já tão debilitados, que totalmente me pareceu, que todos pereciamos; pelo que me apparelhei para morrer. E vendo quão mal se enterravam os que alli morriam, pois escassamente os cobriam de terra, por não haver enxadas, mandei fazer uma cova bem funda ao pé de um espinheiro, que estava junto da praia, para minha sepultura, se alli morresse, e no tronco do espinheiro abri uma cruz com uma faca, e ao pé d'ella umas lettras, que diziam meu nome, e como estava alli enterrado, para que se alli fossem alguma hora ter os nossos religiosos, que andam n'esta christandade, se lembrassem de me encommendar a Deus. Vendo meus companheiros, como eu tratava de minha morte, e como me apparelhava para ella, e conhecendo que tambem estavam no mesmo risco, todos se apparelharam para morrer, e fizeram commigo largas confissões com muitas lagrimas, de que fiquei mui edificado, e alegre; e d'alli por diante gastamos os mais dias em orações, e ladainhas, até que Deus houve misericordia de nós. E a cabo de trinta e dois dias, que alli estivemos, entrou vento prospero, com que sahimos d'este rio de nosso purgatorio, e com elle chegamos a Moçambique a vinte seis de Maio do dito anno; pelo que dou muitas graças a Deus.

CAPITULO XVIII

Das novas que achamos em Moçambique da vinda dos inglezes, e da viagem que d'aqui fizemos para a India

N'ESTE tempo que chegamos a Moçambique, estava a gente d'esta ilha toda inquieta com as novas que tinham, de virem os inglezes a ella; as quaes mandou Manuel de Souza Coutinho governador da India ao capitão de Moçambique, avisando-o, que se apparelhasse para sua vinda, porque tivera recado por terra de Portugal, que passava á India uma grossa armada de inglezes, e por ventura tomariam Moçambique de caminho. Pelo qual respeito os moradores d'esta ilha recolheram todos os mantimentos, e fato, que tinham, dentro na fortaleza, no que havia grande oppressão. D. Jeronymo de Azevedo, que então era capitão, avisou ao capitão da costa de Melinde, Braz d'Aguiar, para que se viesse recolher a Moçambique. O qual veiu logo com duas fustas cheias de soldados, e dois pangaios mais, carregados de man timentos. O que tudo por então se pudera escusar, porque os inglezes não vieram senão d'ahi a dois annos em duas náos sómente. As quaes chegaram á vista de Moçambique aos treze de Junho de 1597, e foram passando, e seguindo sua viagem para Malaca, aonde depois se soube, que foram ter. E já o anno de 1591, seis annos antes d'estas duas náos irem, tinha ido uma só náo de inglezes a Moçambique, que foi a primeira que de Inglaterra passou á India, depois de Francisco Drach. A qual náo lançou ancora defronte de Titangóne (fonte mui nomeada cinco leguas de Mocambique) onde fez sua aguada aos vinte e sete de Outubro do dito anno, e d'alli se foi caminho de Malaca.

Os nossos religiosos de Moçambique tem na terra firme, que está defronte, chamada Cabaceira, uma ermida em um palmar do convento, aonde vão muitas vezes dizer missa, particularmente os domingos, e dias santos, por respeito dos christãos, que moram n'aquelles palmares, ouvirem missa; a que ordinariamente accodem todos, como ouvem tanger o sino; e alli lhe fazem praticas espirituaes, e lhe dão os dias de guarda, e de jejum, que vem pela semana, como se fossem seus curas, sem para isso terem obrigacão alguma, nem interesse, mais que o de servir a Deus e conservar esta christandade. Entre estes palmares vivem tambem muitos cafres gentios á sombra dos christãos, os quaes cada dia se vão convertendo, vendo nossos costumes, e modo de proceder.

No tempo da inquietação, que havia n'esta terra com as novas da vinda dos inglezes, me mandou a obediencia, que fosse estar n'esta ermida, assim para dizer missa e sacramentar os christãos, que risidiam na terra firme, como para quietar a muitos, que andavam atemorisados, e quasi levantados para fugirem pela terra dentro para os cafres gentios, quando succedesse virem os inglezes. N'esta ermida estive tres mezes; no qual tempo baptizei vinte e sete gentios d'aquella terra, e corri com as mais cousas importantes a esta christandade, até que adoeci de uma grave enfermidade de febres quartãs, que me duraram quasi cinco mezes.

Outras muitas doenças, e perigos que tive, assim na terra, como no mar, dos quaes me livrou sempre Deus por sua misericordia em onze annos, que andei na christandade d'estas terras de Sofala, rios de Cuama, ilhas de Quirimba, e de Moçambique, que foi de treze dias d'Agosto, do anno do Senhor de mil e quinhentos e oitenta e seis, até vinte e dois de Agosto, de mil e quinhentos e noventa e sete. E a todos estes perigos, e trabalhos estão offerecidos os religiosos de S. Domingos, que vivem n'estas christandades, porque commummente andam embarcados de uma terra para outra, e de ilha em ilha, prégando a palavra de Deus, confessando, e sacramentando os christãos, e baptizando muitos gentios, e mouros, que cada dia se convertem; dos quaes eu baptizei em diversas partes, mil e quatrocentos e oitenta e oito. Pelo que dou muitas graças a Deus pois foi servido, por meio de um tão fraco ministro, trazer esta gente ao gremio de sua egreja, e no conhecimento de sua lei.

No fim d'este tempo chegaram a esta ilha de Moçambique as náos de Portugal, de que era capitão-mór D. Affonso de Noronha; em companhia do qual se embarcou o Padre Fr. Pedro dos Anjos da ordem de S. Domingos, que aquelle anno ia por vigario geral da nossa congregação da India, grande religioso, e homem de muita prodencia, lettras, e pulpito; mas antes que chegasse ao cabo de Boa Esperança falleceu. Em sua companhia foi o padre Fr. Gaspar do Rosario natural d'Aveiro, o qual tambem falleceu na mesma náo depois de passar o cabo de Boa Esperanca. O padre Fr. Antonio da Visitação, sobrinho do mesmo vigario geral, muito grande religioso, de muita virtude e exemplo, e bom lettrado. O qual depois de estar na India, leu theologia no collegio de S. Thomaz. Foram mais os padres Fr. João Lobo, Fr. Reginaldo do Espirito Santo, Fr. José de Moraes, Fr. André da Fonseca, Fr. Balthazar da Veiga, o qual falleceu no mar, depois de passar a ilha de S. Lourenco, e tinha já ido outra vez á India. Os quaes religiosos se offereceram para ir á christandade de Solor, como verdadeiros filhos de S. Domingos, e herdeiros do zêlo, que sempre teve da conversão das almas.

Na companhia d'estes padres me embarquei d'esta ilha de Moçambique para a India. E partimos a vinte e dois de Agosto, de 1597, com muito bom vento, e com elle chegamos á ilha do Comoro, ao longo da qual passamos aos vinte e sete do dito mez. Esta ilha está em onze gráos e meio da banda do Sul; tem dezeseis legoas de comprido; é cheia de serras tão altas, que se vão ás nuvens, mui frescas, onde se criam muitas vaccas, cabras, e carneiros. E' povoada de cafres gentios, e de mouros bravos, os quaes tem commercio com os mouros do estreito de Meca, e da costa de Melinde. D'aqui fomos continuando nossa viagem, e chegamos á linha Equinocial aos seis de Setembro. A qual passamos com algum trabalho, por respeito das muitas calmarias que tivemos, e no fim d'ellas entrou muito bom vento, que nos levou até á India. E aos vinte de Setembro entramos na barra de Gôa ao sol posto, onde lançamos ancora, e alli dormimos essa noute; mas no dia seguinte, deixada a náo, fomos pelo rio acima até Gôa em uma manchua, que tinha vindo por nós. Este rio tem quasi trez legoas de comprido da barra até á cidade de Gôa, cuja entrada é a mais formosa e alegre, que se póde vêr, porque todas suas praias de uma parte e da outra são cheias de formosos palmares, e campos de arroz, e muita parte d'elles povoada de nobres aposentos, e de muita frescura de arvoredos; vista mui bastante para alegrar os mareantes, que a este porto chegam enfadados e cansados de tão comprida e trabalhosa navegação.

FIM DO LIVRO TERCEIRO

LIVRO QUARTO

No qual se trata de algumas cousas notaveis, que ha nas terras de Gôa, Chaul e Cochim; e dos costumes dos bramenes e iogues, que n'ellas habitam; e dos vice-reis, que houve na India do seu descobrimento até o presente anno; e de algumas victorias insignes, que os portuguezes alcançaram dos mouros no tempo que n'estas terras andei; e do martyrio dos capuchos de S. Francisco, que foram crucificados em Japão. E finalmente das mais cousas notaveis, que nos succederam na viagem da India até Portugal.

CAPITULO I

Em que se dá uma breve relação da ilha de Gôa

AINDA que muitos e graves authores tenham tratado das cousas da India Oriental e das proezas que os portuguezes n'ella fizeram, com tanta satisfação, que parece me não ficava logar para tratar da mesma materia; com tudo são suas cousas tantas e tão grandes, que ainda que d'ellas se escreva cada dia, nunca se acabarão de contar perfeitamente. Pela qual razão, tomei atrevimento, para n'este ultimo livro relatar algumas das muitas notaveis, que n'estas partes ha, e outras, que succederam no tempo que n'ellas andei. E por quanto a ilha, e cidade de Gôa é a principal terra e cabeça de toda a India, d'ella começarei, e direi brevemente alguma cousa, por onde se possa vir em conhecimento do muito que n'ella ha.

Esta ilha de Gôa tem de comprimento quasi tres leguas, e de largura em partes mais de uma, e no mais estreito menos de meia legua. E' toda cercada de terra firme, e de outros ilheus, que estão ao redor d'ella. O rio, que a cerca, é de meia legua de largura em partes, e n'outras muito menos de meia. Muita parte d'esta ilha e cercada de mui grosso e forte muro de pedra e cal, e fortalecida de baluartes, e particularmente nos logares por onde podia ser entrada dos inimigos da terra firme. Nos quaes passos residem sempre capitães com guardas e vigias, que de dia e de noite guardam e vigiam o rio; e ninguem passa da ilha para a terra firme, nem da terra firme para a ilha, sem registar n'estes passos e mostrar o que leva na embarcação. E os mouros ou gentios, que passam da ilha para a terra firme, inda que não levem mercadorias, que registar, com tudo registam suas pessoas, e mostram a licença que levam do capitão da cidade de Gôa, para poderem passar, sem a qual nenhum d'elles passa.

Ha n'esta ilha muitas aldeias, povoadas dos naturaes da terra; dos quaes os mais são já christãos, filhos e netos de christãos. Muitos palmares, onde ha casas sumptuosas, forradas e pintadas. Muitas hortas cheias de altos e formosos arvoredos; boa hortaliça e muitas batatas e ananazes. Muitas ribeiras e fontes de agua doce, que recolhem em grandes tanques para se lavar, e nadar n'elles (cousa mui costumada de todos na India) e alguns são de pedraria lavrada de muito custo, e cercados de arecaes, e outras arvores frescas, de diversas castas e fructos, como são mangas, iaquas, carambolas, iambos, marabulanos, grandes cidras e limões; figueiras da India, que dão grandes ramos de figos; algumas parreiras e figueiras de Portugal, que dão figos pretos muito bons, similhantes a figos rebaldios. Tem muitas arvores tristes, que todas as noites verão e inverno carregam de flôr branca, ao modo de flôr de jasmim, que cheira suavissimamente, e quando sae o sol, lhe cae toda, e tornando a noite lhe nasce outra de novo. Dos pés d'estas flôres (que são amarellos) usam em logar de açafrão, depois de seccos e pizados. Em algumas partes da ilha estão muitas marinhas de sal de muita renda. Ha muitas e boas pescarias, onde se toma muito peixe. Tem bom pão de trigo anafil; boas carnes de vacca, carneiro, gallinhas, cabritos, lebres; o que tudo trazem a esta ilha da terra firme, vivo, a vender por preço accommodado.

No porto d'esta ilha entram muitas náos e navios, que a elle vem de quasi meio mundo. Aqui vão ter as náos de Portugal, da Ethiopia, do mar Roxo, da Persia, da Arabia, do Sinde, de Cambaia, de Diu, do Japão, da China, de Maluco, de Malaca, de Bengala, de Charamandel, de Ceylão e de outros muitos reinos e ilhas, que ha por todas estas partes, que seria infinito contal-as. E todas estas náos, e navios entram n'este porto de Gôa, carregados de muitas mercadorias e riquezas, como são ouro, prata, perolas e pedraria, roupas finissimas, muitas sedas, e alcatifas, todas as especiarias, e mais drogas, peças e brincos, que da India vem para Portugal; e as mais d'estas embarcações lançam ancora dentro no rio, defronte dos paços do vice-rei, ou defronte das alfandegas, onde se pagam os direitos das fazendas que levam, tirando as que vão de Portugal, porque somente essas são isentas e livres de todo direito, e seus donos as desembarcam e levam para suas casas, sem pagar cousa alguma. O que não é da tornaviagem, porque então todas as mercadorias, que sahem pela barra fóra para qualquer parte que seja, pagam um por cento, até do mesmo dinheiro, sob pena da fazenda, ou dinheiro perdido, que se achar por registar. E para este effeito ha guardas, assim nos portos, como na barra, que buscam todas as embarcações e as pessoas, que n'ellas vão.

CAPITULO II

Em que se dá uma breve relação da nobre cidade de Gôa

A ILHA de Gôa (a que os gentios chamam Tisuari) está em dezeseis gráos largos da parte do Norte. N'ella está situada a nobre cidade de Gôa, ao longo do rio, da banda do Norte. A qual é metropole, e cabeça de toda a India, muito formosa e fresca, pelos muitos bosques e arvoredos, que tem dentro em si, em muitos quintaes e hortas. Ao longo da praia d'esta cidade estão as alfandegas, e logo abaixo uns formosos armazens de mantimentos, a que na India chamam bangaçal, que respondem ao Terreiro do Trigo de Lisboa, onde ha muitas e grandes lojas, em que se recolhem, e vendem todos os mantimentos, como é trigo, arroz, grãos, e outros muitos legumes em grande abundancia, que trazem a esta cidade os mercadores, que n'ella vivem, assim christãos, como mouros, e gentios; os quaes tem suas náos, e navios, que mandam a diversas partes da India com suas mercadorias. Junto d'este bangaçal está a casa da polvora; onde ha grande fabrica, e muita gente, que de continuo se occupa no feitio d'ella. Logo abaixo ficam os paços do vice-rei, de que logo fallarei; e defronte d'elles estão os armazens das munições e artilheria d'El-Rei; a ribeira das Galés, onde estão algumas varadas em terra, debaixo de mui grandes ramadas; a ribeira das náos, e navios d'El-Rei, onde mora o provedor-mór da ribeira, com os mais officiaes d'ella; a casa da fazenda, onde mora o vedor da fazenda d'El-Rei; a casa da fundição, onde se funde ordinariamente muita artilheria; a ferraria e tanoaria d'El-Rei; os armazens de toda a madeira, cordoalha, ancoras, ferragem, e fabrica necessaria para as náos e navios d'El-Rei.

Tem esta cidade dentro em si sete conventos de religiosos, s. dois de S. Domingos, um de S. Francisco, dois dos padres da Companhia, e dois de Santo Agostinho; e além d'estes um de freiras da mesma ordem, que ora fundou o arcebispo D. Fr. Aleixo de Menezes. Fóra da cidade estão dois conventos de Capuchos. Tem uma Sé nova muito formosa, que se vae acabando, e outra antiga, onde agora reside o arcebispo com seu cabido. Tem oito freguezias mais, que são Nossa Senhora do Rosario, S. Pedro, Santo Aleixo, Santa Luzia, S. José, S. Thomé, Trindade, Nossa Senhora da Luz, e outras muitas ermidas, assim na cidade, como por toda a ilha. Tem uma formosa egreja da Misericordia, com muito grande e nobre irmandade. Dois hospitaes muito providos de todo o necessario para os doentes; um d'elles é d'El-Rei, em que se curam os enfermos portuguezes á custa do mesmo Rei, e outro dos pobres, e gente da terra christã; cuja provisão e administração está á conta dos irmãos da Misericordia. Tem muitos aposentos, grandes e sumptuosos, em que moram muitos fidalgos portuguezes, e gente nobre e rica. E uns paços antigos, e grandes, onde agora está a Inquisição; os quaes (quando esta ilha era de mouros) foram aposentos do Sabayo, rei d'esta ilha, e da terra firme, que hoje é do Idalcão. N'estes paços moraram muitos annos os governadores, e vice-reis da India, mas agora vivem dentro na fortaleza, que antigamente foi a principal força, que os mouros tinham n'esta cidade. No terreiro d'esta fortaleza, para uma parte, estão as cadeias, e troncos, onde estão os presos pela justiça; para outra parte está a casa da moeda, onde os vice-reis mandam bater moeda de ouro e prata.

De ouro se batem umas moedas pequenas, a que chamam S. Thomés, porque tem de uma parte a imagem do apostolo S. Thomé, padroeiro da India Oriental; vale cada uma d'estas moedas nove tangas, de trez vintens cada tanga. Batem-se de prata xerafins, meios xerafins, tangas, e meias tangas. Os xerafins são do tamanho de um tostão, e de grossura de dois tostões, vale cada um trez tostões. As tangas valem trez vintens. E todas estas moedas tem de uma parte a imagem do apostolo S. Thomé, e da outra os cunhos de Portugal. Na ribeira d'El-Rei se batem bazarucos de cobre, e de estanho fino, a que chamam calaim, que são como ceitys grossos, quinze dos quaes valem um vintem. Esta é a moeda ordinaria, que corre na ilha de Gôa sómente. Por toda a India correm patacas, e meias patacas, que vão de Portugal. Vale cada pataca logo quando chegam as náos um cruzado; e depois que se tornam para Portugal, vão subindo, e chegam muitas vezes a valer quinhentos réis cada uma; e nas partes da China, Bengala, e Sinde (para onde se levam) valem muitas vezes seis tostões, por ser muito estimada sua prata. Em toda a India correm tambem venezianos de ouro, que vão pela via de Ormuz, e do mar Roxo; vale cada um d'elles onze tangas, que são seiscentos e sessenta réis. Tambem correm em toda a India larins, que são umas barrinhas de prata de comprimento de um dedo, e tem umas lettras esculpidas da lingoa persica, a qual moeda se bate na cidade de Lara, e é de muito fina prata; vale cada larim quatro vintens. Outra muita variedade, e feições de moedas ha em algumas terras, e reinos particulares da India, que não correm, nem valem nas outras terras.

Esta fortaleza, de que acima fallei, fica perto do rio, que cerca Gôa, onde estão edificados os paços do vice-rei, muito grandes, e sumptuosos, com aposentos, assim para o vice-rei, como para seus criados e officiaes. Aqui está uma formosa capella, onde os vice-reis ordinariamente ouvem missa; a casa da relação; dos contos; e da matricula. Tem duas salas onde estão pintadas todas as armadas, que de Portugal foram á India, e todos os vice-reis d'ella, tirados pelo natural, pela ordem que nos capitulos seguintes se póde vêr.

CAPITULO III

Dos primeiros conquistadores da India Oriental, e das primeiras armadas que a ella foram

NA primeira sala dos paços do vice-rei estão todas as armadas e frotas, que passaram de Portugal á India, pintadas em paineis, com todas suas náos e caravelas, e nomes dos capitães que n'ellas foram; cousa certo muito curiosa. No primeiro painel está pintada aquella venturosa frota, em que o grande D. Vasco da Gama, foi por mandado d'El-Rei D. Manuel de gloriosa memoria a descobrir a India. O qual partiu de Lisboa com trez navios, em que levou cento e sessenta homens, a oito de Julho, do anno do Senhor de 1497, e tornou a Lisboa com dois navios a vinte de agosto de 1499.

No segundo logar está a frota de Pedro Alvares Cabral, fidalgo nobre. O qual partiu de Lisboa para a India com treze náos, em que foram mil e duzentas pessoas, oito frades de S. Francisco, e oito clerigos, no anno de 1500 aos nove dias de Março. N'esta viagem á ida descobriu o Brazil a vinte e quatro de Abril do dito anno. No cabo de Boa Esperança se perderam quatro náos de sua companhia. Fez na India pazes com el-rei de Cochim, e de Cannanor, e trouxe seus embaixadores a Portugal, e de caminho mandou a Sofala Sancho de Thoar.

No terceiro logar se segue a frota de João da Nova, fidalgo, o qual partiu de Lisboa para a India a cinco de Março de 1501. Na India teve muitas victorias de mouros, e da volta, que fez para Portugal, descobriu a ilha de Santa Helena, e chegou a este reino a onze de Setembro de 1502.

No quarto logar está outra vez D. Vasco da Gama com sua frota de vinte velas, com que partiu segunda vez de Portugal para a India, a trinta de Janeiro de 1502. Da qual viagem o fez El-Rei D. Manuel almirante do mar de todo Oriente. Levou em sua companhia os embaixadores d'El-Rei de Cochim e de Cannanor, que Pedro Alvares Cabral trouxe a Portugal. Chegando á ilha de Quilôa, fez o rei d'ella tributario e vassallo d'El-Rei de Portugal. De cujo tributo (que foi o primeiro que veiu do Oriente) mandou El-Rei fazer uma custodia para Nossa Senhora de Belem.

A quinta frota foi de trez náos, em que Francisco d'Albuquerque partiu para a India, no anno de 1503, e da tornaviagem se perdeu, sem se saber onde. Teve na India muitas victorias do Çamori rei de Calecut.

A sexta frota foi de duas náos, em que Affonso d'Albuquerque partiu de Portugal para a India no mesmo anno de 1503. Levou em sua companhia o grande Duarte Pacheco, e o padre F. Rodrigo Homem, da ordem de S. Domingos, pregador mui douto. D'esta viagem se fez a fortaleza de Cochim, sobre que houve grandes differenças entre os capitães Francisco d'Albuquerque e Affonso d'Albuquerque.

A setima frota foi de Antonio de Saldanha. O qual partiu de Portugal no mesmo anno de 1503 com trez náos, para andar na costa da Arabia. E ficando áquem do Cabo de Boa Esperança fazendo agoada na costa da Cafraria com sua náo, outra náo da sua companhia passou logo o cabo, e foi ter á costa de Melinde, onde o capitão d'ella, chamado Ruy Lourenço, fez tributario e vassallo d'El-Rei de Portugal o rei da ilha de Zanzibar e a cidade de Brava.

A oitava frota foi de doze náos grossas, de que foi capitão mór Lopo Soares d'Albergaria, e n'ella foram mil e duzentos homens, a maior parte d'elles nobres e criados d'El-Rei. Partiu de Portugal a vinte e dois de abril de 1504.

A nona frota foi de D. Francisco d'Almeida, primeiro vice-rei da India, de que fallarei no capitulo seguinte dos vice reis.

A decima frota foi de Pero da Nhaya: o qual partiu de Portugal no anno de 1505 para a conquista de Sofala com seis naos; onde chegou, depois de passar na viagem muitos trabalhos. E fez a fortaleza que hoje os portuguezes tem em Sofala, em cuja edificação teve muita controversia, e briga com os mouros da terra, que depois de lhe terem dado licença para a fazer, lhe armaram traição para o matar. Mas elle como exforçado, os desbaratou a todos, matando na envolta o rei da terra, chamado Zufe, como fica dito.

A undecima armada foi de Tristão da Cunha. E a decima segunda de Affonso d'Albuquerque, em que foi por capitão mór de seis velas, para andar com ellas na costa d'Arabia, até entrar no governo da India, quando D. Francisco d'Almeida acabasse o seu triennio. Partiram estas duas armadas de Portugal no anno de 1506. D esta viagem descobriram a ilha de S. Lourenço. Destruiram a cidade de Brava, por rebelde e levantada. Tomaram uma fortaleza, que os mouros de Caxem tinham na ilha de Socotora, em abril de 1507. D'aqui se partiu Tristão da Cunha para a India, e Affonso d'Albuquerque para a costa d'Arabia, onde fez tributario o rei de Ormuz, e principiou a fortaleza, que hoje os portuguezes tem na dita ilha.

Logo adiante se seguem por ordem as mais armadas, conforme suas antiguidades, pintadas em seus paineis, que deixo aqui de referir, e sómente estas doze relatei, assim por serem as primeiras, que foram á India, como tambem por me passar á segunda sala, em que os vice-reis da India estão tirados pelo natural por sua ordem, conforme suas antiguidades, como se verá nos capitulos seguintes.

CAPITULO IV

Dos vice-reis, que houve na India Oriental, em tempo d'El-Rei D. Manuel

Na segunda sala d'estes paços (na qual os vice-reis ordinariamente ouvem as partes) estão pintados todos os vice-reis e governadores, que houve na India, cada um tirado pelo natural em seu painel, uns vestidos ao modo antigo, que então se costumava, com seus tabardos e gorras na cabeça; outros armados, outros vestidos á moderna, e todos são os seguintes.

D. Francisco d'Almeida, filho de D. Lopo d'Almeida, primeiro conde d'Abrantes, foi á India por mandado d'El-Rei D. Manuel com o titulo de vice-rei. Partiu de Lisboa a vinte cinco de Março de 1505 com uma armada de vinte e duas vélas, s. dezeseis náos, e seis caravellas. De caminho destruiu Quiloa, e pôz n'ella outro rei de sua mão. Destruiu Mombaça povoada de mouros levantados, pondo-a a ferro e fogo. Da India mandou para Portugal parte de sua armada, em que veiu o primeiro elephante que se viu em Portugal. Fez na India a fortaleza de Angediva. Queimou a frota d'el-rei d'Onor, e muita parte da cidade. Começou a fortaleza de Cannanor. Fez tributario a el-rei de Ceilão. Alcançou dos mouros e gentios mui gloriosas victorias, e em particular aquella tão admiravel, que houve dos Rumes em Diu, cuja frota era de duzentas vélas. Fez tributario o rei de Batecala. Tornando da India para Portugal, tomou terra na volta do cabo de Boa Esperança na aguada do Saldanha, e sahindo em terra, foi morto pelos cafres a um de Março de 1510, cuja morte foi mui sentida d'El Rei D. Manuel, e dos reis catholicos de Castella, a quem tinha servido nas guerras de Granada. Quando morreu seria homem de sessenta annos.

Affonso d'Albuquerque, andando por capitão mór do mar de Arabia, succedeu no governo da India a D. Francisco d'Almeida. Acabou de fazer a fortaleza de Ormuz, que tinha principiada. Houve muitas victorias dos mouros d'esta costa. Tomou a primeira vez a cidade de Gôa no anno de 1510, em Fevereiro, a qual tornou a largar aos mouros, pela não poder sustentar por então; mas logo no mesmo anno, a vinte e cinco de Novembro, dia de Santa Catharina martyr, a tornou a tomar, destruindo e desbaratando grandes exercitos do Idalcão. E fortificou a ilha de modo, que sempre a deffendeu dos mouros. E logo no anno seguinte foi tomar a cidade de Malaca, no mez de Junho de 1511, onde houve grandissimos despojos, assim de riquezas, como de artilheria, que foram mais de tres mil peças entre grandes e pequenas. Tornando-se para a India, fez tributario o rei das ilhas de Maldiva. E tornado d'aqui para Gôa tomou a fortaleza de Benastarim aos mouros; com cujas victorias cobraram os mouros e gentios da India tanto medo, que os mais dos reis do Oriente lhe commetteram pazes, e alguns se fizeram vassallos d'El-Rei de Portugal. Foi dentro ao mar Roxo, e combateu a fortaleza, e cidade de Adem. Mandou embaixadores, e descobridores á China, ás ilhas Malucas, ás de Maldiva, ao reino de Coulão, a Ceylão, ao grande Ismael Sophi da Persia, ao rei de Syão, ao de Narsinga, e a outras muitas ilhas, e provincias; as quaes todas, ou a maior parte d'ellas por sua industria se vieram a sugeitar, e sobmetter debaixo da vassallagem de Portugal. Falleceu vindo de quietar, e acabar a fortaleza de Ormuz, em chegando a Gôa, na barra, estando ainda na náo, aos dezeseis de Dezembro de 1515. Sua morte foi mui sentida de todos, até dos mouros seus amigos. Seu corpo foi trazido para Portugal no anno de 1566, e sepultado em Lisboa em Nossa Senhora da Graça.

Lopo Soares passou á India por governador d'ella, para succeder a Affonso d'Albuquerque, no anno do Senhor de 1515. Foi ao estreito do mar Roxo, e na costa da Ethiopia Oriental destruiu e queimou Zeyla, cidade de mouros, porque lhe quizeram deffender o porto, e negar-lhe a agua, e mantimentos, que elle queria mercar pacificamente por seu dinheiro. Edificou a fortaleza de Coulão, e a de Columbo, e fez tributario o rei d'ella; e acabou o seu triennio no anno de 1518.

Diogo Lopes de Siqueira, alcaide-mór da villa do Alandroal, foi mandado por governador da India no anno de 1518. O qual já tinha n'ella andado em tempo de D. Francisco d'Almeida, e por seu mandado fôra descobrir Malaca, e a ilha de de Samatra. E sendo governador foi ao mar Roxo, e mandou D. Rodrigo de Lima por embaixador ao Preste

João. Fez a fortaleza de Chaul. No seu tempo se fez a fortaleza de Pacem por meio de Jorge d'Albuquerque, capitão de Malaca, e fez o rei de Pacem vassallo d'El-Rei de Portugal. Fez uma grossa armada, e mandou por capitão-mór d'ella Antonio Corrêa, para restituir Bárem a el-rei de Ormuz, vassallo e amigo d'El-Rei de Portugal, com a qual cidade se tinha levantado um mouro seu vassallo. O qual tyranno foi morto, e a cidade restituida a seu dono. Este mesmo Antonio Corrêa (que d'ali por diante se chamou de alcunha Bárem, por respeito d'esta cidade, que tomou) destruiu uma armada d'el-rei de Bintão, máo visinho de Malaca, e trouxe d'esta victoria muitas peças d'artilheria, e muitos mantimentos, e despojos para Malaca. E assim mais desbaratou uma grossa armada de Melique Az, senhor de Diu, em Chaul, com muita honra. Outras muitas victorias se alcancaram na India, em tempo d'este governador. O qual acabou seu triennio no fim do anno de 1521.

D. Duarte de Menezes foi enviado por governador da India no anno de 1521. Este fidalgo era filho herdeiro de D. João de Menezes, conde de Tarouca, e prior do Crato, e tinha sido capitão de Tangere. Em tempo d'este governador se levantou el-rei de Ormuz contra os portuguezes, e fez cruel guerra á fortaleza, e por fim d'ella foi o rei desbaratado, e a cidade de Ormuz queimada, e o rei ficou tributario a Portugal. No tempo do mesmo governador o Almansor rei de Tidóre, fez guerra ao capitão de Tarnate, uma das ilhas Malucas. Mas o dito capitão (que então era Antonio de Brito) lhe destruiu suas terras, alcançando d'elle muitas victorias. Governou todo o seu triennio com paz e justiça.

CAPITULO V

Dos vice-reis, que houve na India em tempo d'El-Rei D. João III

D Vasco da Gama tornou á India terceira vez, com titulo de vice-rei, no anno de 1524. E tanto que lá chegou, foi tão grande o medo de todos os mouros, e gentios d'estas partes, que cada um cuidava ser chegada sua total destruição. Mas durou-lhe pouco este medo, porque D. Vasco não governou mais, que trez mezes e vinte dias, e falleceu em Cochim a vinte e cinco de Dezembro do dito anno. Era de meia estatura, envolto em carnes.

D. Henrique de Menezes sendo capitão de Gôa, succedeu no governo da India por morte de D. Vasco da Gama. Este governador mandou derrubar a fortaleza de Calecut, pelo pouco proveito que d'ella tinha El-Rei de Portugal, com muito trabalho dos portuguezes, que a deffendiam. Alcançou muitas victorias dos mouros e gentios da India, particularmente do Çamori, a quem destruiu a fortaleza do Chale, e outros muitos logares, e armadas. Desbaratou a el-rei de Bintão, que antigamente o fôra de Malaca. Falleceu antes de acabar o tempo do seu governo, em Cannanor, indo com uma grossa armada contra Diu, aos vinte e trez de Fevereiro de 1526. Este governador foi filho de D. Fernando de Menezes, o Roxo da casa de Cantanhede. Era mui catholico, e amigo da justiça, e sem alguma cubica, senão de honra.

Lopo Vaz de Sampayo succedeu a D. Henrique no governo da India, no anno de 1526. Alcançou muitas victorias dos mouros, e gentios da India, particularmente d'el-rei de Malaca, e do Çamori, e do sultão Badur, rei de Cambaia; e finalmente governou todo seu triennio com muita satisfação d'El-Rei, e do povo, deixando feita uma grossa armada de cento e trinta e seis vélas para conquistar Diu, cousa que muito desejavam os portuguezes.

Nuno da Cunha, filho de Tristão Vaz da Cunha, succedeu no governo da India a Lopo Vaz, no anno de 1529. E logo no principio de seu governo passou a Diu com uma grossa armada, e fez grande guerra ao sultão Badur, e poz a ferro e fogo a ilha de Betle, sem escapar pessoa viva. Destruiu as cidades de Baçaim, e Damão, alcançando grandes victorias aos mouros e turcos, que as deffendiam. Fez a fortaleza de Diu no anno de 1535, com consentimento do rei de Cambaia, que o queria ter por amigo, por haver medo de suas armadas.

No tempo d'este governador armou Diogo Botelho uma fusta na India, e veiu n'ella a Portugal, correndo toda a costa da Ethiopia Oriental e Occidental; o que poz em grande admiração a todo Portugal; mas pelas boas novas que trouxe da fundação da fortaleza de Diu, lhe fez El-Rei D. João muitas mercês. Feita a fortaleza, arrependeu-se el-rei de Cambaia de ter dado tal consentimento aos portuguezes, e pretendeu levantar-se, e matar o governador por traição; mas sabida sua damnada tenção, foi morto, e todas suas terras senhoriadas pelo governador. Aqui foi achado aquelle homem, que tinha trezentos annos de edade, e mudára trez vezes os dentes, ou lhe cahiram, e tornaram a nascer de novo, e trez vezes se lhe fez o cabello branco, e preto, assim da cabeça, como da barba. Outro homem similhante a este se achou agora em nossos dias, de que tratarei no capitulo seguinte. Este governador mandou uma grossa armada ao mar Roxo. Da qual viagem Heitor da Silveira, capitão-mór d'ella, fez tributario, e vassallo d'El-Rei de Portugal o rei de Aden, posto que durou pouco sua obediencia. Em tempo d'este governador passaram os castelhanos por via das Philipinas a Maluco, e tiveram algumas guerras com os portuguezes, mas sempre foram vencidos, e lançados das ditas ilhas. Desbaratou por duas vezes dois grandes exercitos do Idalcão, que mandou sobre Rachol. Alcançou aquella gloriosissima victoria dos turcos, que vieram do estreito de Meca sobre a fortaleza de Diu. Fez a fortaleza de Baçaim. E finalmente partindo para Portugal, depois de governar a India mais de dez annos (que foi até o fim do anno de 1539) chegando perto do cabo de Boa Esperança, falleceu de sua doença, e alli foi lancado no mar Oceano, sepultura tão larga, como foram as grandezas de tal capitão.

D. Garcia de Noronha partiu de Portugal no anno

de 1539 com titulo de vice-rei, com onze náos grandes, e chegando á India tomou o governo d'ella da mão de Nuno da Cunha; mas não durou n'elle mais que seis mezes, porque a morte lhe atalhou seus altos pensamentos, e grande prudencia, com que governava. E n'esse tempo que teve o governo, deixou a India pacifica; particularmente fez pazes com o rei de Cambaia, e senhoreou quasi toda sua costa.

D. Estevão da Gama, filho segundo do grande D. Vasco da Gama, Conde Almirante, que havia pouco tempo fôra capitão de Malaca, succedeu no governo da India por morte de D. Garcia de Noronha, no anno de 1540. O qual no principio de seu governo foi com uma grossa armada ao estreito do mar Roxo; onde destruiu muitas cidades populosas aos mouros, e armou muitos cavalleiros no monte Sinay, um dos quaes foi D. Luiz de Athayde. Mandou d'aqui soccorrer ao Preste João, e restituir-lhe muita parte de seu reino, que lhe tinha tomado um tyranno mouro. A qual restituição foi feita por D. Chrystovão da Gama, irmão do dito governador, com quatrocentos portuguezes, que o acompanharam. D'aqui se tornou o governador para a India.

Martim Affonso de Sousa partiu de Portugal por governador da India no anno de 1542, onde chegou a salvamento. Em seu tempo foram descobertas as ilhas de Japão, e na cidade de Meliapor do reino de Charamandel se fez um templo ao apostolo S. Thomé, e nos seus alicerces se achou uma miraculosa cruz aberta em uma pedra com um letreiro, que declarava toda a morte do apostolo S. Thomé, e algumas gottas de seu sangue derramadas na mesma pedra. O qual estava inda fresco. Alcançou este governador muitas victorias do Çamori. Castigòu a rainha de Batecala. E finalmente governou o seu triennio com muita justiça.

D. João de Castro succedeu no governo da India a Martim Affonso de Sousa no anno de 1545. O qual era muito grande mathematico, e em outras sciencias insigne, e no exforço de sua pessoa e nobreza não menos. Teve no seu tempo gloriosas victorias dos mouros, e d'el-rei de Cambaia sultão Mamude, neto do sultão Bâdur. Livrou a fortaleza de Diu de um grande cerco, em que a tinha posto este rei, destruindo lhe seus exercitos, e muita parte de seu reino, e tomou-lhe a cidade de Diu, em que matou toda a cousa viva, que n'ella achou, no anno de 1547. Venceu dois poderosos exercitos do Idalcão, com que veiu sobre Gôa, e por força de armas lhe tomou a fortaleza de Dabul, e a destruiu, e queimou. Das proezas, e feitos heroicos d'este vice-rei tem composto um livro muito curioso o P. M. Fr. Fernando de Castro seu neto, religioso da nossa ordem; o qual com outros, que o mesmo vice-rei compoz, sahirá cedo a lume. Finalmente falleceu, tendo governado a India trez annos.

Garcia de Sá succedeu no governo a D. João de Castro no anno de 1548. O qual governou o estado da India pouco mais de um anno, com muita prudencia, justiça, e liberalidade. No seu tempo foram á India doze religiosos da ordem dos pregadores, a fundar casas, e conventos, como fica dito. Fortificou todas as fortalezas da India, e as proveu de muitas cousas, que lhe faltavam. E finalmente falleceu no anno de 1549.

Jorge Cabral, que actualmente era capitão de Baçaim, succedeu no governo da India a Garcia de Sá, no qual esteve menos de um anno. Mas n'este pouco tempo desbaratou muitas armadas dos inimigos, e destruiu o Çamori, que já começava a levantar cabeça, e muita parte do Malavar. No seu tempo se alcançaram muitas victorias dos reis das ilhas de Maluco, que se levantaram contra os portuguezes.

D. Affonso de Noronha irmão do Marquez de Villa Real, capitão que fôra de Ceita, partiu d'este reino para governar a India, com titulo de vice-rei, no anno de 1550. Alcançou insignes victorias dos inimigos. Restituiu o rei de Colombo a seu reino, que lhe tinha usurpado um tyranno. Destruiu a cidade de Ceitavaca, onde estava fortificado. Desbaratou vinte e cinco galés reaes do grão turco Solymão, que sahiram do estreito do mar Roxo, e foram cercar a fortaleza de Ormuz, não escapando d'ellas mais que duas, e o capitão mór turco em uma d'ellas; mas não escapou da morte, que o grão turco lhe deu com raiva da perda das outras galés. Em tempo d'este governador se perdeu Manuel de Sousa de Sepulveda, e a náo *S. Bento de Fernã d'Alvares Cabral*. Finalmente governou a India quatro annos, com muita inteireza e justiça.

D. Pedro Mascarenhas (que foi embaixador em Roma) partiu de Portugal por governador da India com titulo de vice-rei, no anno de 1554. O qual repartiu a christandade da ilha de Gôa pelos padres de S. Domingos, de S. Francisco, e da Companhia. Da qual repartição couberam 15 aldeias aos religiosos de S. Domingos, onde fizeram e fazem muitos milhares de christãos, como acima dissemos, e o mesmo fazem na sua parte os de S. Francisco, e da Companhia. Não durou no governo mais de nove mezes, porque falleceu no melhor d'elle.

Francisco Barreto lhe succedeu no governo da

India, no anno de 1555. Governou tres annos com muita satisfação, entendendo em refazer as fortalezas da India, e conservar a christandade começada em Gôa. Alcançou gloriosas victorias em batalha campal, que deu aos capitães do Idalcão; de que elle levou a principal honra, por seu exforço, e valentia; e foi em todo o seu tempo bem afortunado.

D. Constantino meio irmão do duque de Bragança, D. Theodosio, partiu de Portugal para governar a India com titulo de vice-rei, no anno de 1558. Governou o dito estado todo seu triennio, com muita prudencia, e grande liberalidade, como nobre e generoso, que era. Tomou por força de armas a cidade de Damão aos mouros, e fez a fortaleza, que hoje n'ella está, da qual fez capitão D. Diogo de Noronha o Corcoz. Desbaratou o rei de Iaphanapatão, e tomou-lhe a fortaleza; em que deixou por capitão Fernão de Sousa de Castello Branco.

CAPITULO VI

Dos vice-reis, que houve na India do tempo d'El-Rei D. Sebastião, até o presente anno de 1608

Dom Francisco Coutinho conde do Redondo, partiu de Portugal por vice-rei da India no anno de 1561. O qual estado governou com muita paz e justiça. Falleceu antes de acabar o seu triennio no anno de 1564.

João de Mendonça succedeu no governo da India, por morte do conde D. Francisco Coutinho; e governou o dito estado nove mezes, até que foi de Portugal D. Antão de Noronha.

D. Antão de Noronha, irmão do Marquez de Villa Real, partiu de Portugal por vice-rei da India no anno de 1565, e governou o dito estado quatro annos, com muita satisfação, e augmento da christandade d'aquellas partes, que elle muito favoreceu. Fez a fortaleza de Mangalor, e instituiu por capitão d'ella a seu cunhado D. Antonio Pereira.

D. Luiz d'Athayde partiu de Portugal por vice-rei

da India no anno de 1569, onde chegou a salvamento; e n'ella fez a fortaleza de Onor, e a de Bracelor. E no anno de 1572 deffendeu muita parte da India do cerco geral, que lhe puzeram, o Idalcão em Gôa, o Izamaluco em Chaul, o Çamori em Chale, e o Achem sobre Malaca, todos em um tempo, com todo seu poder e forças. Os quaes todos foram desbaratados por industria d'este exforçado vice-rei, mandando soccorro a umas, e outras partes com suas armadas, estando elle sempre em Gôa deffendendo-a do grande poder do Idalcão. Governou todo seu tempo com muita prudencia.

D. Antonio de Noronha succedeu no governo da India a D. Luiz d'Athayde, com titulo de vice-rei, e governou dois annos com muita paz e justiça, e grande augmento da christandade, que sempre favoreceu com muito zêlo da salvação das almas. Falleceu no anno de 1573.

Antonio Moniz Barreto succedeu a D. Antonio de Noronha no dito anno, e governou quatro annos, que foi até o de 1577.

Ruy Lourenço de Tavora, indo para a India por vice-rei, falleceu no mar perto de Moçambique, e foi levado á dita ilha, e sepultado na ermida de Nossa Senhora do Balluarte, no anno de 1577.

D. Diogo de Menezes succedeu no governo da India a Antonio Moniz Barreto no mesmo anno, porque morrendo o vice-rei Ruy Lourenço no mar, abriram-se as vias em Gôa, e sahiu elle na primeira via. Governou sómente sete mezes, até que foi de Portugal D. Luiz d'Athayde.

D. Luiz d'Athayde foi por vice-rei da India segunda vez no mez de outubro, de 1577, antes que El-Rei D. Sebastião partisse para Africa, e foi o derradeiro, que o dito rei mandou á India. Governou dois annos e cinco mezes, e falleceu no mez de Abril, do anno de 1580.

Fernão Telles de Menezes succedeu no governo da India a D. Luiz d'Athayde em tempo do cardeal e Rei D. Henrique, e governou sómente cinco mezes. No qual tempo chegou á India D. Francisco Mascarenhas.

D. Francisco Mascarenhas conde de S. Cruz foi o primeiro vice-rei, que El-Rei Philippe primeiro de Portugal mandou á India, no anno de 1580. O qual governou o dito estado quatro annos.

D. Duarte de Menezes conde de Tarouca foi á India por vice-rei, no anno de 1584, e governou o dito estado mais de quatro annos. Em seu tempo foi destruida Ampaza e Ior, como fica dito. Finalmente falleceu em Gôa.

Manuel de Sousa Coutinho succedeu no governo por morte de D. Duarte de Menezes, no anno de 1587, e governou o dito estado mais de tres annos. E vindo para Portugal se perdeu, sem se saber até agora onde, nem de que maneira. No tempo d'este governador se tomaram quatro galés aos turcos em Mombaça, e foi destruida a ilha, e a cidade, como fica dito. Tomou doze galeotas em Carapatão, ao cossairo Mouro Cunhale.

Mathias d'Albuquerque foi por vice-rei da India no anno de 1591, e governou o dito estado mais de cinco annos. Em seu tempo foi tomado o Morro em Chaul, que era uma das maiores fortalezas, que havia no mundo; onde alcançou aquella admiravel, e milagrosa victoria dos mouros do Melique, como adiante direi.

D. Francisco da Gama, conde da Vidigueira, e almirante do mar da India foi de Portugal por vice-rei do dito estado no anno de 1596. No qual esteve quatro annos. Fez a fortaleza de Mombaça, e destruiu a fortaleza do Cunhale, onde houve uma gloriosa victoria; e finalmente degollou o dito Cunhale na cidade de Gôa, onde o trouxeram preso, como adeante veremos.

Ayres de Saldanha partiu de Portugal por vice-rei da India, no anno de 1600; governou o dito estado quatro annos, e vindo para este reino, falleceu na viagem.

D. Martim Affonso de Castro irmão do conde de Monsanto foi por vice-rei á India no anno de 1604. Em seu tempo foram os hollandezes sobre Malaca, e a tiveram de cerco, mas elle a soccorreu em pessoa com uma grossa armada, e pelejou com os inimigos, e os desbaratou, e descercou Malaca, posto que foi com muita perda de gente e náos de sua companhia. Falleceu na mesma fortaleza de Malaca de sua doença.

Relação de um homem de trezentos e oitenta annos de edade

Em tempo d'este vice-rei se soube de um homem, que havia no reino de Bengala, que era de trezentos e oitenta annos. O bispo de Cochim, que ora é D. Fr. André de Santa Maria mandou tirar uma larga inquirição d'elle, e de sua edade, pelos religiosos, e clerigos, que andam n'aquelle reino, os quaes n'este caso fizeram grande exame e, acharam que este homem era Bengala de nação, e havia trezentos e oitenta annos que vivia. Lembrava-se de dezenove reis, que reinaram duzentos e cincoenta annos no reino de Horond, sua patria. Nasceu de paes gentios, e elle o foi muitos annos, e depois se fez mouro, como ainda era n'este tempo. Foi casado oito vezes e teve filhos, netos, bisnetos e tresnetos, e alguns morreram velhos. Depois que lhe morreu a oitava mulher, esteve quarenta annos viuvo, até o anno de 605, no qual tornou a casar, e tinha a mulher prenhe de oito mezes. Nunca foi doente, nem sangrado, nem sentiu falta na vista. Os dentes lhe cahiram trez vezes, e outras trez lhe tornaram a nascer. Algumas vezes lhe nasceram cãs, e logo lhe cahiram, e nasceram cabellos pretos. Parecia no aspecto homem de trinta e cinco annos, sem ruga, nem signal de velhice. Era alto de corpo, grosso e bem assombrado.

Sendo este homem perguntado como vivia tanto tempo, sendo as edades de agora tão curtas; respondeu, que estando elle um dia junto do rio Ganges dando de beber a umas vaccas, chegou a elle um homem fraco, vestido em um habito de burel, e cingido com uma corda de nós, chagado nas mãos, pés, e lado, e lhe pediu que o passasse á outra banda do rio, que então levava pouca agua; e elle movido de compaixão, de o ver chagado, o tomou ás costas, e o passou. E logo este homem lhe dera umas contas, das quaes tinha ainda agora trez em muita estima, e lhe dissera: Vós sereis sempre da edade de que agora tendes, e despedindo-se d'elle nunca mais o vira, até o anno de 605 no qual entrando um dia na egreja de Bengala (que é da invocação de Nossa Senhora da Saude) e vendo o P. S. Francisco pintado em um painel do altar, começou de bradar e chorar com alegria, dizendo: Aquelle é o homem chagado, que eu passei no rio Ganges, e me disse, que sempre seria da idade que então tinha, e isto affirmava publicamente; e por mais que o contradisseram, disse sempre, que era aquelle e o conhecia mui bem, e disse mais, que esperava em Deus morrer christão. Conforme ao dito d'este homem, parece que o seraphico P. S. Francisco lhe appareceu. Deus sabe os segredos d'este mysterio, e por ventura que seja este homem predestinado, e por este meio se venha a converter, e morra christão, para se salvar.

O ultimo vice-rei que agora vae para a India, é Ruy Lourenço de Tavora, governador que foi do Algarve; partiu da barra de Lisboa em uma caravella, no mez de outubro de 1608, cuja viagem Deus prospere, e o leve a salvamento.

De modo, que pela ordem acima dita, estão n'esta salla postos por suas antiguidades, todos os conquistadores, vice-reis e governadores, que houve na India, tirados pelo natural. Dos quaes dei aqui esta breve relação, para os renovar na memoria dos homens, onde é muita rasão, que vivam eternamente suas proezas e feitos heroicos.

CAPITULO VII

Dos pagodes, frescura, e outras cousas notaveis da terra firme de Gôa

JÁ temos visto brevemente algumas particularidades, que ha na ilha de Gôa, e sua cidade e armadas, vice-reis e governadores, que estão retratados nas sallas do vicerei; vejamos agora algumas cousas notaveis, que ha na terra firme, que cerca Gôa.

Estando eu n'esta ilha de Gôa, ouvia gabar muitas vezes as ribeiras e frescura da terra firme do Idalcão, onde tambem me diziam, que havia outras cousas notaveis. Pelo que fomos um dia seis religiosos do nosso convento de S. Domingos de Gôa a ver estas cousas, e para isso nos embarcámos em uma manchua, em que fomos correndo estes rios e ribeiras, até que chegámos a uma povoação, a que chamam Sancalim, cinco legoas de Gôa, povoada de gentios e alguns mouros, onde estava por capitão um mouro posto pelo Idalcão. O qual tanto que soube de nossa chegada, logo nos mandou vizitar com um prezente mui honrado, e nos fez muitas honras e offerecimentos. Ao longo da ribeira estivemos muita parte do dia, e n'este tempo chegaram a esta terra muitos almocreves mouros com uma grande cafila de bois carregados de courama, como se foram mulas ou cavallos. D'estes bois se servem os mouros, assim para carga como para cavallaria, aos quaes põem umas albardilhas, e furam-lhe as ventas, e n'ellas lhe atam uma corda comprida, que fica servindo de cabresto, ou de freio, por onde os sogigam e governam. Depois que jantamos, mandou-nos dizer o capitão, se queriamos vêr uma ribeira, que estava d'alli meia legoa, cuja agua cahía toda junta de altura de vinte braças, cousa para se poder vêr. Nós l'ho agradecemos e acceitamos a ida; para o que mandou logo buscar bois, em que fossemos. E n'elles caminhámos tão seguros e tão depressa, como se foram cavallos muito bem domados. E d'esta maneira chegamos á ribeira, onde vimos aquella formosa agoa, que nasce no alto de umas grandes e compridas serras, por cima das quaes vem fazendo sua corrente até chegar a este passo, onde fica a mais terra muito baixa, e do alto da serra, que é toda de pedra viva, e rocha talhada, desce esta agoa toda junta de pancada com tão grande estrondo, que atrôa os ouvidos, e não ha quem possa ali aguardar, que parece outra catadupa do rio Nilo, de que já tratei. Teve a corrente d'esta agoa tanta força, que no alto da serra d'onde desce, rompeu a rocha viva, e fez-lhe um buraco redondo tamanho como o vão de uma roda de carreta, por dentro do qual corre toda esta agoa no verão, quando a ribeira leva pouca; mas no inverno quando vae cheia, tresborda e corre por cima de modo que se não vê o buraco.

N'este logar á borda da ribeira, está um pagode de gentios, onde achamos alguns, que tinham ali vindo em romaria. D'estes pagodes ha muitos por esta terra firme (que são os templos dos gentios). Alguns d'elles são de trez naves, e outros de uma só, e os mais d'elles são pintados pelas paredes de dentro onde tem muitas figuras de animaes, monstros, mulheres e homens; entre os quaes tem pintados alguns do modo que entre nós se pintam os prophetas. N'estes pagodes não ha capellas, nem altares, mais que na frontaria da nave do meio, onde as nossas egrejas tem a capella mór, alli tem uma capellinha muito pequena, quadrada, de altura de um homem, de comprimento de duas varas de medir, e outro tanto de largura. No meio d'esta capellinha tem uma banca quadrada, pequena, e baixa, sobre a qual estão trez, ou quatro degráos em roda, ao modo de eça, de altura de um covado; e n'estes degráos tem muitos candieiros de barro com azeite ardendo. Os bramenes (de que abaixo fallarei) tem cuidado d'estes pagodes, e andam dentro n'esta capellinha nús da cinta para cima, atiçando e provendo de azeite os candieiros. Não sei se andam d'esta maneira por veneração do logar, se por não sujarem o vestido. A porta d'esta capellinha é tão estreita e baixa, que escassamente póde uma pessoa entrar por ella em pé, e n'ella tem posto sempre um panno branco, como guarda-porta, tão difumado e cheio de azeite, que mais parece preto, que branco, e tal é tambem a capellinha por dentro, pela continuação do fumo e azeite. Aqui dentro não consentem os bramenes, que entre pessoa alguma, mais que elles, por terem este logar por cousa sagrada. Pelas paredes d'estes pagodes estão feitos alguns nichos toscos e desauthorisados, em que estão alguns idolos de figura de homens e mulheres, e de monstros, feitos de pedra ou de metal, a que os gentios tambem chamam pagodes, e dizem que são os seus santos e deuses. Um idolo d'estes vi de figura de mulher, que tinha quatro braços, e era mui venerado dos gentios. Em todos estes pagodes está uma vacca feita de pedra, posta no meio do templo; o qual animal tem por cousa sagrada, e dedicada a Deus, e por esse respeito os gentios offerecem algumas vaccas aos pagodes; as quaes tanto que são dos ditos pagodes, ficam logo sagradas, livres, e isentas; andam, e comem por onde querem, sem haver quem lhe faça mal, ainda que as vejam comer na sua sementeira, nem se servem mais d'ellas, por serem dedicadas a Deus; e chamam-lhe vaccas fôrras; e por esse respeito chamam na India aos vadios vaccas fôrras.

Todos estes pagodes tem defronte da porta uma fonte, ou ribeira, ou tanque cheio de agoa, na qual se mettem os gentios, e lavam todo o corpo, dizendo, que ali se purificam, e alimpam de seus peccados, para poder entrar no pagode, e fallar com seus deuses. Alguns pagodes ha, que tem mulheres publicas, dedicadas ao torpe ganho, applicado para os mesmos pagodes, as quaes vivem junto d'elles em casas para isso ordenadas. Em um pagode d'estes nos achamos um dia cinco religiosos, e fallando com um bramene que dentro estava, lhe estranhamos, e abominamos muito, permittirem nos seus templos mulheres publicas e deshonestas, adquirindo torpes ganhos; onde se via quão differente, e melhor era a lei e costumes dos christãos, que não consentiam taes deshonestidades, e torpezas em seus templos, antes tudo o dedicado a elles era santo e honesto. Ao que o gentio respondeu confuso, e envergonhado: Verdade é que a honestidade parece bem em toda a parte, mas isto, que vós estranhaes, é costume mui antigo, e approvado entre nós. E dizendo isto, virou as costas, e foi-se, sem esperar mais resposta.

CAPITULO VIII

De alguns sacrificios, que estes gentios costumam fazer de si aos pagodes

Alguns pagodes d'estes gentios ha, que tem defronte da porta um masto arvorado no chão com seu pé, e degraos em roda, ao modo de pé de cruz. No alto d'este masto, está um castellete de madeira bem feito, e pintado, e por baixo d'elle uma cinta de ferro, que cinge o mesmo masto com duas orelhas mui fortes, das quaes estão pendurados por duas grossas cadeias, dois ganchos de ferro grossos, e agudos nas pontas. N'estes ganchos é costume pelo dia da festa d'aquelle pagode morrerem alguns gentios pregados, que se offerecem a esta cruel morte por sua devoção, e não constragidos. Estes desventurados tanto que se offerecem para este sacrificio, os sobem por uma escada de mão até onde estão os ganchos pendurados, e ali lh'os mettem pelas costas de tal maneira, que lhe atravessam as entranhas, e assim os deixam pendurados perneando no ar, até que acabam de morrer á vista de todos os mais gentios, que tem vindo áquella festa, e em quanto estão vivos, andam embaixo ao pé do masto outros gentios com grande festa, cantando, tangendo e bailando, e depois que morrem, são tirados d'aquelle lugar com muita veneração, como santos, e queimam-lhe os corpos, como é seu costume, e quando os levam a queimar, os deitam sobre um carro muito enramado; e d'esta maneira os levam até a fogueira com muitas festas, e musicas. Mas antes que lá cheguem, indo pelo caminho, alguns gentios movidos de devoção, se lançam nús estendidos no caminho diante das rodas do carro, as quaes vão passando por cima d'elles; e alguns ficam cortados, e moidos de tal maneira, que logo morrem; e esses são logo lançados sobre o carro, e queimados com os outros, e depois lhe recolhem as cinzas, e as guardam como reliquias.

Um pagode tem estes gentios da India, a que chamam o pagode de Tremel, mui nomeado, assim pela muita riqueza, e thesouro, que dizem ter, como por ser casa de muita romagem dos gentios, em que se acham ordinariamente cada dia infinitos, que ali vem de diversas partes e reinos, e muito mais no dia da festa do dito pagode; entre os quaes vão alguns ali fazer voto de tornar d'ahi a um anno sacrificar-se ao pagode; para o qual effeito se vão apparelhando, e mortificando com jejuns e abstinencias, e n'este jejum vão continuando todo o anno, indo cada dia diminuindo o comer, até que já no cabo vem a não comer mais que um bocado cada dia, e assim se mirram, e seccam de tal maneira, que lhe não fica mais, que a pelle e o osso, e de fraqueza se não podem ter em pé. E no fim do annc tornam ao pagode para comprirem o voto, que tem feito, ou por seu pé, ou levados pelos outros gentios. E depois que lá chegam, fazem n'elle oração, e vão-se a um logar, que está fóra do pagode, de grandissima altura, o qual tem de queda mais de cincoenta braças, e d'alli abaixo se deixam cahir, e se despenham á vista de todos os mais gentios, que ali se acham n'aquelle dia; da qual queda se fazem logo em muitos pedaços. E todos estes, que aqui morrem d'esta maneira são tidos por santos na opinião dos gentios.

Outro pagode tem os gentios ao longo de um rio, que está nas terras do Malavar, de que é senhor o Çamori, rei de Calecut, o qual é de muita romagem, e n'elle se fazem grandissimas festas de certos em certos annos, e duram muitos dias, nos quaes accode ali grande numero de gentios, assim pela devoção do pagode, e festas que se fazem, como tambem pela grande feira, que ali se faz n'aquelle tempo. N'estes dias é costume irem certos gentios a morrer, e a matar quantos puderem d'este ajuntamento, offerecendo todas estas mortes em sacrificio, e em louvor do pagode, por cujo respeito se fazem estas festas. Outros dizem, que ficou este cruel costume do tempo, que n'estas festas se matou um rei dos que ha n'este Malavar, á traição; o qual vindo a ellas, houve grandes alvoroços e brigas, entre os seus vassallos, e os do Çamori, de maneira, que se mataram alguns de parte a parte; e querendo o dito rei acudir, para os apartar, foi morto na briga pela gente do Çamori á traição. Pelo qual respeito o rei que lhe succedeu, e todos os mais successores de então até agora, em satisfação, d'esta morte, mandam n'estes dias, (que se faz a dita festa) trinta homens armados, e apostados a matar quantos poderem d'este povo, até morrerem na contenda, e por isso chamam a estes amoucos, que é o mesmo que dizer homens determinados e apostados, que não temem a morte, e desprezam a vida.

Estes amoucos em um dia d'estas festas, veem a este pagode, o mais secretamente que podem, e mettem-se pelo meio da gente, que n'elle acham com grande furia, e matam todos os que podem. Mas como sua vinda é sabida e esperada, já pelo costume que tem, de virem n'esta occasião, em todos estes dias, que duram as festas, ha muita vigia, e gente de guarda, em torno de toda esta feira, e tanto que os amoucos chegam, sahem-lhe logo ao encontro, e pelejam com elles, até que os matam, e com estas mortes, e crueldade se acabam as abominaveis festas d'este pagode. D'este modo traz o demonio enganados e tyranizados estes gentios, fazendo-lhe tomar tanta variedade de tormentos e mortes por seu serviço, como temos visto, promettendo-lhe por isso bemaventurança, como falso e tyranno que é. D'onde se pode vêr, quanta razão tem os christãos de dar muitas graças a Deus, pelos trazer ao gremio de sua egreja, dando-lhe conhecimento de si, e sua lei tão suave, pela qual possam alcançar a verdadeira felicidade.

CAPITULO IX

De alguns pagodes notaveis, que os gentios tem na India

Dois pagodes tem os gentios na India, um chamado pagode do Elephante, por respeito de um elephante muito grande, que tem á porta feito de pedra preta, rija como ferro; o qual está entre Caranjá e Baçaim; e outro chamado o pagode do Canarim, que está na ilha de Taná. Os quaes são de estranho e immenso feitio; porque cada um d'elles é aberto em uma serra de pedra viva, preta e dura como ferro, e lavrado por dentro com tanto engenho e artificio, que toda a serra fica vã por dentro, e todo este vão é uma grande e formosa casa de uma pedra mossiça, a qual antigamente servia aos gentios de templo. Pelas paredes d'estes pagodes estão lavradas na mesma pedra viva de meio relevo muitas figuras de homens e mulheres de mui grande estatura, feitas com grande artificio e custo, obras certo espantosas, que se podiam contar entre as maravilhas do mundo; no feitio das quaes se deviam gastar muitos annos, assim pela dureza da pedra, como pela grandeza dos pagodes, e artificio primo com que são lavrados. Não tem janellas, nem frestas, senão uma só porta grande, muito bem lavrada, por onde se abriu, e fez todo o vão da casa, e por ella lhe entra a claridade, que não é tanta, quanta a grandeza da casa requer.

No pagode do Canarim, da banda de fóra, por cima da mesma serra estão muitas casas abertas, e lavradas na pedra viva, apartadas umas das outras, como cellas de religiosos, em que viviam antigamente os bramenes, ministros d'este pagode. Cada casa d'estas tem defronte da porta um pateo pequeno e quadrado, aberto tambem na pedra viva. E os vãos d'estes pateos são cisternas de agoa, abertas e vazadas por uma bocca pequena, que cada uma tem muito bem feita, por onde se recolhe dentro a agoa da chuva, e se tira a que se ha-de beber. D'estas cisternas bebiam os habitadores d'esta serra, ministros do pagode, que n'ella viviam apartados da conversação dos outros gentios, e d'aqui desciam a ministrar, e servir o pagode. Mas já agora ninguem mora n'estas casas, nem estes pagodes são tratados dos gentios, nem vão a elles fazer suas romarias, e oração, como d'antes faziam, por estarem nas terras, que agora são de christãos, e povoadas de portuguezes, onde se lhe não permittem pagodes nem usarem publicamente de seus costumes, e ritos gentilicos. E comtudo os ditos pagodes estão aïnda hoje em pé, deshabitados da maneira que disse.

Um rei do Malavar, gentio, vendo-se necessitado de dinheiro, determinou ajudar-se do thesouro de um pagode mui rico, que havia no seu reino, e com esta determinação se foi ao dito pagode. Sabida sua tenção pelo bramene-mór do pagode, que reside n'elle como bispo entre os gentios, lhe foi á mão, e não lhe deixou fazer o que pretendia, antes lh'o deffendeu com muitas razões, que para isso lhe deu; mas o rei, que já vinha resoluto no que havia de fazer, as não acceitou, nem teve dever com o que o bramene lhe dizia, antes foi entrando no pagode para lhe tomar o dinheiro, que n'elle estava enthesourado. O bramene-mór vendo a força, que o rei lhe fazia, determinou de o excommungar; para o que tomou um ferro na mão, e deu com elle em sua propria testa, de modo que tirou sangue, a qual cousa entre os gentios é como excommunhão maior, porque todo aquelle, por cujo respeito o bramene tira sangue de si, fica excommungado, e não póde mais entrar no pagode, nem ser absolto d'aquella culpa, até que pague muito dinheiro para o mesmo pagode, em pena do crime, que commetteu. E tal ficou o rei n'este caso, porque não sómente ficou sem o dinheiro, que pretendia tomar, mas tambem pagou a pena da excommunhão, para ser absolto e entrar no pagode. D'onde se póde notar o grande respeito que os gentios tem aos seus prelados, porque até os mesmos reis lhe guardam o decoro devido, e acceitam as penitencias que lhe dão.

CAPITULO X

Dos bramenes gentios, que habitam as partes da India, e de seus costumes

Em todas as terras da India habitam muitas castas e nações de gentios; entre os quaes os bramenes são mais honrados, e melhor gente, porque são como sacerdotes e religiosos, dedicados ao serviço dos pagodes. Estes ordinariamente vivem entre palmares, e bosques muito frescos, regados com muitas fontes e ribeiras, de que a terra é abundante. Não comem carne, nem peixe, nem cousa que tenha côr de sangue, pelo qual respeito não comem bredos vermelhos, porque lançam de si agoa vermelha. Sustentam-se com hervas, manteiga, leite, arroz, e outros legumes; de modo, que seu ordinario comer é uma dieta, e assim são muito sãos, e poucas vezes adoecem, e vivem muitos annos. Nunca se sangram, inda que adoeçam de febres; mas põe-se em mais dieta, ou em não comer, até que se lhe vão as febres. Não usam de armas offensivas, nem deffensivas. Não matam, nem ferem, nem tiram sangue a cousa viva; antes se podem dar vida a qualquer animal, que outrem haja de matar diante d'elles, são obrigados a dar-lh'a se podem, inda que seja comprar-lh'a por dinheiro. Pelo qual respeito os moços christãos da India, particularmente os de Diu, armam aos passaros, e como tomam algum vivo, vão-se aos bramenes, ou baneanes gentios, dizendo que lhe comprem aquelle passaro vivo, para com o dinheiro d'elle comprarem outra cousa para comerem, e senão que o hão-de matar para isso; e se o gentio o não quer mercar, fingem que matam o passaro diante d'elle, ao qual o gentio logo accode muito depressa, e compra o passaro, dando por elle ordinariamente dobrado mais do que vale; e depois de o ter em sua mão, o solta, deitando-o a voar, e fica muito contente, dizendo que salvou aquella alma da morte, que lhe queriam dar.

Estes gentios tem muitos hospitaes dedicados para os brutos animaes, onde sustentam e curam os bois velhos, que já não podem trabalhar, e todos os mais animaes, que acham doentes, ou aleijados, e todas as aves que não podem voar. E finalmente aqui sustentam todos os brutos, que se não podem sústentar por si. E para cada um genero d'elles tem casas particulares, onde lhe dão bastantissimamente de comer. Além d'isso deitam de comer a todas as aves do céo, que querem vir comer a estes hospitaes. Para estes gastos tem estes hospitaes muitas e mui grossas rendas, que lhe deixaram os gentios, cuidando que faziam n'isso grande obra de misericordia. E com haver estes hospitaes de tantas rendas para os brutos animaes, sómente para os homens os não tem, e os pobres que adoecem, andam cahindo pelas ruas, e morrendo ao desamparo. E a causa d'esta desordem é, por dizerem os gentios, que os homens e mulheres podem fallar e manifestar seus males e necessidades, e buscar o remedio para ellas, pedindo o que lhe falta, as quaes cousas não podem fazer os brutos animaes, e porque todos tem alma, portanto dizem que são obrigados soccorrer aos mais necessitados.

Os mais d'estes gentios costumam queimar seus defunctos, assim como nós costumamos enterrar os nossos. E quando algum bramene morre, sua mulher é obrigada em lei de mulher honrada, morrer tambem com elle. Pela qual razão, quando levam o marido morto a queimar, conforme seu costume, levam juntamente sua mulher viva, a qual vae acompanhando seu corpo até á fogueira muito galante, e vestida dos melhores pannos que tem, como quem vae para bodas ou festas, e diante d'ella vão muitas mulheres tangendo, cantando e bailando; e tanto que chegam ao logar, onde hão-de ser queimados, fazem uma grande fogueira, em que deitam o corpo do bramene morto, e depois d'isso dão uma certa beberagem á mulher que se ha-de queimar, com a qual fica alienada, e quasi fóra de seu juizo; o que fazem, para que não haja medo do fogo. Isto feito, a levam os padrinhos e madrinhas a este sacrificio (os quaes ordinariamente são dos parentes mais chegados que tem) e andam bailando com ella ao redor da fogueira, até que dão com ella dentro no fogo, onde se queima viva, e fica tida de todos os gentios por mulher virtuosa, que honrou a morte de seu marido. E se alguma se não quer queimar quando queimam o marido, póde-o fazer d'ahi a alguns dias em outra fogueira feita para si; mas se totalmente recusa morrer d'esta maneira, então fica mulher infame e desestimada de todos os gentios, e particularmente dos parentes, que tomam isso em caso de honra. E estas, em pena d'esta culpa, ficam obrigadas como mulheres infames, a ganhar torpemente para algum pagode; o qual ganho arrecadam os bramenes dos mesmos pagodes.

CAPITULO XI

Dos Iogues gentios, a que alguns chamam darvis, e outros gymnosophistas, e seus costumes

Entre estes gentios da India ha uma certa casta, a que chamam iogues, e outros lhe chamam darvis. Estes são peregrinos, e andam de terra em terra, como ciganos. Alguns andam muito rotos e remendados, outros nus de todo sem cobertura alguma, nem inda para as partes secretas; e d'esta maneira andam em desprezo do mundo e de suas vaidades, dizendo, que não querem d'elle mais, que escassamente a sustentação para passar a vida, e que lhe basta para vestido do corpo a pelle que Deus lhe deu, como aos outros animaes. Estes andam todos cheios de cinza pelo rosto, cabeça e mais corpo. Não tem casa, nem cama, mais que a terra nua. Pedem esmolla e não tomam mais, que aquella que lhe pode bastar para comerem logo. Não guardam cousa alguma de um dia para outro, nem menos tem em que o possam guardar São mui penitentes e desprezadores do mundo.

Um religioso grave e de muita verdade me contou, estando eu em Chaul, que achando-se elle no reino de Cambaia, sendo inda secular, vira estar um iogue nú assentado junto a uma fogueira, com as costas para o fogo, assando-se por sua propria vontade, e offerecendo-se d'esta maneira em sacrificio a um pagode, que alli estava e soffria o fogo com tanta paciencia, que não se movia, nem confrangia, nem menos gemia, como se fôra homem de pedra. O qual espectaculo estavam vendo outros muitos gentios, com muita devoção, tendo por santo aquelle, que se assava vivo. E o dito religioso me affirmou, que lhe vira todas as costas assadas e crestadas, como o couro de leitão assado, e que sem falta lhe parecia, que o gentio morreria d'aquella ignorancia que fez, estando ao fogo mais de uma hora.

De outro gentio me contaram na India, que se poz ao longo de uma estrada no campo, sobre um pau grosso de altura de duas braças, assentado sobre umas taboas, que tinha pregadas na ponta do pau, onde estava assentado, e que alli se dedicou, e fez voto a Deus de estar nú, até que morresse. O que cumpriu inteiramente, porque sobre este pau esteve toda sũa vida, inverno e verão, soffrendo o rigor do sol e frio, chuvas e as mais injurias do tempo, sem se descer do pau, em que se poz o primeiro dia; e ali assentado dormia, e fazia as mais necessidades corporaes, e não comia, nem bebia, mais que uma só vez no dia, das esmollas, que lhe davam os passageiros. N'este logar esteve muitos annos, com espanto de todos os que o iam vêr, até que morreu.

Entre estes iogues ha uns que são grandes philosophos, de que fazem menção diversos authores, chamando-lhe gymnosophistas, que é o mesmo, que philosophos nús. D'estes diz Plinio, que costumam muitas vezes pôr-se em pé ao sol, com os olhos pregados n'elle todo o dia, des que nasce até que se põe, ora em um pé, ora em outro como grous, no campo sobre a area, que está ardendo como fogo, com a grande quentura do sol d'aquellas partes. Isto mesmo diz S. Agostinho, e alem d'isso accrescenta, que são muito continentes e não chegam a mulher alguma, e moram nos desertos da India, soffrendo o ardor do sol e os frios e tempos asperos, sem se queixarem. M. Tullio tambem diz d'estes, que vivem nús, e soffrem os frios, sem mostrar sentimento, e postos ao fogo se deixam queimar, sem se mover, nem gemer, com muita inteireza e paciencia.

Francisco Patricio diz, que um indio chamado Calano, mui estimado entre os gymnosophistas, vendo em Persia a Alexandre Magno, e parecendo-lhe cousa mui acertada morrer diante de um tão grande principe, e de seu victorioso exercito, mandou fazer uma fogueira, e entrando n'ella pediu aos Macedonios, que presentes estavam, que fizessem grande festa, porque d'ahi a poucos dias havia de ir vêr o seu rei a Babylonia, onde residia. E dizendo isto, mandou accender a fogueira, em que estava, e n'ella se deixou queimar, sem fazer movimento algum de si, emquanto esteve vivo, e d'esta maneira acabou, offerecendo-se em sacrificio ao diabo.

O mesmo auctor conta de outro philosopho indio, chamado Larmanochargas, que vendo a Octavio Augusto Cesar em Athenas, se queimou tambem vivo, dizendo, que então queria morrer, quando via o mais excellente varão de todos os homens; porque depois não visse outra cousa menos nobre, do que era Octavio Augusto.

Estes gymnosophistas refere o mesmo auctor, que são grandes philosophos, e que alguns d'elles estando captivos em poder de Alexandre Magno respondiam sentenciosamente ao que lhe perguntavam; a tres dos quaes o mesmo Alexandre fez tres perguntas, dizendo ao mais velho d'elles: Que farei para ser amado de todos? O qual respondeu: Sel-o-eis, se a ninguem vos mostrardes feroz. Perguntou mais ao segundo: Qual vos parece mais forte, a vida ou a morte? Respondeu: A vida, pois soffre mais adversidades. Perguntando ao terceiro, quanto lhe parecia bem que vivesse um homem, respondeu: Quanto tempo lhe parecer melhor a vida, que a morte.

D'estes se conta, que indo Alexandre Magno á India, o reprehenderam mui livremente no seu rosto com aspereza, dizendo, que sendo elle um homem mortal, se mostrava tão ambicioso das cousas, que tambem eram mortaes, e não se contentando com o que lhe convinha, viera sugeitar e destruir a India toda com suas ladroices. Isto tudo referi aqui, para mostrar que os iogues da India devem ser estes gymnosophistas, de quem os auctores fallam, porque são mui similhantes em todos os costumes e modo de viver.

Outras muitas castas de gentios ha n'estas partes da India mui differentes entre si, assim nos costumes, como nas leis e ritos, que deixo por serem infinitos, e havendo de tratar d'elles de proposito, seria necessario fazer muitos livros.

CAPITULO XII

Da cidade de Chaul de baixo e de cima

DEPOIS de estar na ilha de Gôa alguns tempos, me mandou a obediencia a Chaul. Para onde parti a quatorze de Dezembro de 1597, na armada que então ia para o Norte, de que era capitão Luiz da Silva, irmão do Regedor, o qual depois morreu na guerra do Cunhale, como adiante diremos. Chegamos a Chaul a vinte do dito mez com prospero tempo.

Chaul é uma cidade pequena cercada de muro alto, fortalecida de grandes e fortissimos balluartes, assim pela parte do mar, como pela da terra, onde está muita e mui grossa artilheria. Todos os dias ao pôr do sol, se fecha e pela manhã se torna a abrir, e toda a noite se vigia, e guarda por cima dos muros e balluartes, onde sempre estão vigias para isso deputadas. Está situada á borda do mar, e ao longo de um rio, que na bocca terá quasi meia legua de largura. Tem dos muros a dentro quatro conventos, s. de S. Domingos, de S. Francisco, de S. Agostinho e da Companhia, e fóra dos muros tem outro convento de Capuchos. Tem mais outras egrejas, freguezias e ermidas, assim dentro, como fóra, em um grande arrabalde, que está junto da cidade. Tem muitos aposentos nobres e homens muito ricos, entre os quaes houve antigamente um, que se embarcou d'este reino por soldado pobremente, como vão muitos. Mas depois que se achou na India, foi tão favorecido da fortuna, que não houve no seu tempo outro homem mais rico na India; e quando morreu, deixou a um só filho, que lhe ficou, mais de seiscentos mil cruzados em dinheiro de contado. Este filho conheci eu n'esta cidade, casado, honrado e nobre, do qual se dizia, que tinha muito mais dinheiro, do que lhe deixou seu pae.

Por este rio de Chaul acima da mesma parte da nossa cidade obra de meia legoa, está a povoação dos mouros nossos visinhos, a que chamam Chaul de cima. N'ella vivem tambem muitos gentios, quasi todos mercadores e officiaes de muitos officios, particularmente de colchas de toda a sorte, de escritorios marchetados, catres, e mais peças, e brincos de torno, tecelões de sedas muito primas e boas. Aqui se acham peças muito ricas, infinidade de brincos muito curiosos de cristal, marfim, tartaruga, madreperola, pedras de sangue e de leite, algumas das quaes são mui approvadas e outra muita variedade de mercadorias; de maneira, que Chaul de cima é uma feira perpetua, onde se acham quasi todas as peças, sedas, roupas e brincos, que da India vem para Portugal. A este porto vão algumas náos da Ethiopia, do estreito de Méca, de Mascate, Ormuz, Sinde, Cambaya e de Diu, as quaes levam muitas d'estas mercadorias.

Algumas vezes fui a Chaul de cima, onde vi algumas cousas que me puzeram em grande admiração, como foi vêr um dia bailar duas cobras de capello mui grandes e grossas, que são as mais peçonhentas, que ha na India. Estas traziam dois gentios enroscadas dentro em dois cestos, e cobertas cada uma com seu panno, e quando as queriam fazer bailar, as tiravam dos cestos com a mão, e pondo-as no chão, um d'elles tangia uma gaita, e o outro um instrumento ao modo de sonfonina, que para isso traziam. E as cobras ouvindo a muzica, andavam de uma parte para a outra dando voltas e levantando o collo no ar, e meneando a cabeça de modo, que claramente mostravam que bailavam e gostavam do som, que lhe faziam. E depois d'isto as tomavam os mesmos gentios, e as punham ao pescoço, enroscadas n'elle, sem lhe morderem, nem lhe fazerem algum mal. E d'esta maneira andavam com ellas ganhando dinheiro.

Dois gentios vi por outra vez n'esta mesma povoação, fazer muitos tregeitos e sortes de mãos, mui subtis, e de grande habilidade, e depois d'isso voltear mui ligeiramente, com voltas espantosas, e particularmente faziam uma de grande admiração, que era ter um d'elles uma meia lança sem ferro nas mãos, com uma ponta direita para o ceo, e outra sustentada sobre seu peito, e o outro companheiro subir pela lança arriba mui ligeiramente, e depois de chegar á ponta, punha n'ella uma taboinha redonda de meio palmo de roda, e sobre ella se lançava de barriga, e assim estava em vão deitado e estendido, com as pernas e braços abertos, tão seguro, como se estivera estendido no chão, e d'esta maneira dava trez ou quatro voltas em roda, como se fôra uma dobadoura posta sobre um fusò; e tudo isto fazia sem pegar com pé nem mão na hastea; e o companheiro que estava debaixo, tinha mão n'ella, e o sustentava na mesma hastea, tão direita e seguramente, como se estivera bem firme e mettida no chão. E tanto que acabavam esta habilidade, o que estava em cima se deixava cahir abaixo, dando uma volta no ar, e ficando em pé no chão mui direito, junto de seu companheiro. E acabado isto, ambos perguntavam aos circumstantes, qual d'elles tinha maior habilidade, se o que volteava na ponta da lança, se o outro, que o sustentava no ar tão seguramente, que não cahia. E d'esta maneira ganhavam muito dinheiro. A estas habilidades, sortes e tregeitos, e invenções de ganhar dinheiro, são mui inclinados estes gentios, porque naturalmente são ociosos e preguiçosos.

CAPITULO XIII

Do morro de Chaul, e da gloriosa victoria, que os portuguezes n'elle alcançaram dos mouros

DEFRONTE da nossa cidade de Chaul da outra parte do rio, na ponta da terra, á entrada da barra, está uma serra mui alta, e mui fragosa, a que chamam morro, na India mui conhecido e nomeado; onde os mouros do Melique tinham feito uma das maiores fortalezas, que havia no mundo, com uma cava de altura de uma lança, e muito larga, que chegava do mar até o rio, ficando o morro na ponta da terra, como em ilha, cercado por trez partes de mar, e da parte da terra com a cava; na qual tinha uma ponte levadiça de madeira, por onde se serviam do morro para a terra firme. D'esta cava para dentro, estava logo ao pé do morro um panno de muro muito alto e forte, que tomava do mar até o rio, e n'elle dois fortissimos baluartes. No meio do morro estava outro similhante panno de muro com outros baluartes. E no alto do morro estava um grandissimo e fortissimo baluarte, que tomava toda a cabeça d'aquelle monte, ao qual chamam o baluarte da resistencia. Da parte do mar, á entrada da barra, estava outro muito forte e grande baluarte; de modo, que eram sete baluartes por todos, nos quaes havia mais de setenta peças de artilheria grossa e mui furiosa. D'estas cercas para dentro tinham os mouros uma cisterna, ou tanque muito fundo, todo de pedraria lavrada mui perfeito e custoso, no qual nascia agua de que bebiam. Tinham muitos almazens, de todas as cousas necessarias para a guerra, e umas casas mui bem acabadas, onde morava o general de toda esta gente de guerra, que era um abexim chamado Fratecão.

Junto a este morro, da cava para fóra estava assentado um arraial de gente de guerra, em guarda e defensão do morro; no qual havia oito mil homens de peleja, quatro mil de pé, e quatro mil de cavallo, gente escolhida, em que havia mouros muito nobres e ricos, todos allojados em suas tendas de diversas côres louçãs e custosas. Estava mais junto a este arraial uma grande feira, a que na India chamam bazar, onde havia sete mil almas, pouco mais ou menos, entre homens, mulheres e meninos, todos mercadores e vendedores de todo o necessario para uma tão grande copia de gente, como alli estava. Alli se achavam muitas peças ricas, muito dinheiro, muitas mercadorias, e tudo o mais, que hoje se vende em Chaul de cima.

Estando as cousas n'estes termos da parte dos mouros, os portuguezes estavam mettidos na cidade de Chaul, cada dia combatidos, assim da artilheria do morro, que ordinariamente jogavam contra a cidade, como da gente de cavallo, que por terra vinha correr até ás portas da cidade, fazendo mil sobrançarias. N'este tempo veiu D. Alvaro de Abranches, de Baçaim, onde estava por capitão da gente de guerra, que tambem lá assistia por causa d'estes mesmos mouros, que corriam todas estas terras, e trouxe esta gente comsigo embarcada em navios, com os quaes entrou pelo rio de Chaul por baixo de infinitos pelouros, que do morro lhe tiravam, sem nenhum d'elles lhe fazer mal; e entrados, desembarcaram todos em Chaul, com grande festa e alegria.

Cosme de Lafeitar estava em Chaul por general de toda esta gente de guerra, e logo com a chegada de D. Alvaro d'Abranches determinou passar da outra banda do rio, e queimar o bazar dos mouros, e inquietar o seu arraial, sem ter intento de commetter por então o morro, porquc tinha isso por cousa impossivel. Para o qual effeito se confessaram, e commungaram aquella noute todos os soldados nos conventos e egrejas da cidade, que para isso estiveram abertas, e apparelhadas. E depois de confessados, passaram á outra banda em barcos e bateis, que para isso tinham prestes, e antes de amanhecer desembarcaram todos (que seriam mil e quinhentos) e logo começaram marchar para o bazar; mas antes que lá chegassem, lhe sahiram ao encontro os mouros com muito grande resistencia, pelejando exforçadamente a pé e a cavallo. Porém os portuguezes os accommetteram com tanta ousadia e exforço, que os mouros não podendo resistir a seu valoroso impeto, voltaram as costas fugindo para o morro com tanto desatino, que uns iam por cima dos outros, assim a pé, como a cavallo, correndo a quem primeiro havia de entrar pela ponte dentro; da qual cahiu abaixo e morreu muita gente, por ser a ponte estreita, e mui grande o concurso dos homens, mulheres, e meninos, cavallos e elephantes, que por ella queriam passar. Os nossos lhe foram dando no alcance tão exforçadamente, que juntamente entraram com os mouros pela ponte dentro até á primeira cerca, matando sempre n'elles. Tanto que os mouros viram os portuguezes entrados na primeira cerca, foram para fechar a porta da segunda, mas não o poderam fazer, porque lh'o impediu um elephante dos que os mouros tinham no arraial, o qual indo tambem fugindo muito mal ferido, cahiu entre as portas, sem se poder mais levantar. E por esse respeito as não poderam fechar; e os nossos as foram logo commettendo com tanto impeto, que por cima do elephante as entraram e senhorearam apezar dos mouros, que as deffendiam valorosamente. Aqui captivaram o general Fratecão, que já andava muito mal ferido. De modo que em obra de trez horas os nossos mil e quinhentos portuguezes desbarataram oito mil mouros de pé e de cavallo, e ganharam a ponte, e as duas cercas do morro com seus baluartes. Ficava sómente o baluarte da resistencia, que estava no alto da serra, onde se acolheram os mouros, que escaparam da briga, e n'elle se fecharam, e fizeram fortes; mas aproveitou-lhe pouco, porque os nossos mandaram logo á cidade de Chaul buscar escadas, e postas ao muro do baluarte, entraram por ellas dentro apezar dos mouros, que o deffendiam tão exforçada e valorosamente, que por duas vezes tomaram as escadas aos nossos e as allaram acima, e metteram dentro, primeiro que fossem entrados.

Morreram n'esta briga os mais dos mouros, e os que ficaram vivos foram todos captivos; entre os quaes captivaram a mulher e uma filha de Fratecão, o qual depois de se vêr captivo, se fez christão, attribuindo o bom successo d'esta victoria ao nosso Deus ser verdadeiro e poderoso; mas depois de christão morreu das feridas, com que sahiu da batalha, e foi enterrado em Chaul com grande pompa e apparato, acompanhado de toda a clerezia, capitães e soldados, que n'esse tempo inda todos estavam em Chaul. A mulher de Fratecão se resgatou depois por muito dinheiro, e a filha foi levada a Gôa, e Mathias d'Albuquerque, que então era vice-rei, a trouxe para Portugal, e a fez christã. N'esta gloriosa e milagrosa victoria não morreram dos portuguezes mais que vinte e um, e foram feridos pouco mais de quinhentos, que todos depois sararam; e dos inimigos morreram mais de dez mil almas, e os demais foram captivos. Esta victoria se alcançou a dois de Setembro do anno do Senhor de 1594, sendo vice-rei da India Mathias d'Albuquerque. Os baluartes, e cercas d'este morro foram todos derrubados pelos portuguezes, por se não poder sustentar tão grande machina, senão com muita gente de guarnição, e sómente deixaram em pé o baluarte da resistancia, e o balurte, que está ao longo do mar, na entrada da barra; nos quaes de então até agora reside um capitão nosso, com soldados portuguezes, que o vice-rei sustenta e paga para defensão d'este morro.

CAPITULO XIV

Dos religiosos de S. Domingos e S. Francisco, que foram por embaixadores das Philippinas ao Japão, e de como os de S. Francisco foram crucificados

Estando eu na cidade de Chaul, trouxeram a ella uma cabeça de um religioso capucho da ordem de S. Francisco, que foi crucificado em Japão, com outros cinco da mesma ordem. Esta cabeça foi recebida dos religiosos de S. Francisco d'esta cidade com solemne procissão, missa e prégação, onde nos achámos todos os de S. Domingos da mesma cidade, para lhe ajudarmos a celebrar (como irmãos que somos) a festa de tão gloriosas mortes, como foram as d'estes ditosos religiosos, dos quaes por lhe ter muita devoção, e succeder seu martyrio no tempo que andei n'estas partes do Oriente, darei uma breve relação, que é a seguinte.

No anno do Senhor de 1590 havia nas ilhas de Japão um homem chamado Taycozama, o qual, sendo de baixa sorte, teve tanta ventura, que veiu a senhorear o Japão, e sujeitar debaixo de seu imperio sessenta reis, que n'elle havia; de modo que se intitulava Quabacundono, que é nome como de imperador. Este, cheio de muita soberba (desejando manifestar seu nome pelo mundo) mandou seus embaixadores a muitos reis d'aquellas partes, pedindo a uns vassallagem, a outros commercio e amizade. Esta ultima mandou pedir ao governador das Philippinas (que então era Gomez Perez das Marinhas) o qual por satisfazer a sua embaixada, e acceitar a paz e amizade, que lhe offerecia, mandou o padre Fr. João Cobos, da ordem dos prégadores, (religioso de muita prúdencia e auctoridade) por embaixador ao Japão, onde chegou a salvamento, e foi mui bem recebido de Taycozama, e despachado com muitas honras, e em sua companhia mandou ás Philippinas outro embaixador seu, chamado Faranda, para confirmar as pazes que tinha assentado com o padre. Partidos pois de Japão cada um em seu navio, o do Padre Fr. João veiu aportar na ilha Formosa, povoada de gentios barbaros, na qual foi morto, com todos os que vinham no navio. O de Faranda chegou á ilha de Luzão, cabeça das Philippinas, onde foi bem recebido do governador. A morte do Padre Fr. João se soube d'ahi a poucos dias, e de todos foi mui sentida, assim por ser pessoa de muita caridade, como por trazer as cartas de Taycozama, e as condições das pazes, que com elle tinha assentado, as quaes por então não podiam ter effeito, pois não se sabia que taes eram. Pela qual razão tornou o governador a mandar outro embaixador a Japão, que foi o Padre Fr. Pedro Baptista, religioso descalço da ordem de S. Francisco, bom prégador, e de vida exemplar. O qual partiu de Luzão em Junho de 1592, levando em sua companhia trez religiosos da mesma ordem; e chegando a salvamento a Japão, foram bem recebidos de Taycozama, e aposentados em Meáco, cidade populosa e cabeça de todos aquelles reinos, onde dizem haver cem mil vizinhos. Aqui fizeram uma casinha, e egreja com licença d'el-rei, a que puzeram nome Nossa Senhora da Porciuncula, onde prégavam publicamente, diziam missa e baptizavam muitos japões, que se convertiam. N'esta conjuncção chegaram a Japão mais religiosos da mesma ordem, que o provincial das Philippinas mandava para ajudarem os primeiros a cavar n'esta vinha do Senhor. Com sua chegada instituiu logo o Padre Fr. Pedro Baptista (que era prelado de todos) dois hospitaes dentro na mesma cidade, onde curavam os enfermos, chagados e leprosos. D'aqui se foi o Padre Fr. Pedro com alguns companheiros á cidade Uzaca, que está d'alli sete legoas, e n'ella fez outra casinha, a que chamou Belehem, onde fez muito fructo nas almas com sua prégação; e deixando alli dois religiosos, se veiu com só um companheiro a Nangasaqui, porto de mar, onde vão os portuguezes com as náos da China, e n'ella estiveram alguns mezes prégando, com grande acceitação e concurso, assim dos catholicos como dos gentios naturaes. D'aqui se tornaram para Meáco, deixando muito sentimento em todo o povo, que os desejava ter em sua companhia.

N'este tempo arribou a Japão uma náo das Philippinas, carregada de muita fazenda, na qual iam mercadores e soldados castelhanos, que fazendo sua viagem para Nova Hespanha, foram ter a esta ilha quasi perdidos, e na sua praia deram á costa, mas comtudo salvaram a fazenda da náo. De tudo isto foi logo sabedor o Taycozama, o qual como tyranno e ambicioso da fazenda alheia, pretendeu apanhal-a toda com alguma capa de justiça, por lhe não ser vituperada sua ladroice. E para isto lançou fama, que os castelhanos foram ter a Japão, para lhe sondarem os portos, e irem a elles com suas armadas a lhe tomar o reino, e por essa causa tinham enviado diante os frades, com titulo de embaixadores, a prégar sua lei, para que fazendo muitos christãos, tivessem gente da sua parte de que se ajudassem, para se levantarem com o reino, como fizeram com o de Nova Hespanha, Peru e Philippinas. E com este achaque, que este tyranno fingiu, apanhou toda a fazenda da náo, e mandou prender quantos n'ella foram, e aos religiosos das Philippinas, com todos os japões christãos seus familiares. Os quaes foram logo presos no seu convento, e os da náo em outra casa, onde estavam aposentados, e todos cercados de gente de guarda.

Alguns dias estiveram presos d'esta maneira, e no fim d'elles fingiu o tyranno, que movido de misericordia, perdoava a morte aos da náo, e mandou que os soltassem, e se fossem livremente para as Philippinas, nos navios que sahissem do Japão, e que lhe bastasse por castigo perderem suas fazendas; mas que os frades fossem desorelhados, e crucificados em Nangasaqui, com todos os japões seus familiares. Com esta sentença foram soltos os da náo, e os religiosos com os japões levados ao carcere publico; na qual mudança succedeu o caso seguinte.

Chegando os ministros da justiça ao convento dos frades para os levarem e aos mais japões, foram lendo o rol em que estavam os nomes de todos, e acharam que faltava um japão chamado Mathias, o qual, ou se escondeu, ou estaria fóra do convento; e bradando os soldados duas ou trez vezes por Mathias, accudiu um japão do mesmo nome, que vivia junto do convento, e tocado do Espirito Santo, rompeu pela gente, e pondo-se deante dos ministros da justiça disse: Aqui está Mathias, e posto que eu não sou o que vós chamais, sou logo christão pela graça de Deus, e amigo d'estes religiosos, que tendes presos. Responderam os ministros: O que dizes basta para te levarmos a ti tambem preso. E logo lançaram mão d'elle, e lhe ataram as mãos atraz, como aos mais, e assim os levaram, sem perguntarem mais pelo outro Mathias, e cahiu a sorte sobre este Mathias, por ventura que seria o outro Judas que fugiu, e não foi digno de ser contado entre estes martyres. Foram aqui tambem presos trez meninos, que ajudavam á missa aos padres, e o maior seria de quatorze annos.

D'ete carcere publico foram tirados, e levados a uma praça, onde cortaram a cada um d'elles a metade da orelha esquerda, o que os servos de Deus soffreram com tanta constancia, que até nos trez meninos se mostrava seu valor, para confusão dos gentios, porque um d'elles chamado Thomé, cortando-lhe a orelha, e deitando-lh'a no chão, se abaixou por ella, e a amostrou ao algoz, dizendo: corta, corta mais, se quizeres, e farta-te de sangue de christãos, cousa que a todos poz em grande admiração. Tanto que os desorelharam, os subiram em carros, e os levaram pela cidade Meáco á vergonha, e d'aqui á cidade Uzaca, tambem a correr as ruas publicas, dizendo-lhe mil affrontas, indo elles mui pacientes e contentes, por terem já derramado sangue pela fé de Jesu Christo, do qual iam tintos, e muito airosos.

D'esta cidade foram levados a Nangasaqui, caminhando mais de cem legoas, ora a pé, ora a cavallo, ora com as mãos atadas, ora com cordas ao pescoço, até chegarem á vista da cidade, onde todos se confessaram, e apparelharam para morrer. E depois foram levados a um campo defronte da cidade, onde estavam as cruzes lançadas no chão, e cercadas de soldados armados com lanças e arcabuzes. Aqui foram estendidos sobre suas cruzes, e presos n'ellas com cinco argolas de ferro, s. uma no pescoço, duas nas mãos e duas no pés; e d'esta maneira levantados no ar, e arvorada cada cruz em sua cova, que já estava feita para isso, distante uma da outra quatro passos em carreira, com os rostos para a cidade, que lhe ficava ao Meio-dia. Postos d'esta maneira, estavam cantando muitos hymnos e psalmos, com muita alegria de padecer por Christo; e os trez meninos tambem cantavam como anjos o psalmo. *Laudate pueri Dominum*, etc., que lhe tinha ensinado seu mestre o Padre Fr. Pedro Baptista, para cantarem n'esta hora; na qual sahiram trez ou qurtro soldados com agudas lanças nas mãos, e foram alanceando os crucificados, dando a cada um duas lançadas, uma pelo lado direito, outra pelo esquerdo, que os trespassavam até os hombros; e d'esta maneira morreram todos como cavalleiros de Jesu Christo, em uma sexta-feira aos seis de Fevereiro do anno do Senhor de 1597. Em cada cruz estava escripto o nome do que n'ella havia de padecer, que por todos eram vinte e seis; s. os Padres Fr. Pedro Baptista, Commissario, Fr. Martinho da Ascenção, Fr. Francisco Branco, sacerdotes e pregadores. Fr. Phillippe de Jesu, Chorista, Fr. Francisco de S. Miguel, e Fr. Gonçalo Garcia irmãos leigos; os outros vinte eram japões, dos quaes não trato aqui, porque deixo isso para quem tratar sua historia mais de proposito; cujos nomes é de crêr estão escriptos no livro da vida, pois deram a sua pelo Auctor d'ella. Defronte das cruzes estava a sentença de sua morte escripta em uma taboa em lingua do Japão, posta em alto, para que todos a lessem, cujo theor na nossa linguagem portugueza é o seguinte:

Sentença dos crucificados

Por quanto estes homens vieram das ilhas de Luzão com titulo de embaixadores, e se ficaram no Meáco prégando a lei dos christãos, que eu prohibi mui rigorosamente os annos passados; mando que sejam justiçados, juntamente com os japões que se fizeram da sua lei e serão crucificados em Nangasaqui. E torno a prohibir de novo a dita lei d'aqui por diante, porque venha á noticia de todos. E mando que se execute. E se alguem fôr ousado quebrantar este mandamento, seja castigado com toda sua geração O primeiro Queicho, aos dez dias da umdecima lua.

O sello real

Depois de crucificados, cercaram os gentios o logar das cruzes com uma sebe, e puzeram-lhe guarda de soldados, que de dia e de noute vigiavam os corpos dos martyres, para que não fossem furtados pelos christãos, e assim os vigiaram nove mezes; no qual tempo estiveram seus corpos nas cruzes, sem receberem corrupção alguma; antes ficaram com seus rostos tão alvos e formosos, como se morreram aquelle dia. A cabo de nove mezes mandou o governador das Phillippinas pedir estes corpos a Taycozama, e foram-lhe concedidos e levados para as Phillipinas. Mas antes que os recolhessem das cruzes, tomaram os portuguezes da cidade Nangasaqui muita parte d'estas reliquias, e algumas cabeças inteiras, das quaes uma de um d'estes religiosos veiu ter a Chaul, onde eu estava, e a recebemos com a solemnidade, que já disse. A honra e gloria de Deus.

CAPITULO XV

De uma armada, que o vice-rei D. Francisco da Gama fez contra o Cunhale, para a qual vieram os soldados, que andavam no Norte, em cuja companhia tornei de Chaul para Gôa

D'ESTA cidade de Chaul me tornei a embarcar para Gôa em uma armada de dez navios, em que vinham todos os soldados, que tinham invernado aquelle anno nas fortalezas do Norte; os quaes se haviam de ajuntar em Gôa, para irem contra o Cunhale. Partimos pois d'esta barra uma madrugada do primeiro dia de Outubro de mil e quinhentos e noventa e oito, com muito bom terrenho, com que fomos navegando até ás dez horas do dia; no qual tempo acalmou o vento, e todos os navios tomaram os remos, e foram continuando a viagem obra de uma hora. N'esta conjuncção foi visto da nossa armada um navio de mouros do Sanguicel, ladrões, que andavam roubando pelo mar; o qual estava ao longo da terra, e tão cozido com ella, que parecia pedra da praia, e por não ser visto, estava desemmasteado; mas nem isso lhe valeu, para deixar de ser conhecido, e commettido dos nossos navios, os quaes postos todos em alla, se foram a elle remando, a quem primeiro lhe havia de chegar. Os ladrões vendo que eram descobertos, allijaram logo ao mar masto, verga, e velas, para ficarem mais lestos, e menos carregados, e tomando os remos em punho, foram remando ao longo da praia com tanta ligeireza, que faziam voar o navio, e assim passaram fugindo por entre a nossa armada, e em breve tempo nos levaram mais de meia legua de vantagem, por ser o navio pequeno, ligeiro e descarregado, e os nossos muito grandes e carregados; mas nem por isso deixaram de os seguir mais de duas horas, até que entrou a viração do mar mui fresca, com a qual á véla, e remos lhe foram dando caça, e tirando com a espingardaria e berços, de maneira, que vendo-se elles apertados, e quasi alcançados, vararam em terra, e fugiram por uma serra acima, que perto estava, deixando o navio na praia, com alguns roubos, que já tinham feito, o qual levamos comnosco para Gôa. E antes de chegarmos á sua barra, cahiu um homem ao mar, que vinha dormindo na percha do nosso navio, e foi tão ditoso, que vindo outro navio d'esta mesma armada pela esteira do nosso, o tomou sem perigar.

Tanto que os soldados do Norte desembarcaram em Gôa, começou logo o vice-rei D. Francisco da Gama negociar uma grossa armada de navios, e galés, para mandar em ajuda do Çamori rei de Calecut contra o Cunhale, mouro seu vassallo, que se tinha levantado e rebellado contra elle, nomeando-se por rei, tendo adquerido a si muitos mouros de Carapuça, que são os mais exforçados d'esta costa, com que fazia muita guerra, assim ao mesmo Çamori, como aos portuguezes com suas armadas e navios, que mandava por todo o mar da India a saltear e roubar todos os navios, assim de christãos como de gentios, que vinham para os nossos portos, com cujas presas estava muito rico, poderoso e soberbo, recolhido em uma fortaleza cheia de muita artilheria, da qual fazia todos os males que tenho dito. Pelas quaes cousas, o Çamori (que até então estava de guerra com o estado da India) commetteu pazes ao vice-rei D. Francisco da Gama, para que lhe ajudasse a destruir e desbaratar este tão forte inimigo. As quaes acceitou o vice-rei, vendo quanto proveito d'ellas resultava para quietação e socego do estado da India. Pelo que se embarcaram muitos e nobres fidalgos, e mui exforçados soldados; os quaes todos se offereceram com muito gosto para esta tão justa empreza, e foi por seu capitão-mór D. Luiz da Gama, irmão do mesmo vice-rei.

Partidos pois d'esta ilha de Gôa em Dezembro logo seguinte de 1598, chegaram á barra do rio do Cunhale, onde estiveram algum tempo negociando das cousas necessarias para commetter o inimigo. E assentado o dia do combate, entraram pelo rio dentro com todos os navios. Dos quaes mandou o capitão-mór que desembarcassem na terra dos inimigos uma madrugada seiscentos portuguezes, gente mui exforçada e escolhida, levando por seu capitão a Luiz da Silva, irmão do regedor, fidalgo mui exforçado, e de quem havia muito grandes esperanças, pelas boas partes, de que era dotado; em cuja companhia, e no mesmo batel foram o padre Fr. Antonio da Costa, e o padre Fr. Reginaldo do Espirito Santo, religiosos da ordem dos prégadores. Mas este batel não chegou a desembarcar na terra dos inimigos, por respeito do dito Luiz da Silva, porque antes de chegar a terra, os mouros, que deffendiam a praia, lhe deram uma espingardada entre ambos os olhos, de que logo cahiu morto no batel, e por não se saber na terra dos inimigos de sua morte, tornou o batel a voltar do mesmo logar, e os ditos padres vieram com seu corpo, até lhe darem sepultura da outra banda do rio, onde estava a nossa armada surta.

Os mais soldados desembarcando na praia, apezar dos mouros que a deffendiam, pelejaram tão exforçadamente, que em breve tempo foram senhores das tranqueiras e da povoação dos mouros, á qual pozeram logo o fogo, e os mais dos mouros se recolheram á fortaleza, e fecharam as portas com grande pressa e medo; mas depois tornaram a sahir de refresco com muita ouzadia, por vêrem que os portuguezes andavam já mui cansados de pelejar havia quatro horas, e juntamente viam que os mais d'elles não tinham já polvora, nem pelouros com que podessem continuar a briga, e que andavam já espalhados e desgarrados, como quem andava sem capitão que os ajuntasse e governasse; pelo que deram sobre elles, e sobre a gente do Çamori, que tambem n'esta briga ajudava aos portuguezes. E n'este segundo encontro foram mortos os mais d'elles, e outros feridos, que escaparam a nado, e da gente do Çamori morreram mais de mil nayres. Vendo o capitão mór tão ruim principio a esta guerra, e tão desastrado successo no primeiro assalto, que tinha dado, foi-se d'aqui para Cochim com toda a armada, para mandar curar alguns doentes, e feridos, que escaparam d'esta briga, e de Cochim tornou para Gôa, para se refazer de mais gente, e de outras cousas necessarias para a empreza começada, e o Çamori se deixou ficar com todo seu arraial alojado defronte da fortaleza do Cunhale, tendo-o cercado da parte da terra, onde esteve esperando todo o inverno, sem levantar o campo, nem deixar o cerco, que tinha começado, até que lhe tornasse outro soccorro de Gôa.

CAPITULO XVI

Da segunda armada, que D. Francisco da Gama, vice-rei da India mandou contra o Cunhale, e do que lhe succedeu

No anno seguinte de 1599 tornou o vice-rei D. Francisco da Gama fazer outra armada com muita mais gente, e muitos mais petrechos de guerra, para tornar a mandar contra o Cunhale; da qual fez capitão-mór André Furtado de Mendonça, fidalgo mui nobre, e mui exforçado e temido dos mouros, por ter d'elles já alcançado muitas victorias, sendo capitão-mór do Malavar. Tanto que este valoroso capitão teve prestes e negociado todo o necessario para esta empreza, partiu da barra de Gôa em Dezembro da dita era, e chegou ao Cunhale no mesmo mez; com cuja chegada logo os mouros desconfiaram de sua salvação, e se deram por desbaratados. E por outra parte o Çamori ficou muito alegre, tendo por certa a victoria de seus inimigos. E logo mandou visitar André Furtado por seus regedores á galé, onde estava, e elle em pessoa o veiu visitar o dia seguinte á praia, onde André Furtado desembarcou, e o recebeu com muita cortezia; alli trataram ambos do modo, que haviam de ter no accommettimento, e destruição do Cunhale. E para mais segurança e firmeza d'esta liga, ordenaram, que houvesse revens de parte a parte. O Çamori deu em revens o principe de Tanor, e o regedor-mór de seu reino; os quaes levou D. Francisco de Sousa na sua galé a Cochim, onde foram bem agasalhados e guardados na ilha de Vaypim. Ao Çamori deram em revens dois fidalgos portuguezes, que elle teve no seu arraial.

Isto feito, começou logo André Furtado entender no que era necessario para o combate da fortaleza e de suas tranqueiras. Primeiramente fez uma tranqueira logo á entrada da barra, na praia, da parte do Norte, para recolhimento e deffensão da gente, que desembarcasse da armada. Fez mais outra tranqueira além da fortaleza do Cunhale, para deffender os rios, que descem da serra, d'onde vinham mantimentos aos inimigos. Fez outra tranqueira em uma ponta da terra, que estava defronte da fortaleza, onde poz algumas peças de artilheria, com que varejava a fortaleza, e lhe fazia muito damno. Depois d'isto desempediu a barra do rio, que o Cunhale tinha empedida com muitos mastos e ancoras, encadeiadas com cadeias de ferro, de modo que não podia entrar a nossa armada da barra para dentro. Acabado isto, determinou combater um forte, que os mouros tinham feito na ponta da terra á entrada da barra, da parte do Sul, fortalecido com muita gente de guerra e artilheria. Para o que uma madrugada desembarcou na dita praia com muitos soldados; e posto que da parte dos mouros houve muita resistencia, comtudo quando amanheceu, tinha já ganhado o forte com morte de muitos mouros, e de trinta portuguezes, que alli morreram, afóra outros tantos feridos. A este forte poz o capitão-mór nome de Nossa Senhora da Victoria, e logo lhe meteu dentro boa guarnição de soldados. E d'esta maneira ficaram os portuguezes senhores de todo o rio, assim da parte do Norte, como do Sul, e os mouros de todo desconfiados e desejosos de se sahir da fortaleza, e fugir. A qual cousa sabida pelo Çamori, e capitão-mór, deram licença para que se sahisse da fortaleza quem quizesse livremente, e se fosse em paz. Com este seguro se sahiram d'ella mais de mil pessoas entre mulheres e meninos, e alguns homens, ficando dentro o Cunhale com a melhor gente, que tinha de peleja, todos mouros.

Esta fortaleza estava situada quasi toda dentro no rio, cercada de agoa por trez partes, e na que estava para a banda da terra, havia duas cercas mui fortes; a primeira, que estava mais chegada á fortaleza, era de pedra, a segunda de madeira, entre as quaes havia dois baluartes mui fortes, um se chamava do Catamuça (que era um mouro mui exforçado capitão, e parente do Cunhale) e outro o baluarte Branco. Dentro d'estas cercas, estava a mesquita, e a povoação dos mouros, que o anno d'antes tiveram ganhado, e queimado os portuguezes, que foram em companhia de Luiz da Silva, como disse no capitulo passado. A tranqueira, ou cerca de madeira, ganhou logo André Furtado com muito menos trabalho do com que tinha ganhado o forte da barra, e com menos perigo dos soldados, e logo lhe poz o fogo, ficando inda a cerca de pedra com os dois baluartes, Branco e do Catamuça, e a mesma fortaleza, onde estavam os mouros cercados de todas as partes; porque tambem da banda do mar estavam todos os navios da armada, e as barcaças, com muita e boa artilheria, que de continuo varejava os cercados.

CAPITULO XVII

Do ultimo combate, que se deu ao Cunhale, e de sua prisão, e morte

Estando as cousas do Cunhale nos termos que atraz fica dito, vendo André Furtado de Mendonça, que lhe não ficava mais que fazer, senão commetter a fortaleza, e os baluartes, determinou de lhe dar bateria por mar, e por terra. Para o qual effeito desembarcou em terra com seus esquadrões de soldados mui bem negoceados, e guiados por um estandarte real, que levavam diante arvorado em uma lança, e d'esta maneira foi marchando até a tranqueira de pedra, que primeiro havia de commetter. E mandou aos navios, que estavam no rio, que commettessem juntamente o baluarte Branco. O que tudo prestes e apparelhado, ao som de uma trombeta (que era o signal de abalroarem) remetteram cada um por sua parte, e combateram os logares, que lhe foram encommendados, com tanto animo e exforço, que em breve tempo foi ganhada a tranqueira de pedra, e os baluartes ambos, e a povoação, e mesquita, e todos estes fortes e passos, foram logo fortalecidos, guardados, e muito bem vigiados pelos portuguezes. N'este combate morreram muitos mouros, e os mais se recolheram na fortaleza mal feridos, e desbaratados.

André Furtado não cessou do trabalho, que tinha começado, antes logo com novas forças, e grande animo mandou combater a fortaleza mui rijamente por todas as partes, de dia e de noute, sem deixar quietar os inimigos; os quaes, inda que tão opprimidos, deffendiam mui valorosamente suas vidas e casa, jogando sem cessar com sua artilheria contra os portuguezes, e gente do Çamori, que em toda esta guerra sempre ajudou aos nossos, e com os muitos pelouros, que os inimigos despediam da fortaleza, faziam grande damno a toda a nossa gente. Mas nem isso foi bastante, para deixarem de lhe furar, e arrombar a fortaleza, com a nossa artilheria das barcaças, de tal maneira, que já podiam ser entrados os inimigos, pelas roturas que tinham no muro.

Vendo-se já o Cunhale desbaratado, e quasi entrado, determinou entregar-se ao Çamori, sem haver mais briga. O que poz em effeito aos dezeseis de Março do dito anno. Para a qual entrega, se aballou o Çamori com todo o seu arraial (que seriam mais de dez mil nayres) e veiu-se pôr á porta da fortaleza de uma parte, e André Furtado com todos os portuguezes (que seriam mais de mil) veiu tambem para a dita fortaleza, e poz-se da outra parte, ficando um caminho pelo meio dos dois arraiaes. Isto feito, abriram de dentro as portas da fortaleza, e veiu sahindo toda a gente, que estava dentro, desarmada, e foi passando em fileira por entre os dois exercitos. No fim da qual gente vinha o Cunhale cercado de todos os seus mouros, principaes; o qual vinha vestido honesta e custosamente, com muitas peças, manilhas nos braços, e anneis de ouro muito ricos nos dedos, e com uma espada nua na mão; e d'esta maneira chegou até onde estava o capitão-mór e o Çamori; e logo André Furtado lançou mão d'elle por consentimento do Çamori, e o entregou aos soldados, para que o levassem a bom recado, e mettessem na galé capitaina, aonde logo foi levado preso, e agrilhoado, com outros quarenta mouros dos principaes do Cunhale, que tambem o Çamori mandou entregar aos portuguezes, pedindo muito a André Furtado, que lhes não désse a vida.

Isto feito, entrou André Furtado com o Çamori na fortaleza, e disse-lhe as palavras seguintes. Pois V. A. tem respondido com sua amizade e verdade, como se esperava de um tão grande e poderoso rei, como é, eu em nome d'El-Rei de Portugal meu Senhor, liberalmente largo, e dou a V. A. tudo quanto n'esta fortaleza se achar, sem querer d'aqui cousa alguma para as despezas d'esta armada, nem para os soldados d'ella, tirando as peças d'artilheria, porque essas havemos de partir pelo meio, como já temos assentado. O Çamori ficou tão contente com este offerecimento, que o não sabia encarecer com palavras, louvando muito a verdade, e liberalidade dos portuguezes. E isto dizia, pelos receios, que sempre teve de André Furtado se senhorear de todo o despojo, que na fortaleza se achasse, tomando-o para si, e para seus soldados. Depois d'isto foram contadas todas as peças d'artilheria, que na fortaleza estavam, e acharam-se mais de trezentas, que logo foram tiradas e recolhidas, e a fortaleza, com toda a cidade, tranqueiras e baluartes, arrazados e postos por terra, e os palmares todos ao redor cortados, e destruidos, e as galeotas e fustas do Cunhale, que estavam no rio junto á fortaleza, todas queimadas. A qual destruição viu fazer o mesmo Cunhale, que presente estava, preso na galé capitaina.

Depois de tudo isto concluido, despediu-se André Furtado do Çamori, e veiu-se para Gôa, trazendo em sua companhia um sobrinho do Çamori chamado Niale Charale, para confirmar as pazes com o vice-rei entre o Çamori, e o Estado da India. Chegou á cidade de Gôa a treze de Abril do anno do Senhor de mil e seiscentos, onde foi recebido com tantas festas, e alegria, quanta victoria tão insigne estava pedindo. As pazes foram confirmadas, e o mouro Cunhale degolado publicamente sem se querer fazer christão, sendo admoestado muitas vezes para isso por muitos religiosos, que de proposito lhe foram prégar ao tronco, onde estava preso, e assim morreu como viveu. Sua cabeça foi levada em uma gaiola de ferro, e posta no mesmo lugar, onde esteve a sua fortaleza, sobre um masto. E d'esta maneira se quietaram as guerras dos portuguezes com o Malavar, e acabou este Cunhale cruel inimigo, e perseguidor dos christãos.

CAPITULO XVIII

De como parti de Gôa para Cochim vindo já de viagem para Portugal, e da cidade de Cochim, e christãos de S. Thomé, e seu martyrio

Depois que André Furtado de Mendonça partiu de Gôa com sua armada para o Cunhale, como fica dito, d'ahi a cinco dias, que foi a oito de Dezembro, do anno do Senhor de 1599, partiu a náo *S. Simão* da mesma barra para Cochim a tomar a carga da pimenta, para d'ahi fazer sua viagem para Portugal. N'esta náo me mandou o vice-rei D. Francisco da Gama embarcar, com titulo de capellão, para n'esta viagem confessar e sacramentar os passageiros d'ella, como fiz. Partidos pois, tivemos tão bom tempo e vento, que fomos sempre correndo a costa do Malavar, e passamos pela barra do Cunhale, onde achamos André Furtado surto na bocca do rio; e d'alli fomos passando e continuando nossa viagem, até a barra de Cochim, onde chegamos a salvamento, aos dezeseis do dito mez.

Cochim é uma cidade mui bem assentada, sem haver n'ella outeiro ou ladeira alguma. Está situada junto do mar ao longo de um formoso rio, de mui boa agua doce, posto que alli na barra é salgada, por causa das marés. Este rio desce de umas serras, a que chamam Gate, cujas aguas são excellentissimas e regam muita parte das terras de Cochim, fazendo por ellas ribeiras e ilhas mui frescas, onde ha grandes folgas e passatempos, de que os moradores de Cochim se logram. Ha n'esta cidade quatro conventos de religiosos, s. de S. Domingos, de S. Francisco, de S. Agostinho e da Companhia; e fóra da cidade outro de Capuchos. Tem Sé, com seu bispo, e conegos, e outras freguezias e ermidas. Ha n'ella muita e boa casaria, e gente mui nobre e rica. Tem quasi tantas mercadorias como Gôa, porque em seu porto entram muitas náos e navios, com as mercadorias, que costumam ir a Gôa. Aqui carregam as náos a pimenta, que se apanha no Malavar, e a canella que vem de Ceylão. Antigamente se carregava tambem muita canella, que se colhia nos mattos de Cochim, a que chamavam canella do matto, e já hoje a não colhem, pela pouca valia que tem, por respeito da muita fina, que vem de Ceylão. Finalmente, aqui n'este porto carregam as náos de Portugal a principal caixaria, roupas e drogas, que da India vem para este reino.

Por este rio de Cochim acima obra de uma legua, da mesma parte da nossa cidade, está Cochim de cima, cidade povoada de gentios, os mais d'elles nayres (que é a gente nobre d'estas terras) entre os quaes moram tambem alguns mouros e judeus. N'esta cidade está a côrte do rei d'estas terras, onde ordinariamente reside, com o qual tiveram sempre os portuguezes paz, e amizade, conservando-a elle sempre com muita lealdade, como largamente se conta nas chronicas da India; pela qual rasão os reis de Portugal lhe deram parte dos direitos, que rendem as alfandegas na nossa cidade de Cochim; a qual o rei gentio manda arrecadar por seus feitores, que alli tem. Este rei vem algumas vezes a esta nossa cidade pelo rio abaixo, mui bem acompanhado de nayres, com suas espadas nuas na mão, e rodelas embracadas, do qual modo andam ordinariamente; e o capitão de Cochim com o mais povo, o recebe com tanta cortezia, como se fôra o vice-rei da India; e logo o capitão lhe entrega as chaves da cidade em uma salva de prata, em reconhecimento da muita amizade e irmandade, que sempre teve com os reis de Portugal; a qual ceremonia el-rei de Cochim estima muito, e tomando as chaves da mão do capitão, lh'as torna logo a entregar com muita alegria.

Por este mesmo rio acima pela terra dentro está uma corda de serras mui grandes, que atravessam toda a India, nas quaes moram muitos christãos naturaes da terra, de côr baça. Estes descendem d'aquelles, que converteu e baptizou o apostolo S. Thomé n'aquellas partes, e por isso lhe chamam christãos de S. Thomé. D'este glorioso apostolo se lê, que sendo enviado pelo Espirito Santo a prégar o Evangelho á India Oriental, logo se poz ao caminho; e depois de prégar e fazer muita christandade na ilha de Sacotorá, e no reino da Persia, onde foi ter, d'alli se tornou a embarcar para a India, onde chegou a salvamento, e correndo algumas terras do Malavar, converteu n'ellas muitos gentios á fé de Jesu Christo Nosso Senhor, assim com sua prégação, como com muitos milagres, que obrou entre elles; e depois de ter baptizado muitos, fez algumas egrejas, e ordenou-lhe ministros, para administrarem esta christandade. Isto feito, se tornou a embarcar para a costa de Charamandel, e foi aportar na cidade de Maleapor, povoada de gentios, mui populosa, onde prégou, e converteu a maior parte da gente da terra; entre os quaes fez christão o proprio rei d'ella, e ordenou muitos ministros para cultivarem esta christandade.

Não podendo soffrer os bramenes, sacerdotes dos gentios, que sua seita se fosse assim acabando, com tanto descredito de suas pessoas, pois perdiam a honra do sacerdocio dos idolos, que possuiam, consultaram como matariam o glorioso apostolo, tendo para si, que com sua morte cessaria a christandade que fazia; e buscando para isso tempo e occasião, em que lhe não podessem valer os christãos, effectuaram seu damnado intento, esperando o apostolo um dia fóra da cidade, onde além de lhe darem muita pedrada, lhe deram tambem uma lançada, com que o atravessaram e mataram. E d'esta maneira deu sua alma santissima a seu amado Senhor e Mestre Jesu Christo, por cujo amor e fé morria.

CAPITULO XIX

Do que succedeu aos christãos de S. Thomé, e de como receberam a seita nestoriana, e de sua reducção á egreja romana

Depois da morte d'este glorioso apostolo, perseverou a christandade que deixou feita n'esta terra muitos annos com grande augmento, assim de christãos, como de bispos e egrejas, até o tempo em que outros reis barbaros e infieis vieram tomar posse d'este reino por força de armas, os quaes destruiram esta christandade, derribando-lhe as egrejas, matando-lhe os bispos, e grande numero de christãos; e os que poderam escapar d'esta perseguição, fugiram, e vieram-se para o Malavar, onde estavam os primeiros christãos, que S. Thomé na India tinha feito; outros foram viver em o reino de Cranganor, outros na cidade de Coulão; outros no reino de Travancor; e outros finalmente nas serras do Malavar, situadas pela terra dentro no reino do Çamori, e de Cochim, onde até agora viveram mui favorecidos de todos os reis d'este Malavar, concedendo-lhes grandes privilegios e liberdades, como aos mais nobres de seus reinos; porque na mesma reputação eram tidos dos gentios, e particularmente de um grande senhor e rei de todas estas terras, chamado Xarão Perumal, que foi o mais nobre e rico rei que houve n'estes reinos, e mui venerado de todos os reis do Oriente, por suas excellencias; o qual trouxe sempre na cabeça estes christãos, e lhes concedeu as maiores honras e privilegios, que hoje possuem. De maneira, que sempre estes christãos foram n'estes reinos tidos e avaliados por gente nobre e mais honrada, que todos os gentios e mouros d'este Oriente.

N'esta perseguição, que os christãos padeceram em Maleapor, foram mortos os bispos, como fica dito, e assim ficaram sem pastores e prelados, que lhe administrassem os sacramentos. Pelo qual respeito os que fugiram para o Malavar mandaram pedir ao patriarcha de Babylonia, que os provesse de bispo, que governasse e cultivasse estas ovelhas, que estavam sem pastor; o qual, querendo satisfazer a tão justa petição, lhe mandou logo bispo, que ordenasse alguns sacerdotes e ministros para o culto divino, como de feito ordenou. E d'esta maneira se sustentou esta christandade muitos annos em verdadeira e catholica doutrina, até o tempo em que se levantou em Constantinopla o falso patriarcha Nestor, com suas herezias e falsa doutrina, a qual foi lavrando, como peçonha, até chegar á egreja de Babylonia, onde foi recebida, e d'alli communicada e ensinada a estes christãos do Malavar, e n'ella foram creados e sustentados até o anno de 1597, em o qual morreu o ultimo bispo nestoriano, que tiveram, chamado Mar Abraham. Por cuja morte o arcebispo de Gôa D. Fr. Aleixo de Menezes, foi visitar pessoalmente esta christandade, e tomou posse d'ella, e celebrou Synodo em Diamper, logar principal, onde moram estes christãos, no qual se acharam presentes todos os ecclesiasticos d'esta christandade, e quatro procuradores de cada povo; e n'este Synodo se prohibiram, e refutaram muitos abusos e costumes depravados, em que viviam estes christãos, seguindo os erros do falso Nestor, que eram muitos, com os quaes viviam em tão grandes trevas e cegueira, que parece lhes faltava já o proprio lume natural e da razão, como se póde vêr em alguns dos que se seguem.

Primeiramente negavam a virgindade de Nossa Senhora, e a Encarnação do Verbo Divino, e a adoração das imagens, porque nenhuma tinham, nem veneravam mais que a Cruz; e diziam que os santos, que eram passados d'esta vida, não viam a Deus, nem haviam de gosar de sua gloria, senão depois do ultimo juizo universal, e que até então estavam no paraizo terreal, e os máos que morriam em peccado, não iam logo ao inferno, mas que estavam junto ao paraizo terreal em um logar escuro, até o dia do juizo, no qual haviam todos os condemnados juntamente ir ao inferno. Seus bispos eram chaldeus de nação, mandados pelo patriarcha de Babylonia, a quem obedeciam. Estes vendiam os sacramentos, concertando-se com quem os havia de receber, em preço de dinheiro. Não tinham mais que trez sacramentos, de que usavam, que eram os do Baptismo, Eucharistia e Ordem. No do baptismo commettiam mil erros, porque não baptizavam as creanças de oito dias, senão de muitos mezes e annos; e outros se não baptizavam, por não ter dinheiro para pagar aos sacerdotes, que os haviam de baptizar, e sem serem baptizados iam á egreja, e commungavam com os baptizados, sem lhe ser por isso prohibido. Não se confessavam, nem usavam do sacramento da unção, nem do chrisma, nem de oleo santo no baptismo. Em logar de confissão tinham no meio da egreja um brazeiro, onde os que se queriam purificar deitavam incenso nas brazas, e se perfumavam, tendo para si, que com aquelle fumo se lhe tiravam os peccados. Os sacerdotes se ordenavam de dezesete até vinte annos. Diziam missa com vinho de palmeira, e com bolos de farinha de trigo amassados com azeite. Não diziam missa mais que dez ou doze vezes no anno. Não obrigavam o povo a ir á egreja, nem ouvir missa. Depois de sacerdotes casavam, e se lhe morriam as mulheres, podiam casar outras vezes. Não se apartavam das mulheres o dia que haviam de celebrar. Seus vestidos ordinarios eram umas ceroulas grandes, brancas, e uma camisa solta por cima d'ellas, e uma capa branca e comprida. Traziam grandes corôas na cabeça. Comiam ás quartas e sextas feiras peixe sómente, e todos os mais dias podiam comer carne. Jejuavam a quaresma, começando da quinquagesima. Não usavam a ceremonia da cinza, de que nós usamos. Não comiam em toda a quaresma, nem no advento mais que uma só vez ao sol posto; nos quaes tempos não comiam peixe, nem ovos, nem cousa de leite, nem chegavam a suas mulheres. Se quebravam um dia de jejum na quaresma, ou no advento, cuidavam que já tinham quebrado o jejum todo d'aquella quaresma, ou advento, e por isso não jejuavam os mais dias, que lhe restavam dos ditos tempos, tendo para si que lhe não aproveitava o jejum, nem peccavam de novo, deixando de jejuar. Não jejuavam os dias santos, que vinham em dia de jejum. Guardavam os dias de festa das primeiras vesperas até as segundas sómente; de maneira, que no mesmo dia de festa depois de vesperas, já não era dia santo, e podiam trabalhar ate noute. As mulheres, que pariam macho, não entravam na egreja senão d'ahi a quarenta dias, e as que pariam femea, depois de oitenta, guardando n'isto o costume dos judeus. O homicida voluntario ficava excommungado para sempre de excommunhão maior, e d'ella não podia ser absolto, nem na hora da morte. Outros muitos erros e superstições tinham, que por abreviar deixo; dos quaes todos pela misericordia de Deus hoje estão apartados, e reduzidos á obediencia do Papa, guardando em tudo as ceremonias da egreja romana, da qual havia mais de mil annos, que estavam apartados, como constou de seus mesmos livros, que se viram no Synodo, que tenho dito. O qual fructo, e reducção d'esta egreja, se deve ao arcebispo de Gôa D. Fr. Aleixo de Menezes, que os reduziu com muito trabalho e contradicção; porque passando por todas as difficuldades, levou ao cabo esta obra tão heroica, pela qual terá o premio de Deus, e o louvor dos homens, que entendem de quanta importancia foi.

E para que esta christandade se conservasse com mais firmeza, no estado em que ficou reduzida pelo Synodo, foi eleito em bispo d'ella o Padre Francisco Roz, á petição do mesmo arcebispo D. Fr. Aleixo, e confirmado pelo Papa Clemente VIII, pela noticia que tinha da lingua suriana, ou suriaca, em a qual estão escriptos os livros de que usam os ecclesiasticos d'esta christandade, chamados Cassanares. O qual bispo foi mui bem recebido n'esta egreja da Serra, assim do ecclesiastico, como do secular; e todos hoje vivem na fé catholica, como os mais catholicos da egreja romana.

CAPITULO XX

De como nos partimos de Cochim para Portugal, e do que nos succedeu até os baixos das Chagas

ESTIVEMOS n'esta cidade de Cochim trinta e quatro dias, tomando a carga da náo, e negociando todas as mais cousas necessarias para tão comprida viagem, como é a da India para este reino, em que se gastam ordinariamente sete mezes. E depois de tudo aviado, partimos da barra de Cochim em a náo *S. Simão* aos dezenove de Janeiro, do anno do Senhor de 1600, na qual vinha por capitão Diogo de Sousa, nobre e exforçado cavalleiro do habito de Christo, natural de Vianna de Caminha; o qual tinha servido a El-Rei nas armadas de Portugal de capitão de navios muitas vezes. Por piloto vinha João Pires, mui certo e confiado em seu sol, e mui acertado em sua navegação; e por mestre Antonio Diaz, mui esperto e grande vigiador, diligente, e bom official d'este officio, e sobretudo homem de boa consciencia. Vinham mais n'esta náo cento e cincoenta pessoas, s. cento e cinco portuguezes, assim passageiros, como da obrigação da náo, e os mais escravos.

Indo pois assim continuando nossa viagem, aos vinte e trez do dito mez, vimos uma ilha das de Mamale, situada em nove gráos e um terço da banda do

Norte, a qual tinha de comprido duas legoas, pouco mais ou menos, de terra raza, mui verde, e fresca ao parecer, pelos muitos palmares que tinha. O dia que vimos esta ilha, vimos uma náo longe de nós, que não conhecemos, mas depois soubemos na ilha de Santa Helena, onde nos ajuntamos, que era a náo *Conceição,* de nossa companhia. Fomos passando ao longo d'esta ilha (que diziam ser habitada de mouros e gentios) com muito bom vento, e com elle navegamos até cinco gráos da banda do Norte, onde nos acalmou o vento de modo, que andamos n'esta paragem quinze dias, padecendo grandes calmas e muito enfadamento, por não fazermos viagem; mas depois nos tornou o vento prospero, com que chegamos á linha equinocial, e a passamos sem trabalho algum, aos vinte e trez dias de Fevereiro do mesmo anno.

Aos vinte e cinco dias do dito mez passamos pela altura dos baixos das Chagas, os quaes vinhamos bem receiando e temendo, por serem muito perigosos. N'estes baixos se perdeu antigamente a náo *S. Pedro,* vindo da India para Portugal; e dizem os que se n'elles perderam, que são cinco ilhas razas, e a maior parte d'ellas allagadiças, entre as quaes ha canaes, por onde póde entrar qualquer náo de maré cheia. Ao mar d'estas ilhas estão grandes restingas de areia d'algumas partes, e d'outras grande parcel e arrecifes de pedra mui perigosos. Entre estas ilhas amanheceu um dia a náo *S. Pedro,* vindo navegando com muito pouco vento, quasi em calmaria, e quando descobriu o dia achou-se dentro em um canal d'estes, junto de uma d'estas ilhas, para onde o mar a encostou, dando com ella em terra, de modo que ficou meia descoberta. No que Deus inda favoreceu muito aos que n'ella vinham, porque assim como virou para a banda da ilha, se virara para o mar, enchera-se toda d'agoa, e affogara-se muita gente, e não se poderam aproveitar da madeira e cordoalha da náo, e dos mantimentos d'ella, como depois fizeram.

Tanto que a náo fez assento, desembarcaram todos na mesma ilha sem perigo algum, e fizeram n'ella choupanas e tendas, em que se aposentaram, e tiraram da náo todo o arroz e todo o mais mantimento que poderam, e toda a cordoalha, madeira, e pregadura, que se pode tirar, e com ella armaram um navio sobre o esquife da náo, ajudando-se para isso tambem de muita madeira, que cortaram em uma d'estas ilhas. Este navio foi em parte calafetado com seda da China, que vinha na mesma náo para este reino, e breado com beijoim, por não haver breu nem estopa em abundancia. E depois de estar aviado de todo o necessario, metteu-se n'elle toda a gente da náo, e fazendo-se á vela, tornou para a India, aonde chegou a salvamento, deixando na dita ilha muita fazenda da náo que não coube no navio.

N'estes baixos havia muitos palmares, carregados de côcos, que mostravam serem já em algum tempo habitados, e hoje são desertos e deshabitados, mas não de passaros, porque affirmavam os que se acharam n'esta perdição serem tantos, que cobriam as praias d'estes baixos, e tão pouco espantadiços, que não fugiam, nem haviam medo da gente, pelo descostume que tinham de a vêr. Os ovos d'estes passaros eram em tanta abundancia pelos campos e praias d'estas ilhas, que não podiam andar por ellas sem os pisar; o que não foi pouco remedio para esta gente, pois d'estes ovos e passaros se sustentaram muito tempo. Havia mais n'estas ilhas uma casta de caranguejos da terra, que viviam em covas, os quaes eram tamanhos quasi como uma rodella, cujas pernas e boccas eram de tanta grandeza, que abarcavam uma palmeira, e subiam por ella acima, e cortavam um cacho de côcos com a bocca, e deixando-o cahir de cima no chão, tornavam a descer pela palmeira abaixo, e tirando-lhe as cascas com as boccas, abriam todos os côcos, e comiam-lhe o miolo. D'estes caranguejos comia tambem esta gente que se perdeu, e dizia que eram muito gordos e saborosos. Todas estas cousas me contaram alguns homens, que se acharam n'esta perdição, particularmente Antonio Negrão, que era o contramestre d'esta náo *S. Pedro*, e foi o principal na armação do navio, que tornou á India, em que se salvou esta gente, depois de estar n'estes baixos mais de seis mezes. N'esta perdição da náo *S. Pedro* se achou um religioso da nossa ordem, o qual foi grande parte da salvação d'esta gente, porque andava sempre animando a todos, prégando-lhe e incitando-os a trabalhar no navio, que se fazia, em que alguns se mostravam descuidados; e particularmente com os que n'esta perdicão adoeceram, mostrou que tinha herdado a caridade de nosso padre S. Domingos, porque a mais d'esta gente adoeceu de camaras, por causa dos ruins mantimentos que comia, e o padre foi sempre seu enfermeiro, curando a todos, e buscando-lhe o necessario e todo o possivel remedio, que em tal deserto se podia achar para suas enfermidades, e elle em pessoa os alimpava, e lhe lavava a roupa, e foi causa de haver entre todos muita paz e conformidade, atalhando a muitas dissensões, que se ordenavam, porque bem entendia que se em tal afflicção não fossem todos unidos em um corpo, e amizade, não poderiam sahir d'aquelles baixos desertos em que estavam.

CAPITULO XXI

Do mais que nos succedeu n'esta viagem, até o cabo das Agulhas, e das tormentas que n'elle tivemos

Depois que passamos os baixos das Chagas, de que fallei no capitulo passado, fomos seguindo nossa derrota com muito bom tempo; e logo o seguinte dia, que foram vinte e seis de Fevereiro, vimos o mar cheio de uns passaros, que nos enfadaram muito, porque cuidamos seriam dos mesmos baixos, que porventura nos ficariam inda pela prôa. Mas o piloto nos tirou logo d'esta duvida e sobresalto, affirmando que tinhamos passado já os baixos e que os passaros que viamos, eram de duas ilhas, que n'aquella paragem estavam, chamadas Duas Irmãs. Pelo que fomos navegando mais desassombrados, e com o mesmo vento em popa, sem acharmos baixo, nem cousa, que nos désse trabalho. Aos vinte e nove do dito mez passamos pelos baixos dos Garajaos, que estão em dezesete gráos, e um terço da banda do Sul; os quaes tambem são muito perigosos. N'esta carreira da Linha até a ilha de S. Lourenço estão outros muitos baixos tambem perigosos, de que não tivemos vista, como são os baixos de S. Miguel, os da Saia de Malha, e os de Nazareth, que todos ficam á mão direita quando vimos da India, tirando os das Chagas, que ficam á esquerda. Aos dois dias de março passamos pela ilha de Diogo Rodrigues, que está em vinte gráos, e um terço da banda do Sul. Na qual paragem nos entrou tão grande vento, que não podiamos navegar mais, que com os papafigos a meio masto; e d'esta maneira, fomos correndo o mar da ilha de S. Lourenço. E aos cinco dias do dito mez ficamos Leste Oeste com a ponta da mesma ilha de S. Lourenço, a que chamam S. Romão. E logo d'aqui fomos em busca da terra do Cabo de Boa Esperança com muito bom vento em popa, e muita alegria.

Aos vinte dias de Março do dito anno, tivemos vista da terra firme do Cabo, em trinta e quatro gráos largos; onde nos acalmou o vento, com que até então tinhamos navegado; e alli andamos á vista da terra cinco dias, com tão pouco vento, que quasi nos não bulliamos. E no fim d'elles nos deu uma grandissima tormenta de vento contrario pela prôa, com que tornamos para traz. E o dia seguinte viramos sobre a terra, onde chegamos ao sol posto, e amainadas as velas, estivemos ao pairo dois dias, affastados da terra obra de cinco ou seis legoas. Mas vendo que o tempo não abrandava, antes cada vez crescia mais, e a nossa náo posta d'aquella maneira ao embate dos mares se abria com os grandes balanços que dava, tornamos a dar o papafigo da prôa, e fomos fugindo aos mares, e ventos em pôpa, arribando para Moçambique. Mas d'ahi a dois dias foi abrandando o vento e tornamos a virar para o Cabo, posto que com muito trabalho e pela bolina, por ser inda o vento contrario. N'este mesmo dia, que foram trinta de Março, em quinta-feira de Endoenças, tornou a refrescar o mesmo vento com muita mais furia que de primeiro, vindo acompanhado de espantosos trovões e fuzis, que pareciam abrasar a náo. Os mares andavam tão bravos, que muitos julgaram andar n'elles envoltas as furias infernaes; porque se levantavam as ondas tão altas, como grandes serras, e se abriam por entre ellas valles tão fundos e medonhos, que pareciam descobrir o centro da terra; e a náo envolta n'esta variedade de mares, ora no fundo d'elles, ora no alto, esperava cada momento sua perdição. A gente que n'ella vinha, toda descoroçoada e desmaiada, lamentava sua miseravel sorte, e pouca ventura. Um elephante, que traziamos na náo, dava mui grandes bramidos, acompanhados com muitas lagrimas, que lhe eu vi chorar por duas vezes, como que sentia o perigo e aperto, em que todos estavamos. D'esta vista confesso, que se me accrescentou mais o temor, que tinha de nossa perdição.

Este tempo nos durou oito dias inteiros com suas noites, nos quaes a náo sempre andou arvore secca, sem velas e sem navegar. E tal andava o mar, que os mesmos officiaes da náo, experimentados n'esta carreira, e costumados a similhantes trabalhos, haviam medo de olhar para elle. E muitos marinheiros me affirmaram, que uma tarde d'estas viram envoltos entre estas furiosas ondas muitos peixes muito grandes, com as cabeças fóra da agua, de espantosas e medonhas figuras. D'onde colligiram claramente, que aquillo não eram peixes, senão diabos, porque nunca taes peixes, nem de taes figuras se viram no mar, nem em taes tempos de tormenta andam peixes sobre as ondas, antes fogem d'ellas e se vão abaixo, onde não sejam maltratados do quebrar dos mares.

Aos sete de Abril, que foi o ultimo dia da tormenta, deu um mar banzeiro dentro na náo, que a teve quasi allagada de todo, onde cuidamos ser chegado nosso ultimo fim. Com este mar ficou o convés da náo tão cheio de agua, que tudo quanto n'elle havia nadava, e o batel, que vinha no mesmo convés amarrado, quebrou as dragas por onde estava preso, e com os balanços, que a náo dava, elle tambem dava de uma parte para a outra tão grandes pancadas nas bordas da mesma náo, que foi mercê de Deus não a abrir ou arrombar. A este perigo accudiu logo toda a gente da náo, occupando-se uns em alijar ao mar quanto fato, caixões, e barris andavam nadando no convés, outros em ter mão no batel, que tambem andava nadando, como tenho dito; mas antes que tivessem mão n'elle, tomou o sota piloto entre si, e a borda da náo, e quebrou-lhe uma perna e um braço e a um grumete escallou uma perna com um prégo. E com este desastre foi Deus servido, que cessou a tormenta. E logo no mesmo dia, que foi sexta-feira depois de Paschoa, levaram as vergas e velas acima, e largas ao bom vento, que vinha entrando em popa, começamos a navegar em altura de trinta e tres gráos, com tanta alegria, quanta era razão que tivesse quem tinha escapado de tão penosa e espantosa morte, como tantas vezes n'estes dias se lhe tinha representado.

CAPITULO XXII

De como passamos o cabo de Boa Esperança, e de sua descripção, e do mais que nos succedeu até a ilha de S. Helena, onde achamos duas náos de hollandezes

Tendo já passado estas tormentas e perigos, e entrado o bom vento, com que vinhamos navegando, logo no dia seguinte, que foi um sabbado oito de Abril, vimos uma náo em trinta e quatro gráos e meio, com cuja vista nos alegramos muito e esperamos por ella quasi todo o dia. Mas vendo que anoutecia, e ella não acabava de chegar, disse o piloto ao capitão, que viessemos continuando nossa viagem, e nos aproveitassemos do bom vento, que tinhamos para passar o Cabo, antes que tornasse outro tempo contrario, que nos fizesse andar ali outros vinte dias perdidos. Pelo que assim o capitão, como todos os mais foram de parecer que nos viessemos e não esperassemos mais pela náo. E logo viemos seguindo nossa derrota á vista da terra do cabo das Agulhas.

Este cabo das Agulhas está em trinta e cinco

gráos da banda do Sul. E' uma terra grossa, muito alta, parda, e malenconisada, sobre a qual estão muitas arvores juntas, ao modo de um bosque, do qual vem correndo para o Noroeste uma ponta de terra grossa até o mar, onde acaba muito ingreme. E no alto da serra faz uma cabeça grande, lançada em vão sobre o mar, que parece sombreiro. Aqui n'esta ponta é o proprio cabo das Agulhas. Na terra d'este cabo está uma mancha de terra branca, ou de pedra, da banda de Nordeste; e da banda de Leste tem uma lombada, que vae correndo ao longo do mar, até acabar em uma ponta delgada, que tambem lança ao mar como cabo; d'onde se vae fazendo uma enseada, que terá seis legoas de boca. D'aqui fomos navegando para o cabo de Boa Esperança, ao longo d'esta costa, que toda é montuosa, e cheia de grandes e medonhas serras, até que chegamos a uma ponta de terra grossa, que lança muito ao mar, a que os marinheiros chamam cabo falso, pela muita similhança que tem com o cabo de Boa Esperança. D'este cabo falso para deante se faz uma enseada, cuja terra em roda é de grandissimas serras; e no fim d'esta enseada começa o cabo de Boa Esperança de serra talhada com o mar, sobre a qual se faz uma mesa comprida, e na ponta d'ella uma grande baixa, rasa, e muito comprida, e logo se segue outra grande serra, com dois montes mais pequenos ao pé, defronte dos quaes fica o cabo de Boa Esperança, lançado ao mar como ilha.

A segunda feira logo seguinte, dia de Nossa Senhora dos Prazeres, que foi a dez de Abril do dito anno, pela manhã ao sahir do sol nos deu a Virgem Nossa Senhora perfeito prazer e alegria, porque n'esse mesmo tempo passamos o cabo de Boa Esperança, á vista do qual me revesti, e logo disse missa secca na náo. A qual acabada, deu o piloto boa viagem ao passar do cabo, como é costume. E logo o capitão mandou abrir a carta de regimento do vice-rei da India, que todas as náos trazem fechadas e selladas, até passar este cabo, e depois de passado as abrem, para saberem a derrota que hão de seguir d'alli até Portugal. A qual carta aberta pelo capitão deante dos officiaes da náo, e lida pelo escrivão da mesma náo em voz alta, dizia: que fossemos á ilha de Santa Helena, onde esperariam umas náos pelas outras, até o derradeiro de Maio, dando mais outros signaes e divisas, que haviam de ter, para serem conhecidas e differençadas das dos inimigos, que aqui não é necessario declarar.

Depois que tivemos passado o cabo de Boa Esperança, fomos navegando com muito bom tempo para a ilha de Santa Helena. E aos vinte e trez do dito mez vimos um navio, que vinha do rio da Prata, em altura de dezeseis gráos, e faziã sua viagem para Angola; com cuja vista se alvoroçou toda a gente da náo, e veiu a bordo para vêr o navio; entre a qual se poz um moço na borda da náo tão descuidado, que cahiu ao mar, sem lhe poderem valer, nem accudir por ser muito grande o vento, e os mares, e a náo ir muito despedida. De modo, que alli nos ficou aquelle moço nadando e bracejando subre as ondas, com muita lastima e dôr, dos que o viam ficar, sem lhe poder dar remedio, mais que encommendar a Deus sua alma. O navio chegou a nós d'ahi a cinco ou seis horas, e veiu comnosco até a ilha de Santa Helena, onde chegamos aos vinte cinco do dito mez de Abril, uma terça feira, ás trez horas depois do meio dia. Na qual ilha achamos duas náos ancoradas no porto da Agoada, defronte da ermida; as quaes estavam embandeiradas de vermelho, e mui soberbas, e tinha cada uma d'ellas duas ordens d'artilheria por banda. Com cuja vista ficamos mui tristes, porque bem entendemos logo serem náos de inimigos; mas já então não podiamos deixar de ir ao mesmo porto, onde elles estavam, assim por lhe não dobrar o animo, vendo que lhe fugiamos, como pela muita falta de agua, que traziamos para beber. Pelas quaes razões fomos a elles, cobrando forças e animo, pela necessidade em que nos viamos; e lançamos ancora perto d'elles, a tiro de mosquete.

CAPITULO XXIII

Da briga que tivemos com os hollandezes n'esta ilha de Santa Helena

TANTO que fomos lançando ancora defronte d'esta ilha de Santa Helena, logo se desamarrou uma lancha das náos dos hollandezes (porque elles eram os que alli estavam fazendo aguada) e veiu-se remando para nós; e como esteve perto, que se podia ouvir sua embaixada, disse um dos que vinham na lancha em voz alta, e lingua hespanhol mui clara, que todos entendemos; o senhor capitão mór d'aquellas duas náos, que alli estão surtas manda dizer a todos os que n'essa náo vem, que logo se lhe entreguem sem peleja, e que o capitão d'ella se metta no seu esquife, e lhe vá logo dar a obediencia, e a entrega da náo; e senão por força e mal que lhe pese, lh'o fará fazer. O nosso capitão lhe mandou responder, que se chegassem mais perto, para lhe dar a resposta, determinando de lh'a dar com um pelouro de um falcão, que já se estava borneando para isso. O que elles entendendo, voltaram para as suas náos, e mettendo-se n'ellas, logo ambas dispararam sete ou oito peças de artilheria grossa sobre nos. Dos quaes primeiros tiros se espantaram os nossos marinheiros, que andavam por cima das vergas tomando as vellas, de tal maneira, que as largaram, e deram comsigo em baixo com tanto impeto, que foi mercê de Deus não se fazerem em pedaços, e de baixo com muito trabalho se acabaram de recolher as vellas, e se amarrou a náo. N'este combate foram os inimigos continuando sem descançar, fazendo-nos sempre muito damno, porque além de nos matarem dois homens, cortaram o mastareo de proa, e os estaes ambos da náo, e quasi toda a enxarcea, cordoalha e apparelhos e passaram o masto grande com um pelouro pelo meio, romperam as vellas, e cortaram as antennas, que vinham pela borda da náo, com que ficamos de todo desapparelhados para poder navegar.

Com este estrago muita parte da gente da nossa náo estava tão desmaiada, que em vez de ajudar aos poucos, que trabalhavam com mais animo, se escondiam pela náo, e não appareciam. Nem bastavam admoestações e reprehensões do capitão, e de outros soldados exforçados, que alli vinham, para se animarem, antes alguns se pozeram da banda de fora da náo, e se queriam embarcar no navio do Rio da Prata, que tinha vindo comnosco, para n'elle fugirem secretamente de noite, dando-se já por desbaratados e perdidos. Vendo isto um exforçado e nobre cavalleiro, que na náo vinha, chamado Pero Gomez d'Abreu de Lima, veiu-se a mim (que n'este tempo estava ao pé do masto grande em pé, confessando muita parte da gente da náo, que juntamente estando com as armas nas mãos, se armava tambem das espirituaes) e tomando-me de parte, disse-me, que avisasse ao capitão, da gente que fugia para o navio e deixava a náo, o que elle não fazia em pessoa por estar algum tanto differente com elle. Pelo que me fui logo ter com o capitão, e dei-lhe conta do que passava. Ao que elle logo accudiu com muita diligencia, mandando recolher para a náo a todos os que estavam no navio, e largar o navio por um cabo, que ficasse longe da náo, de modo, que ninguem se podesse tornar a elle.

Isto feito, vendo o capitão tanta fraqueza e desmaio, na maior parte da gente da náo, determinou (deixando reprehensões e ameaças) leval-os por outra via, e foi que lhe mandou trazer ao convez da náo muito biscouto branco, e vinho, para que todos comessem e bebessem, e se exforçassem para o trabalho da briga. O qual remedio foi excellentissimo, porque tanto que começaram de comer e beber, foram tomando tanto animo e exforço que pareciam leões bravos, e gritavam, dizendo mil roncas contra os inimigos, e pediam ao capitão, que os fossemos abalroar, e commetter com a nossa náo. Finalmente com este fervor, ajudaram a carregar a artilheria, e pelejar com ella mui exforçadamente, sem haverem medo dos infinitos pelouros dos inimigos, que entravam na nossa náo tão bastos por entre nós, que foi milagre, e mercê mui grande de Deus não acabarmos alli todos.

Os hollandezes, vendo o grande damno que recebiam da nossa artilheria, determinaram de se desviar d'ella. Para o qual effeito tomaram uma ancora da sua náo mais pequena, em uma lancha, e foram-a lançando ávante das suas náos. E atoando-se pela sua amarra pouco e pouco, indo uma náo de traz da outra á tôa, até que se foram atravessar diante da prôa da nossa náo, onde lhe não podia fazer mal a nossa artilheria mais que duas peças, que iam na prôa da náo, e a sua artilheria jogava toda e tratava-nos muito mal. O que vendo o mestre da nossa náo, mandou logo lançar uma ancora ao mar, para uma ilharga da nossa náo, ficando a amarra pela popa mettida por junto da canna do leme, por onde ao cabrestante fez virar a náo, e obedecer á dita ancora, em revez das ancoras de prôa, de modo, que ficou outra vez a náo atravessada com o estibordo para os inimigos, e suas náos descobertas á nossa artilheria, de que receberam grande damno. N'este combate perseveramos toda a tarde e toda a noite seguinte, que foi de luar muito formoso, e toda a manhã até ás dez horas do dia. No qual tempo lhe fizemos tanto damno, que largando o porto, deram as vellas e foram fugindo, deixando em terra muitas pipas vazias, e outras cheias d'agua, que andavam fazendo.

CAPITULO XXIV

De alguns casos, que aconteceram n'esta briga, e de como desembarcamos na ilha

N'ESTA briga, que tivemos com os hollandezes, aconteceram casos espantosos, de pelouros, que entraram na nossa náo. Um pelouro de bombarda de ferro coado deu no camarote do piloto, estando elle dentro repousando sobre a cama, do muito trabalho que tinha levado a maior parte da noute; o qual pelouro fez dentro no camarote grande estrago, e passando-lhe por cima dos pés, veiu ter junto á cabeceira, onde parou, sem fazer algum mal ao piloto. Outro pelouro entrou por uma portinhola de uma bombardeira do convez da náo, onde estavam actualmente sete ou oito pessoas carregando uma peça de artilheria, para a embocarem pela mesma portinhola, e passou por entre toda esta gente, sem fazer mal a alguem; o qual pelouro era de ferro coado e tinha de peso trinta e dois arrateis. Outro pelouro passou por entre as pernas de um grumete, que andava sobre a xareta, recolhendo os cabos e polleame, que cahiam do masto grande, cortados dos pelouros dos inimigos, sem lhe fazer damno, nem mal algum, mais que assombral-o. Um soldado chamado Fernão Baracho estava sobre o chapitéo em pé, e tinha um arcabuz nas mãos com a bocca para cima, e estava encostado n'elle, sobejando-lhe por cima do hombro quatro dedos da bocca do arcabuz; e estando d'esta maneira fallando com outros soldados, veiu um pelouro dos inimigos, e passou-lhe por cima do hombro, sem lhe fazer mais damno, que levar-lhe fóra a alheta da roupeta, que tinha vestida, e a bocca do arcabuz redonda, como se a cortaram com uma faca; nem menos fez mal aos circumstantes, que com elle fallavam. Todos attribuimos o bom successo d'estes casos a grandes milagres que a Virgem Nossa Senhora do Rosario obrava n'esta náo, a qual todos tomamos por advogada, e valedora n'esta briga, tendo sua imagem em um retabulo pintada, e pendurada no meio do masto grande, á vista de todos, para se encommendarem a ella, e animarem com sua presença a pelejar contra os inimigos. Todos estes pelouros eram de bombarda, uns de ferro coado, e outros de pedra, mui grandes, outros de picão com duas pontas de ferro agudas, e outros de cadea, com que nos cortaram a cordoalha. Depois que os inimigos desappareceram, que seria as trez horas depois do meio-dia, foram os carpinteiros e calafates pela banda de fóra da náo, a taparlhe os buracos, que os pelouros dos inimigos tinham feito no costado; dos quaes acharam sete ao lume d'agua, por onde entrava muita dentro na náo, e por alli nos poderamos alagar se a briga durara mais tempo. Isto feito, mandou o capitão alguns soldados e marinheiros a terra no esquife da náo, para que descobrissem a ilha, e trouxessem novas do que n'ella achavam; os quaes tornaram com grande festa e alegria d'ahi a obra de duas horas com o esquife enramado, e carregado de figos maduros excellentissimos e agua fresca da ribeira, e duas cabras, que ficaram aos inimigos, prezas ao pé d'uma figueira. Com o qual refresco alleviamos muita parte do trabalho passado.

O dia seguinte fomos a terra o capitão e eu, e muita parte da gente da náo; onde desembarcando, fomos logo á ermida de Santa Helena fazer oração, e dar graças a Deus pelas muitas e grandes mercês que nos tinha feito, livrando-nos de tantos perigos, assim de fogo, como de agua, pelos quaes passamos n'esta viagem. Depois que fizemos oração, despregamos das paredes da ermida uma grande quantidade de letreiros e rotulos, que tinham alli deixados os inimigos, em que contavam sua viagem, e como tinham sahido de sua terra, que era Hollanda e Gellanda, pelo que soubemos então que os inimigos eram hollandezes. Logo depois d'isto desenterramos o caixão dos ornamentos (que sempre alli fica enterrado em logar sabido dos portuguezes) e deitamol-os a enxugar, e assoalhar da humidade, que tinham, e varremos, e enramamos a ermida, na qual não achamos feito damno algum, antes achamos um lettreiro em linguagem castelhana, que dizia: *Yo Juan Roberto no hago mal a esta Iglesia, porque soy christiano, y temo a Dios, que me ha librado de muchos baxos, ado me he visto perdido en esta viage, y ansi mas me ha librado de captivero de la Iaoa, adó estuve captivo seis mezes, a punto de me sacaren la vida cada dia*. E o caso foi, que estes ladrões foram a Iaoa a fazer resgate, e carregar as náos de pimenta, e de massa, com patacas falsas de cobre muito bem prateadas, e depois de terem a carga quasi feita, foi conhecida pelos iaos a falsidade das patacas. Pelo que prenderam a todos, e tomaram-lhe outra vez as mercadorias, e queriam-lhe tambem tomar as náos. E esta foi a causa, porque estiveram seis mezes captivos, até que chegaram ao dito porto outras náos de sua companhia, e fizeram as pazes, dando outras patacas boas em resgate das fazendas que tinham comprado os falsarios. E esta historia soubemos de outros hollandezes, que vieram ter a este porto de Santa Helena, estando nós ainda n'elle, como abaixo contarei.

CAPITULO XXV

Da ilha de S. Helena, e do que nos succedeu estando n'ella

DEPOIS que tivemos concertada a ermida, fomos passeiando pela ilha, por entre os figueiraes, que estavam carregados de figos excellentissimos, maduros e regoados, e outros já passados em as figueiras; dos quaes mandamos colher boa quantidade, e assentados ao longo da ribeira descansamos todo aquelle dia e comemos d'elles, e o mesmo fizemos o tempo que alli estivemos, dormindo em terra muitos dias, com muita alegria, festejando o bom successo, que nos Deus tinha dado. Alguns d'estes dias se fizeram n'esta ilha grandes caçadas de porcos e leitões, cabras e cabritos; os quaes todos se tomavam acosso e ás mãos, de cuja carne todos comeram abundantissimamente emquanto alli estiveram, e além d'isso trouxeram muita copia d'esta caça viva, de que vieram comendo até Portugal. Outros dias se faziam grandes pescarias, em que se tomavam muitas lagostas, e muito peixe mui gordo e bom, assim para se comer logo, como para seccarem escalado e salgado, para a matalotagem, d'alli até Portugal.

Aos trinta dias do dito mez de Abril, chegou a esta ilha a náo, que tinhamos visto no cabo das Agulhas, que era a náo *Paz* da nossa companhia; a qual vinha fazendo muita agua, e por essa razão não podia bem governar; e essa foi a causa porque não pôde aquelle dia chegar a nós, quando esperamos por ella no dito cabo.

Aos trez dias de Maio chegou ao mesmo porto a náo *Conceição*, tambem da nossa companhia; a qual soubemos então ser a náo que tinhamos visto junto das ilhas de Mamale, quando sahimos de Cochim.

Aos quinze do dito mez se partiu de nossa companhia para Angola o navio do Rio da Prata, que tinha vindo comnosco a esta ilha, quando n'ella achamos os hollandezes.

Aos dezeseis do dito mez chegou a esta mesma ilha a náo capitaina *S. Roque*, que tinha partido de Gôa dia de Natal, e veiu pela via de Moçambique, em que gastou perto de cinco mezes por causa das muitas calmarias que achou na viagem. N'esta náo vinha por capitão-mór D. Jeronymo Coutinho, o qual havia quinze annos que tinha ido á India por capitão-mór, em cuja náo e companhia eu tambem fui, como fica dito.

No mesmo dia que chegou a náo capitaina, vieram tambem a esta ilha, quasi nas suas costas, duas náos de hollandezes da mesma companhia das outras duas náos, que tinham pelejado comnosco; as quaes tanto que chegaram á ponta da ilha d'onde se descobre o porto da aguada, viram que estavam surtas n'ellas quatro náos nossas, não quizeram vir a elle, mas lançaram ancora na mesma ponta da ilha, onde lhe não podiam da nossa armada fazer damno algum, assim por estarem longe, como por ser de lá o vento com que a nossa armada as não podia ir commetter.

N'este mesmo dia, já com uma hora da noute, chegou á mesma ponta da ilha a náo *S. Martinho*, tambem de nossa companhia, e vendo alli surtas as duas náos, conheceu logo serem náos de inimigos; pelo que não quiz vir ao porto em que nós estavamos, cuidando qûe tambem nós eramos da mesma conserva, antes fugindo se foi na volta do Brazil, onde chegou a salvamento, e d'ahi veiu para Portugal. Os hollandezes vendo que n'aquella ponta da ilha não havia agua, mandaram uma lancha ás nossas náos com uma carta para o capitão-mór, em que diziam como elles eram christãos e amigos d'El-Rei de Portugal, naturaes de Hollanda e Gellanda, e que eram mercadores, que andavam pelo mundo ganhando e buscando sua vida, e que tinham chegado a esta ilha com muita necessidade de agua; pelo que pediam a S. S.ª lhe désse licença para d'alli fazerem aguada com suas lanchas. O capitão-mór lhe respondeu tambem por escripto, dizendo que pois eram amigos dos portuguezes, como diziam, que se viessem para nós com suas náos, e que cá no porto, onde nós estavamos, fariam sua aguada com menos trabalho, e tomariam do mais refresco da ilha.

A qual resposta lhe mandou por vêr se os podia tomar cá entre a nossa armada, e tratal-os como a inimigos tão descobertos, como já estavam. Mas elles não se confiaram de tão boa resposta, nem quizeram vir, e do mesmo logar onde estavam se foram d'ahi a cinco dias, que foi dia do Espirito Santo, em vinte e um de Maio, lançando das suas náos muitos foguetes, e com muita festa.

No mesmo dia que estes inimigos se foram, á tarde chegou a esta ilha a náo *S. Matheus*, tambem da nossa companhia, que era a derradeira, porque esperavamos, com cuja vinda determinamos logo de nos partir d'esta ilha, como fizemos.

Esta ilha de Santa Helena está em dezeseis gráos da banda do Sul, tem cinco legoas de roda pouco mais ou menos. E' quasi quadrada, muito fragoza, e de mui altas serras e grandes valles, pelos quaes correm muitas ribeiras d'agoa doce exellentissima, que nasce no alto das serras, d'onde vem cahindo em partes toda junta de pancada, cousa mui formosa, e deleitosa á vista, porque como as serras sejam muito altas, espalha-se a agua, que vem cahindo, no ar, de tal maneira, que quando chega a baixo, parecem perolas, ou grãos de aljofar, que chovem. Por estes valles tem muitas figueiras de figos de Portugal, mui similhantes a figos rebaldios, os quaes ha todo o anno; tem romãs, limeiras de mui boas limas, e algumas larangeiras; tem muitas hervas de Portugal, como são beldroegas, sarralha, lingua de vacca, fedegosa, malvas, muitas mostardeiras de boa mostarda, muitas e boas nabiças que alli cozem com o porco, e cabra; ha muito endro; e toda a outra hortaliça que alli se semeia, se cria em grande abundancia.

Em toda esta ilha ha muitas cabras silvestres, muitas galinhas bravas pintadas, mui formosas e grandes, e muitas perdizes. Das quaes cousas todas fazem matalotagem as náos que vem a esta ilha, com pouco custo e trabalho, tomando tudo ás mãos, tirando as gallinhas e perdizes, as quaes matam muito facilmente á espingarda, porque não se espantam nem fogem muito da gente. Ao redor d'esta ilha ha muito peixe bom e saboroso, de que as náos se provem em grande abundancia; o qual pescam á linha assim nos baixos da ilha, como no porto, de cima das mesmas náos com muita facilidade, onde se tomam muitas cavallas, garoupas, moroes albocóras e lagostas mui grandes. N'esta ilha não ha cobras, nem lagartos, nem lagartixas, nem osgas, nem outro bixo ruim. Tem uma ermida da invocação de S. Helena, situada á borda do mar da banda de Portugal, toda cercada de figueiras, por junto da qual corre uma ribeira de agua muito formosa e fresca, onde as náos fazem sua agoada.

CAPITULO XXVI

De como nos partimos da ilha de S. Helena para Portugal e da ilha da Ascenção, e do mais que nos succedeu n'esta viagem

Depois que todas as náos de nossa companhia foram juntas na ilha de S. Helena, tirando a náo *S. Martinho*, que se foi ao Brazil, como tenho dito, feita a agoada, e tomado o refresco necessario, logo se poz em effeito nossa partida; mas primeiro dissemos missa todos os religiosos, que n'esta ilha nos achamos, e confessamos e sacramentamos quasi toda a gente na ermida de S. Helena, com muitas festas e alegria, assim por ser dia de Corpo de Deus, como por ser chegado o dia de nossa partida para Portugal, que tanto desejavamos. Isto feito, recolheu-se toda a gente a suas náos, e levando as ancoras, largaram as velas ao bom vento, que ventava em pôpa por cima da ilha, o primeiro dia de Junho, todas as náos juntas, e todo aquelle dia viemos navegando á vista da dita ilha, que nos ficava nas costas, da qual já traziamos muitas saudades.

Aos dez dias de Junho tivemos vista da ilha da Ascenção, que está em oito gráos da banda do Sul, duzentas legoas da ilha de S. Helena, e outras tantas da linha equinocial. E' de sete ou oito legoas de comprido, terra mui baixa, e quasi toda de areia solta. Não tem arvoredo nem agua doce para beber. E' deshabitada, mas não de passaros, porque são infinitos os que n'ella criam. Defronte d'esta ilha foi necessario abrirem-se os escutilhões da náo todos até o porão; e por desastre cahiu um homem de cima do convez em baixo sobre o lastro, que são mais de trinta palmos de altura; e quiz Deus por intercessão da Virgem Nossa Senhora do Rosario que não perigasse, porque elle me disse, que quando cahiu andava rezando o seu rosario, que indo pelo ar, se encommendou a Ella de todo seu coração, e que sem falta lhe parecia, que Nossa Senhora fizera milagre por elle.

Aos dezoito de Junho passamos a linha do Sul para o Norte, onde tivemos muitas calmarias e grandes trovoadas e chuveiros; e com elles andamos até vinte e seis do dito mez. No qual dia encontramos uma caravella em altura de sete gráos, da banda do Norte, a qual vinha do Brazil carregada de assucar, da Bahia de Todos os Santos, e fazia sua viagem para Portugal, e vinha já meia destroçada das trovoadas, com algumas velas rotas, e mastareos quebrados. Mas tanto que chegou a nós logo foi remediada do que lhe faltava, porque tudo se lhe deu das nossas náos, e veiu em nossa companhia até Lisboa.

Aos onze de Julho começamos a entrar por um mar a que os mareantes chamam Volta do Sargaço; e a cousa é porque todo é cheio de sargaço, o qual anda solto sobre a agua de uma parte para a outra ao som do vento. Este sargaço começamos achar em altura de vinte e quatro gráos da banda do Norte, e foi continuando até trinta e seis gráos que são duzentas e trinta legoas de mar, pouco mais ou menos. N'esta volta tivemos muitas calmarias, quasi um mez, onde passaram todas as náos muitos trabalhos, e enfadamentos, e em todas houve muitas doenças, particularmente uma a que chamam mal de Loando, que ordinariamente dá nos escravos, da ilha de S. Helena até Portugal, e tambem é mui commum em Angola. Esta tanto que dá em uma pessoa, faz-lhe inchar a barriga, e vae-lhe subindo esta inchação até os peitos, e como dá no coração mata. D'esta doença, e de febres morreram em a náo capitaina passante de cem pessoas; entre as quaes falleceu um padre de S. Domingos, chamado Fr. Luiz de Brito, que vinha por capellão da náo. Na nossa náo *S. Simão* morreram sete pessoas, duas na briga dos hollandezes, e uma que cahiu ao mar, e quatro de doença, da qual eu tambem tive minha parte n'esta viagem, por duas ou tres vezes.

Depois que passamos esta Volta do Sargaço, ou para melhor dizer de nossos trabalhos, doenças e mortes, viemos continuando nossa viagem por fóra da ilha do Corvo, até altura de quarenta e dois gráos da banda do Norte. D'onde fizemos volta para Portugal aos nove de Agosto, navegando sempre a Leste com vento tão rijo, que parecia de tormenta, e tão frio, como se fôra em Janeiro. Chegamos á vista de Portugal, que foram as ilhas das Berlengas, oito legoas de Cascaes, aos vinte e dois do dito mez e no mesmo dia, já com duas horas de noute, vieram todas as cinco náos juntamente lançar ancora em

Cascaes, onde estivemos o dia seguinte; e aos vinte e quatro, dia de S. Bartholomeu, entramos pelo rio de Lisboa com muita alegria, e lançamos ancora defronte dos paços d'El-Rei, a salvamento. Pelo que dou muitas graças a Deus, e Elle seja louvado para todo sempre. Amen.

FINIS LAUS DEO

IMPRESSO NO CONVENTO DE S. DOMINGOS DE EVORA, COM LICENÇA DA SANTA INQUISIÇÃO, E ORDINARIO, E PRIVILEGIO REAL. POR MANUEL DE LYRA. ANNO 1608.

FIM DO SEGUNDO E ULTIMO VOLUME

INDEX

LIVRO PRIMEIRO

Pag

LIVRO SEGUNDO

LIVRO TERCEIRO

LIVRO QUARTO

ADVERTENCIA AOS LEITORES

Apezar do nosso cuidado na revisão dos livros que publicâmos, succedeu que na *Ethiopia Oriental* sahiram alguns erros, que é mister rectificar. Assim, no primeiro volume trocaram-se duas paginas na typographia, não sabendo nos como explicar esta troca. A pagina 122 passou para 128, e a 128 para 122, obrigando-nos este deploravel engano a mandar imprimir dois quartos, que distribuimos gratuitamente aos nossos assignantes, afim de que obra tão importante não ficasse assim defeituosa.

Ainda no primeiro volume, a pagina 158 se torceu na machina, ficando quasi inintelligivel da terceira linha até á setima, o que nos obriga a reproduzil-as aqui. Eil-as:

tamanho e quasi da feição de um chapeu cuzcuzeiro mui grande.

Entre os rios de Linde e Quilimane foi achado um pedaço de ambar mexoeira, que tinha mais de vinte arrateis, e os cafres o foram vender a um portuguez, chamado Francisco Brochado, que residia n'estes rios, cuidando que era pão de breu. No tempo, etc.

Finalmente, na ultima linha da pagina 90 do segundo volume, onde se lê: — «e com o parecer que lhe deu que se» — leia-se: — «e com o parecer que lhe deu que *si*».